创新驱动视野下的文化经济与城市发展研究

CHUANGXIN QUDONG SHIYE XIA DE
WENHUA JINGJI YU CHENGSHI FAZHAN YANJIU

林秀琴◎著

安徽师范大学出版社
ANHUI NORMAL UNIVERSITY PRESS
· 芜湖 ·

图书在版编目（CIP）数据

创新驱动视野下的文化经济与城市发展研究 / 林秀琴著. — 芜湖：安徽师范大学出版社，2020.11（2021.9重印）

ISBN 978-7-5676-4780-0

Ⅰ.①创… Ⅱ.①林… Ⅲ.①文化经济学—研究②城市经济—经济发展—研究 Ⅳ.①G05②F291

中国版本图书馆CIP数据核字（2020）第192559号

创新驱动视野下的文化经济与城市发展研究

林秀琴◎著

责任编辑：胡志恒

责任校对：辛新新

装帧设计：张　玲

责任印制：桑国磊

出版发行：安徽师范大学出版社

芜湖市九华南路189号安徽师范大学花津校区

网　　址：http://www.ahnupress.com/

发 行 部：0553-3883578　5910327　5910310（传真）

印　　刷：江苏凤凰数码印务有限公司

版　　次：2020年11月第1版

印　　次：2021年9月第2次印刷

规　　格：700 mm × 1000 mm　1/16

印　　张：15

字　　数：253千字

书　　号：ISBN 978-7-5676-4780-0

定　　价：48.00元

前　言

党的十九大提出了建设创新型国家的总部署，实施“创新驱动”战略、推进“高质量发展”是新时期我国经济社会发展的总体方向。中国特色社会主义文化建设是新时代“五位一体”总体布局的重要构成。党中央和国务院高度重视文化创新发展，党的十九大报告指出：“文化是一个国家、一个民族的灵魂。文化兴国运兴，文化强民族强。没有高度的文化自信，没有文化的繁荣兴盛，就没有中华民族的伟大复兴。要坚持中国特色社会主义文化发展道路，激发全民族文化创新创造活力，建设社会主义文化强国。”文化创新发展担负着“举旗帜、聚民心、育新人、兴文化、展形象”的重要作用，既是增强民族文化自信、建设社会主义文化强国的战略任务，也是实现这一目标的重要路径。党中央和国务院对文化创新发展作出了许多顶层战略设计，包括推动优秀传统文化创造性转化、创新性发展，促进文化与创意设计融合、文化与科技融合、文化与旅游融合等“文化+”产业体系建设，发展新兴数字文化业态，完善现代公共文化服务体系和现代文化治理体系建设，构建中华民族文化话语体系，等等。概言之，文化创新在新时代经济社会发展和文化建设中具有重要意义，如何通过文化创新实现文化的高质量发展，如何构建文化自我更新升级的活力机制和进一步提升文化软实力，是一个重要的时代课题。

本书共十三章，涉及城市创新、产业创新、传统创新和区域发展创新四个领域。第一章、第二章和第三章围绕全球化语境下城市发展创新所面临的机遇与挑战，探讨了欧美社会在后工业化时代的城市更新实践与文化复兴运动，探讨了我国城市化运动对城市发展和文化发展提出的新命题和新要求。在21世纪文化创意产业浪潮的媒合下，文化经济与创意城市的联动使城市文化创新成为重要的问题焦点，城市竞争力与城市的可持续发展在很大程度上取决于城市文化创新的广度与深度，其中触及的不仅仅是文化创意经济层面的创新，也触及城市管理者和城市居民在文化传统、城市文脉保护上的立场，触及人们对城市文化多元性、包容度和文化张力的理解。在我国城市化率大幅攀升、新型城镇化运动风起云涌的时代语境中，我们还需要直面发展主义及其文化症候“消费主义”的复杂问题，在城市发展中处理好发展经济与蓄存文化传统、开拓文化创造新篇章的天平。

第四章到第六章围绕我国文化产业发展创新这一议题展开。经过十余年发展，我国文化产业取得开创性的成就，文化产业成为对国民经济社会发展具有支柱性作用的战略性新兴产业。成就的取得，一方面是新时代全社会文化创造活力得到释放的结果，另一方面则很大程度上来源于国家宏观政策与地方政府在资源整合、产业规划、财政支持等方面的大力推动。今天，文化产业发展已经从政策红利转向内生性发展，构建成熟的文化产业发展体系和夯实产业竞争力、提升文化影响力，是当前以及未来一段时间内文化产业发展的主要工作。因此，正视当前文化产业发展中创新动力不足、内生动力不足的根源是极其重要的方面，一种新兴产业的兴起，在前期固然可以依靠“输血”获取存在的基本营养，在其后期则要能够“自我造血”，获得持续发展创新的内驱力。文化经济的发展是一个具有多维向度的系统性工程，如何善用文化资源做好文章，如何促进文化创意设计、文化科技创新、文化空间活化等多个层次和多个面向的融合，使科技创新在文化产业发展中形成基础性、构成性作用，使内容产业为核心的产业创新机制健全成熟起来，则是关系到我国文化产业能否扎根和枝繁叶茂的重要方面。这一部分的研究，正是围绕上述方面展开的一些观察与探讨。

第七章到第十章的主要议题是传统文化的现代创新。《遗产保护与发展创新》一章回顾了文化遗产保护的世界性历史进程，探讨了文化遗产保护的主要价值理念与核心精神，梳理了我国文化遗产保护的制度建构与实践探索，总结了我国在建设独树一帜的遗产保护体系过程中的经验、做法，特别是遗产保护发展的制度化、“大遗产”发展理念的创新、“大战略”顶层设计的支撑和对文化空间、文化景观、文化生态的整体性保护等方面。《工匠精神的时代转换》着重探讨了我国工艺产业的现实局限与面临的变革挑战，提出了传统工艺文化的时代性再造的命题，从材料与工艺技术的当代性、工艺文化内涵的当代性、工艺艺术形态的当代性、工艺产业思维的当代性四个角度，探讨了工艺美学与产业思维当代重构的面向与路径。《古典美学的现代演绎》和《当代寿山石雕的艺术创新》是两个个案分析，前者探讨了国际著名的现代舞团“云门舞集”的艺术探索道路，后者探讨了中国工艺美术文化的璀璨瑰宝寿山石雕艺术文化在当代的传承和创新。两个个案研究旨在说明一种传统与现代的辩证美学、东方与西方的“跨文化”实践的文化可能。如何彰显传统文化脉络与追求时代新质，促进中华传统文化与古典美学融入当代生活，实现创造性转化和创新性发展，应是今天所有文化工作者的文化自觉与使命担当。

第十一章到第十三章聚焦福建区域文化的历史实践与经验探索。这一部分梳理了“十三五”以来福建在区域文化发展规划布局上的理念与特色。福建资源丰富、积淀深厚，拥有较好的产业发展基础，但在全国范围内比较，福建文化产业的总体规模并不大，而且产业结构不够优化，尤其是工艺、印刷等传统的文化制造业比重较大，创新型、战略性的新兴业态发展不足，产业集约化水平不高，创意创新氛围不够活跃浓厚，这些局限制约了福建文化产业发展的总体实力和区域文化竞争力。笔者认为，强化目标导向和问题导向，立足实际，着眼问题，继而清晰目标，实施精准战略，是超越当前福建文化产业发展现状、切实提升福建文化竞争力的关键。

文化的内涵宽广丰盈，文化创新发展与城市创新发展的融合互动是一个相当宏大的命题，涉及的领域和面向复杂多样，且其自身也是一个在实践中不断探进和丰富的过程。这一命题的丰富内涵与实践空间需要进行多角度、多层次的探析，既要有宏观层面的总体观照，也要有微观层面的勘探辨析。本书仅仅是从有限的视角与层面展开讨论，如何在今后的研究中更进一步、努力形成更体系性的理论思考，是笔者努力的方向。

本书的出版获得福建省海峡文化中心“城市与文化创意产业关联发展研究”课题的经费资助，特此鸣谢！

林秀琴

庚子年秋 屏山北麓

目　录

第一章　全球发展视野下的城市创新

一、城市文化创新与可持续发展

城市的兴起与发展、城市生活与社会形态的形成，是人类文明历史发展的重要构成，城市不仅是人口和产业的集聚之地，更是文化创造与传播的中心，是现代社会生活的重要载体。

何谓城市？城市的核心与特质是什么？刘易斯·芒福德认为："从其完整意义上来看，城市是地理中枢，是经济组织，是制度过程，是社会活动的舞台，是聚集统一体的美学符号。一方面，它是普通家庭和经济活动的物质框架，另一方面它是更重要的活动和人类文化更高层次组织的展示环境。"[①]而在美国社会学家帕克看来，"城市"是一个文化网络，是一个社会学意义上的实体："城市，它是一种心理状态，是各种礼俗和传统构成的整体，是这些礼俗中所包含，并随传统而流传的那些统一思想和感情所构成的整体……城市已同其居民们的各种重要活动密切地联系在一起，它是自然的产物，而尤其是人类属性的产物。"[②]很显然，城市并不仅仅是一个包括地理范围、物质空间、人口分布的物质实体，还是一种区别于传统乡村的社会分工、阶层组织、经济形态、生活方式，城市还代表了一种文化的形态。吉登斯指出，尽管城市作为一种物质空间与社会形态早已存在，但将城市作为一种生活方式和文化形态进行考察，则迟至19世纪才出现[③]。如果要给出一

---

① [美]刘易斯·芒福德:《城市发展史——起源、演变和前景》,宋俊岭、倪文彦译,中国建筑工业出版社2005年版,第48页。

② [美]R.E.帕克、R.D.麦肯齐:《城市社会学:芝加哥学派城市研究文集》,宋俊岭、吴建华译,华夏出版社1987年版,第1页。

③ [英]安东尼·吉登斯、[美]菲利普·萨顿:《社会学基本概念(第二版)》,王修晓译,北京大学出版社2019年版,第90页。

个关于“城市”的完整释义，那么我们必然要在地理学、经济学、社会学、政治学、历史学、建筑学、文化学等诸多的概念网络中进行交叉、集结和定位。

城市是人类社会与经济发展进入一定阶段的产物。人口的集聚、社会分工和市场交易关系的形成，政治和军事、宗族和宗教权力在一定区域内的逐渐中心化，等等，都会促进早期的城市化行为。中国早期的城市雏形可以追溯到周朝及各诸侯国的城郭，中文中的“城市”最早出自《韩非子·爱臣》“是故大臣之禄虽大，不得藉威城市”，成书于春秋战国之际的《周礼·考工记》详细地记述了关于周代王城建设的制度，它对此后中国古代都城的布局和规划有着决定性的影响。在西方，英语中的“城市”city从拉丁语civis（市民）发展而来，一种普遍的观念是将西方城市的早期形态追溯至古希腊时期的城邦制度。城市的形成具有一定的自发性，但基于政治、军事或宗教的权力与利益考虑则在其中发挥着更为显著的作用。

随着现代化进程的推进，城市的数量、规模、分布范围、人口数量在不断地扩大。从人口数量来看，20世纪初全世界仅有1.5亿人居住在城市地区，占世界人口的总数不足10%，到20世纪末世界城市人口已接近30亿人，在一个世纪里增加了19倍。在工业革命的推动下，城市发展已经发生了巨大的变化：一方面是城市规模的扩张和更多城市的崛起，包括地理面积、人口数量、产业形态等在内的城市结构更趋复杂化；另一方面，迅速膨胀与扩张的城市则在社会管理上遭遇更大的挑战，资源分配、阶层分化、环境治理、发展效率、社会公平等诸多议题日趋突出。2018年10月，麦肯锡全球研究院发布的报告《想象未来的城市》（Thriving amid turbulence: imagining the cities of the future）提出：世界面临着前所未有的城市扩张速度，据统计，目前全球55%的人口居住在城市，到2050年这一数字预计将达到68%，这意味着另外还有25亿人将居住在城市地区，仅中国的城市将拥有惊人的9亿人口。高速率的城市化扩张也带来了新的和复杂的问题，今天的城市可能正处于迄今为止全球经济转型的尖端。[①]尽管城市已然表现出诸多负面后果并由此可能对人类社会可持续发展带来制约，但很显然的是，在21世纪，全球将进一步城市化，而且城市化和全球化的相互作用将进一步加强，全球化

① 麦肯锡全球研究院：《想象未来的城市》，https://www.useit.com.cn/thread-20874-1-1.html.

对世界分工体系的重塑将推进更多地区尤其是第三世界的城市化进一步加速，与此同时，城市化的加速又会促使全球化适应世界地理空间的重组。无论如何，随着城市的快速发展和城市人口的迅速集聚，城市的社会结构、生活形态与文化精神将不断拓展与深化，城市生活将成为现代社会最重要的生存方式和活动方式，并推动全球经济社会关系的巨大变迁。

城市是全球社会发展网络中的重要节点，其对全球社会发展的支撑性和引领性是十分显著的。在全球化时代，城市已经超越“国家”成为全球竞争的主体，特别是在经济与文化领域，城市竞争力在很大程度上影响和决定着国家的竞争力，国家之间的竞争很大意义上已经演化为城市之间的竞争，这也是许多重要的发展评价指标主要以城市为焦点展开的原因。今天，技术、资本、人才等这些决定城市竞争力的核心生产要素在全球性的迁移，主要是在城市这一空间单位展开的。技术、资本、人才等核心生产要素并非孤立存在，而是形成了相互影响、相互依存的生态圈，往往是人才带动技术，技术带动资本，资本又召唤人才集聚，如此构成一个开放、交叉、循环式的凝聚力环带，导致强者愈强、弱者愈弱的差序格局，这也是诸如北京、上海、纽约、巴黎、伦敦等这样的国际性都市日益朝“中心化”和“垄断型”发展、成为“世界城市”“全球城市”的重要原因。

1996年，联合国第二届人类住居大会在伊斯坦布尔召开，大会审议通过第二份联合国住居大会文件《伊斯坦布尔人居宣言》，其重要主题包括：人人享有适当的住房和城市化进程中人类住区的可持续发展；在国际、国家和地方各级采取行动，改善我们的生活环境。《伊斯坦布尔人居宣言》指出：“……我们注意到城镇是文明的中心，推动了经济的发展和社会、文化、精神及科学的进步。我们必须利用我们住区所带来的机遇，保护其丰富多彩的形式，以促进全人类的团结。”[①] 时任联合国秘书长加利（Boutros Boutros-Ghali）在开幕词中指出：这是一项全球性的行动计划，体现了人类希望的可居住、安全、繁荣、健康和平等的城镇和乡村住区的构想，是人类对城市化挑战的集体回答，这一计划将决定未来几代人发展的模式。[②]晚近三十年来，可持续发展已经成为全球性的重要议题。联合国开发计划署（UNDP）

① 联合国人类住区大会：《伊斯坦布尔人居宣言》（1996年6月14日），http://jz.docin.com/p-68036114.html，阅读时间：2020年5月18日。

② 毛其智：《中国人居环境科学的理论与实践》，《国际城市规划》2019年第4期。

于1990年创立了人类发展指数（HDI），用以衡量联合国各成员国经济社会发展水平的指标。2002年联合国可持续发展小组发布的《二十一世纪议程》，提出了可持续发展对全球各个国家、地区和全人类发展的重要意义："人类站在历史的关键时刻。我们面对国家之间和各国内部长期存在的悬殊现象，贫困、饥饿、病痛和文盲有增无已，我们福祉所赖的生态系统持续恶化。然而，把环境和发展问题综合处理并提高对这些问题的注意将会带来满足基本需要、提高所有人的生活水平、改进对生态系统的保护和管理、创造更安全更繁荣的未来的结果。没有任何一个国家能单独实现这个目标，但只要我们共同努力，建立促进可持续发展的全球伙伴关系，这个目标是可以实现的。"①2015年9月25日，联合国可持续发展峰会在纽约总部召开，193个成员国在峰会上正式通过、形成《变革我们的世界：2030年可持续发展议程》文件，宣布了17个可持续发展目标和169个具体目标，其中就包含了城市和社区的可持续发展，提出建设包容、安全、有风险抵御能力和可持续的城市及人类住区，强调了城市在各种观念、商业、文化、科学、生产力、社会发展进程中的"枢纽"作用。②2016年，联合国人居署（UN-Habitat）在厄瓜多尔首都基多举办第三次人类住区会议，通过了《新城市议程》（New Urban Agenda），这份文件是"联合国2030年可持续发展目标"的重要组成部分，其着眼点是未来城市可持续发展的全球议题。2019年，联合国发布的《2019全球可持续发展报告》提出评估国家或地区可持续发展状况的6个切入点，包括：可持续和公正的经济；食品系统和营养模式；能源脱碳和人人可得；城市及周边地区的发展；全球环境公域。③可见，联合国对城市发展议题的密切关注，是与城市在全球经济社会发展中居于中枢地位，和城市成为决定、影响人类生活质量与未来可持续发展的中心和关键因素这两方面密切相关的。

城市发展如何在可持续发展中发挥重要作用，是关系全球社会发展十分重要的方面。2016年5月18日，联合国人居署发布《2016世界城市状况报

① 联合国可持续发展小组：《二十一世纪议程》，https://www.un.org/chinese/events/wssd/agenda21.htm. http://jz.docin.com/p-68036114.html.

② 联合国大会：《变革我们的世界：2030年可持续发展议程》，https://www.un.org/zh/documents/treaty/files/A-RES-70-1.shtml.

③ The Future is Now: Science for Achieving Sustainable Development. https://sustainabledevelopment.un.org/gsdr2019.

告》，其主题是“城镇化与发展：新兴未来（Urbanization and Development: Emerging Futures）”。报告提出：世界人口在过去二十年间随着社会经济发展大规模向城镇迁移，目前排名前600位的主要城市中居住着五分之一的世界人口，对全球国内生产总值的贡献高达60%，城市化运动在推动城市面貌发生巨变的同时也带来了一系列挑战和机遇，如果不进行适当的规划和管理，迅速地城镇化会导致不平等、贫民窟和气候变化、生态灾难等破坏性影响的持续增长。因此，迫切需要一个有凝聚力和切实可行的全新城市议程（Urban Agenda），以进一步释放城镇的变革力量发展和有效规划未来的可持续发展。①一方面，工业化与城市化是全球现代化运动最为重要的两把利剑，二者之间在持续两个多世纪的实践中也保持了难分难解的关系，甚至可以说工业化与城市化具有一体两面的亲缘和纽带，我们今天所面对的可持续发展危机，很大意义上正是工业化与城市化运动累积下来的负面后果。另一方面，由于以信息网络技术为代表的科技进步以及全球经济网络体系的重塑，原先处于工业中心的欧美地区的许多城市也面临着“去工业化”导致的失业率上升、城市空间衰败、社区生活崩塌的威胁，传统的工业型城市在承受环境污染、生态破坏等历史性后果的同时，也承受着城市转型重生的巨大压力。这些城市曾经造就了显赫的产业辉煌，在人类社会历史进程中爆发过巨大的推动力，如今，这些城市需要在更密切的全球联系、更剧烈的全球竞争中重新定位，寻求城市可持续发展与永续创新的能力。

国际上一些重要的研究机构越来越关注城市的可持续发展与转型创新议题。由英国拉夫堡大学地理系Peter James Taylor等创建的“全球化与世界城市研究网络”（Globalization and World Cities Study Group and Network, GaWC），是全球著名的城市评级机构之一。GaWC从2000年起不定期发布《世界城市名册》，对全球城市的综合竞争力进行评价和排名。排名依据十三个原则，包括：（1）国际性、为人熟知；（2）积极参与国际事务且具影响力；（3）相当大的人口数量；（4）重要的国际机场，作为国际航线的中心；（5）先进的交通系统，如高速公路及大型公共交通网络，提供多元化的运输模式；（6）亚洲城市要吸引外来投资，并设有相关的移民社区，西方城市要设有国际文化社区；（7）国际金融机构、律师事务所、公司总部（尤其是企业集团）和股票交易所，并对世界经济起关键作用；（8）先进的通信设备，

① 联合国人居署：《2016世界城市状况报告》，《人类居住》2016年第2期。

如光纤、无线网络、移动电话服务，以及其他高速电信线路，有助于跨国合作；（9）蜚声国际的文化机构，如博物馆和大学；（10）浓厚的文化气息，如电影节、音乐活动或剧院场所，交响乐团、歌剧团、美术馆和街头表演者；（11）强大而有影响力的媒体，着眼于世界；（12）强大的体育社群，如体育设施、本地联赛队伍，以及举办国际体育盛事的能力和经验；（13）在近海城市中，拥有大型且繁忙的港口。从这些指标可以看出，GaWC的评价标准并不是孤立地强调或是过于倚重国家或地区的GDP，而是突出了对城市综合实力与可持续发展竞争力的强调，更加突显对城市发展而言极其重要的一些要素，如：具有交通运输、现代信息科技的装备实力，具有金融的创新力与吸引力，具有突破地理和民族界限的多元文化包容能力与交流互动环境，具有文化创意创新的氛围及其创造力，等等。

澳大利亚著名咨询机构2thinknow从2007年开始推出全球“创新城市”指数报告，评选全球最具创新力的城市。“创新城市”的评比指标更加复杂和具体，评价指标分布在四个层次上，包括：3个因素，31个门类，162个指标，1200个数据点。3个因素是：文化资产，即创意的源头（如设计师、美术馆、体育运动、博物馆、舞蹈、大自然等）；实施创新所需要的软硬基础设施（如交通、大学、企业、风险投资、办公空间、政府、技术等）；发生网络联系的市场，这是创新所需要的基础条件和关联空间（如区位、军事国防力量、相关实体的经济状况等）。31个门类包括：（1）Architecture History & Planning（建筑历史与规划）；（2）Arts & Culture（艺术与文化）；（3）Basics Services，Water & Food Supply（基础服务，水和食品的供应）；（4）Business（工商业）；（5）Commerce & Finance（商贸与金融）；（6）Cultural Exchange：Travel & Tourism（文化交流：旅行与旅游）；（7）Diplomacy & Trade（外交与外贸）；（8）Economics（General）（经济总体情况）；（9）Education，Science & Universities（教育、科学与大学）；（10）Environment & Nature（环境与自然）；（11）Fashion（时装）；（12）Food & Hospitality（餐饮业）；（13）Geography（地理）；（14）Government & Politics（政府与政治）；（15）Health & Medicine（健康与医疗）；（16）Industry & Manufacturing（工业与制造）；（17）Information，Media & Publishing（信息、媒体与出版）（18）Labor，Employment & Workforce（劳工、就业与劳动力）；（19）Law & Governance（法律与治理）；（20）Logistics，Freight & Ports（物流、货运和港口）；（21）Military & Defence（军事与国防）；（22）Mobility，Autos，

Cycling & Transport（机动性、汽车、骑行与交通）；（23） Music and Performance（音乐与表演）；（24） People & Population（人与人口）；（25） Public Safety（公共安全）；（26） Resources， Mining， Oil & Gas（资源、矿产、油与气）；（27） Retail & Shopping（零售业）；（28） Spirituality， Religion & Charities（灵修、宗教与慈善事业）；（29） Sports & Fitness（体育与健身）；（30） Start-ups & Entrepreneurs（初创公司与创业）；（31） Technology & Communications（技术与通信）。“创新城市”指数测评非常重视城市人文建设，在第2个门类 Arts & Culture（艺术与文化）下带12个具体指标，包括：Cinema & Film（电影院与电影节）、Cultural Festivals（文化节日）、Dance & Ballet（舞蹈公司和芭蕾舞公司）、Fine Artists（美术家的数量及其支撑结构）、Handcrafts（对本地手工艺的支持程度）、Private Art Galleries（私人画廊）、Public Art Galleries（公共艺术馆）、Public Artworks（公共场所艺术品）、Public Museums（公共博物馆）、Satire & Comedy（对讽刺喜剧活动的支持程度）、Theatre & Plays（剧场与表演活动）、Youth Activities（少年儿童文化活动）。在2019年全球“创新城市”指数评比中，共有500个城市上榜，其中，纽约凭借“拥抱更加人性化和可持续的生活方式”以及对新兴经济和智能技术的支持，获得创新指数59分的评分，位居全球第一，取代东京成为全球最具创新力的城市。在前十大最具创新力的城市中，美国的城市占了一半，除了纽约、洛杉矶，还有芝加哥（第七名）、波士顿（第八名）和旧金山（第九名）。我国的城市排名也大幅提升，共有42个城市进入前500强。

我国的研究机构也日渐关注城市发展议题。2019年4月18日，上海社会科学院及社会科学文献出版社在北京共同发布了《国际城市蓝皮书：国际城市发展报告（2019）》。报告列举了全球最新城市战略部署和最佳实践的经典案例，提出了城市创新（特别是科技创新）、城市经济、城市社会、城市文化、城市生态、城市治理、城市空间七个维度的城市发展评估导向，展示了全球城市创新的诸多成功案例。譬如，墨尔本在旅游行动规划中对人文体验的强调及其取得的成果，美国坎布里奇市的公共空间建设对激发街区创新活力所发挥的重要作用等。[①]2019年10月29日，中国社会科学院城市发展与环境研究所及社会科学文献出版社在北京共同发布了《城市蓝皮书：中国城市发展报告 No.12》。该报告以“大国治业之城市经济转型”为主题，从

① 参见屠启宇主编：《国际城市蓝皮书：国际城市发展报告（2019）》，社会科学文献出版社2019年版。

结构改革、动能转换、风险防范、制度环境、国内案例、国际经验等角度，分析了新中国成立以来我国城市经济发展的成就及问题，系统评价了中国健康城市发展状况，提出了推动我国城市经济高质量发展的对策建议。①

城市已经成为全球社会发展的核心议题，英国创意城市研究机构Comedia的创始者查尔斯·兰德利尖锐而富于预见地指出：全球各地大大小小的城市，“都面临着主要因全球化卷土重来的活力浪潮的冲击和世界性城市位次的大调整而导致的脱胎换骨期”，而“在这场全球性新动能中，无论大小城市，都需要用地区、国家与全球的观点，来重新评估和省思自身的目标、角色与定位”。②当下，城市发展正逐步形成层次明晰的体系。一方面，占据全球或区域性的经济枢纽、交通信息枢纽、科技文化交流中心等重要资源的大型城市，将在全球化的推动下日益朝向“中心化”和“垄断型”发展，其国际性功能也将更加完善高效。纽约、东京、巴黎等城市被冠以“世界城市”“全球城市”“国际城市”的头衔，它们都具有经济实力雄厚、区位优势突出、城市规模庞大、基础设施和服务功能发达等鲜明特征。另一方面，随着发展中国家经济社会的发展，更多的中小型新兴城市也在不断崛起。作为后起之秀，这些中小型新兴城市显然欠缺大型城市悠久的发展历史和经济、文化等层面的深厚积累，因此，如何在全球多样性的城市发展空间中准确定位，在差异化的发展策略下寻求发展之道，是中小型新兴城市未来发展的重点。

在全球化急剧扩张的同时，世界各国（地区）对文化议题日益重视，这也使得文化政策重新被置于战略性的层面，文化政策成为国家（地区）在社会发展设计上的重要构成，甚至已经演变为最基础性的部分。联合国发布的《文化发展世界十年》（World Decade for Cultural Development）强调并突显了发展政策中文化面向的重要性，文化已被认为是发展的基础，文化政策也进入各国公共政策的核心议题。1998年在瑞典召开的“政府间以发展为目标的文化政策会议”（The Intergovernmental Conference on Cultural Policies for Development），提出了文化发展议题所可能触及的社会发展的诸多方面，包括：

① 参见潘家华、单菁菁主编：《城市蓝皮书：中国城市发展报告No.12》，社会科学文献出版社2019年版。

② ［英］查尔斯·兰德利：《创意城市——如何打造都市创意生活圈》（中文版序），清华大学出版社2009年版，第1页。

文化与民主，多元文化主义，儿童、妇女、移民、原住民等群体的文化权利，文化与创造力，文化与新媒体科技，文化与传播，文化与市场，文化资产，全球化与文化认同，文化与地方发展等议题。2005年，联合国教科文组织发布《关于保护和促进文化表现形式多样性公约》，公约包括六大主题：文化政策和措施；国际文化合作；优惠待遇；文化和可持续发展；公民社会的认知提升和参与；横向议题和联合国教科文组织的优先事项。公约提出："缔约方应致力于将文化纳入其各层级的发展政策，创造有利于可持续发展的条件，并在此框架内完善与保护和促进文化表现形式多样性相关的各个环节。"公约不仅强调了利用文化资源发展文化产业对于国家可持续发展的作用，也强调了文化对建设包容性社会的重要意义。在公约的操作指南部分提出："将文化纳入各级（地方、国家、区域和国际）的发展政策，使以下内容成为可能：（1）有助于保护和促进文化表现形式的多样性；（2）促进文化表现形式的创造和生产的普遍拥有、参与和享受，特别是弱势群体；（3）通过创造、生产、分配和传播文化表现形式，实现文化产业对可持续发展、经济增长和提高生活品质的所有潜力和贡献；（4）通过促进人权和和平的文化活动加强社会凝聚力，打击暴力，提升青年人的社会整合意识；（5）加强和改进发展政策，尤其是在教育、旅游、公共卫生、安全和城市规划等领域。"文化与可持续发展的密切关联同样体现在2014年联合国教科文组织发布的《促进发展的文化指标》（CDIS）和2015年《变革我们的世界：2030年可持续发展议程》中。前者强调"将文化定位于国家和国际发展战略和议程"；后者也再次强调和肯定文化对可持续发展的贡献，"我们承认自然和文化的多样性，认识到所有文化与文明都能推动可持续发展，是可持续发展的重要推动力"，提出"进一步努力保护和捍卫世界文化和自然遗产"，"制定和执行推广可持续旅游的政策，以创造就业机会，促进地方文化和产品"，"促进地方文化和产品的可持续旅游业对可持续发展产生的影响"等目标要求。

文化议题在人类整体生活与国家地域发展中所扮演的角色越来越重要。进入21世纪以来，发展创意经济成为全球性的文化运动，《2008创意经济报告》指出：创意经济作为一种新的发展范式正在兴起，它把经济和文化联系在一起，在宏观和微观水平上包容了经济、文化、技术和社会发展的各个方面。对新范式而言最有影响力的事实是：创意、知识和信息日益成为全球化世界中推动经济增长和促进发展的强大动力。[①]文化经济、创意经济的全球崛起，有着几个方面的重要原因。一是社会经济发展形态的内生性需求，经济发展形态的变化经历了从传统的劳动力经济到高度依赖技术的工业经济，再到信息社会的知识经济，文化日益成为经济发展的原动力。二是现代大众消费社会的来临，人们对商品的消费转向对体验、美感的消费，从而促进了文化工业的繁荣，文化的经济功能被极大地开发出来。三是区域文化应对全球文化霸权的主动性策略，在世界各个国家、地区的文化发展日益被卷入"全球化"浪潮之际，发展文化创意产业既可以促进本国、本地区的文化保护，又可以通过产业发展推动文化输出从而经营其在全球的文化话语权。而从根本上来说，推动文化创意产业的发展在当前已经成为世界各个国家、地区经济社会发展寻求转型与自我更新的重要载体和动力机制。一定意义上，一个国家或地区在文化创意产业上的发展空间，决定了其文化发展在国际上的竞争力与影响力。

创意经济的发展与城市发展是紧密联系在一起的。厉无畏用"一对共同成长的孪生儿"来描述创意产业与创意城市的关系[②]。创意经济正在渗入城市发展的方方面面，由创意经济而创意城市的发展路径成为全球城市发展创新的重要实践，这一实践充分展示了城市发展的多样性动力，即各种生产要素在城市空间中的结构性再生产与再创造所爆发出来的巨大动能。在工业、金融等传统维度之外，文化可以为城市发展创新提供不同的视角与深远的动力，而在今天这一后工业化的时代，城市竞争力最终将深刻地依赖和体现于文化的竞争力上。文化的多样性与文化的差异性构成了全球经济和城市发展最富有潜力的发展因素，可以预见的是，文化将在很大程度上左右未来全球城市的竞争格局，促进城市发展创新理念的变化和城市合作实践方式的多样性，并最终作用于全球城市竞合关系的结构裂变。

创意经济与创意城市的发展已经成为当前时代最为重要的一种全球化实践方式，这必然带来城市精神与文化认同等传统命题在全球性语境下是否继续有效以及如何重构的深刻问题。全球化深刻地作用于国家、民族与区域在

① [美]埃德娜·多斯桑托斯、联合国贸发会议:《2008创意经济报告——创意经济评估的挑战 面向科学合理的决策》前言,张晓明、周建钢等译,三辰影库音像出版社2008年版。

② 厉无畏:《创意城市的全球化趋向》,《科学导报》2009年12月7日。

文化维度上的关系重组，对于以文化流动性和多元文化共存为主要特征的现代城市而言，文化边界关系的含混、杂糅、叠合等复杂性就更为突出。城市研究学者阿什·阿敏和史蒂文·格雷姆认为，城市、都市应该被“看作多种空间、多种时间和多种关系网络的共同存在，从而将地方性的场所、主题和碎片与由经济、社会和文化变迁所造就的全球化网络联系起来”。[①]传统的文化地理维度已经很难以对城市精神、城市文化认同等传统命题做出清晰和稳定的描述及定义。

但从另一个角度来看，城市是否可以在民族、国家等传统政治与文化身份认同之外，提供认识世界关系的新视角和重构文化身份认同的新基点？贝淡宁、艾维宁在其合著的《城市的精神》中给出了乐观的答案，他们指出：“城市越来越多地成为人们用来反对全球化，反对其将文化同质化机制的工具。”[②]他们做出这种论断的前提是，基于历史和文化传统基础上的城市拥有其来有自的精神或气质，并表现为获得城市居民普遍性认可的美学经验和道德判断，我们可以在城市的政治、经济和文化生活中具体感受到城市精神的普遍存在。在建筑学领域，1982年亚洲建协大会成立时就提出了“亚洲特色”的口号，即在建筑上如何保持亚洲各国本土文化的多元化特征。关于“全球”与“地方”关系的议题探讨也日益突显，这些议题寻求在全球化、现代化与地方化、本土化之间建立辩证的视角，寻求文化多样性在全球化进程中所应有的位置。由此，在1998年于清华大学召开的“当代乡土建筑”国际学术研讨会上，吴良镛先生提出了“现代建筑地区化，地区建筑现代化”（Modernized regionalism，Regionalized modernism）的主张[③]。关注建筑的地域维度，也就是关注建筑的文化维度，一种建筑风格的生成，乃是建立于地方经济社会发展和地方文化传统的历史性之上。而且，比之于发达国家，平衡好全球化与地方化、现代化与本土化的关系，对于正在快速发展中的第三世界国家和地区来说是更显著也更重要的命题。在这些地方，所谓全球化与现代化，正是以高速的城市化率和工业化实践作为表征的，在城市化建设

① 转引自[英]艾伦·莱瑟姆、[英]德里克·麦考马克、[澳]金·麦克拉马拉、[英]唐纳德·麦克尼：《城市地理学核心概念》，邵文实译，江苏教育出版社2013年版，第5页。

② [加]贝淡宁、[以]艾维宁：《城市的精神》，吴万伟译，重庆出版社2012年版，第5页。

③ 吴良镛：《乡土建筑的现代化，现代建筑的地区化——在中国新建筑的探索道路上》，《华中建筑》1998年第1期。

中如何既响应全球化、现代化的趋势，又切实保障地方的、民族的文化特色，特别是对那些具有悠久历史传统和深厚民族文化、地域文化特色的城市来说，如何解决发展与保护的双重要求，促进地方文化独特性的保护与存续，是极其重要的也是极为严峻的现实问题。吴良镛先生提出："我们要重视城市的固有文化，要追求每座城市的文化特色，要保护历史文化名城，保护人类的文化遗产，尤其要保护与发展既有的城市形态与城市肌理（Urban Texture），使我们亚洲各国的优秀文化传统能够得以继承、弘扬和发展。"① 保护和发展城市文化肌理的观念，应是今天全球所有地区的城市化运动中应该重视的一个重要的发展底线。

全球化语境下文化边界的敞开与重组，为城市发展提供了富于活力的发展机遇，包括国家、族群、地区、语言、阶层等维度在内的跨文化流动，为现代城市创新发展提供了充分的文化互动，这种自觉不仅仅局限于那些以国际性为目标的现代城市，也产生于那些渴望从全球化中寻找新的动力机制的传统城市，因而二者都表现出了对吸纳外来文化的开放与包容的精神。在全球化语境下，我们已经不可能以保守、封闭和对立的意识谈论城市精神这一概念，对城市精神的强调、对城市独特的文化空间的尊重，本身就意味着一种文化的多元主义立场，是全球化语境下文化多样性的基础与承载。但是，对跨文化互动的自觉并不意味着城市精神与文化认同等传统命题的失效，相反，正是全球化所导致的世界关系的结构性变化，促使现代城市在创新发展中更加重视城市精神与城市文化认同的建构。应该意识到的是，跨文化互动并不意味着多元的异质性文化的简单叠加，任何一种文化内在的权力与意识形态元素都潜在而必然地介入现代城市文化精神的建构。文化认同这种基于城市历史、文化习俗、族群记忆的传统精神结构和全球性跨文化互动的碰撞，必然塑造出城市新的文化"场域"。"城市不仅是物理性构造，还是意义和体验之地"②，这个意义上，城市发展既必须发展出跨文化的视野与胸襟，又必须重新树立城市精神与文化认同的传统维度，塑造出全球化语境下的现代城市的文化主体性。

① 吴良镛：《从"亚洲特色"到"城市复兴"》，《建筑学报》2006年第9期。

② ［英］艾伦·莱瑟姆、［英］德里克·麦考马克、［澳］金·麦克拉马拉、［澳］唐纳德·麦克尼尔：《城市地理学核心概念》，邵文实译，江苏教育出版社2013年版，第12页。

二、城市更新与文化复兴运动

从早期城市出现以来，人类从未停止对建设“理想城市”的追求，从古罗马建筑师维特鲁威到文艺复兴时期的阿尔伯蒂、菲拉雷特、斯卡莫齐提供的关于“理想城市”要素及模式的基本设想，到1898年霍华德（E. Howard）在《明天：通往真正改革的平和之路》一书中提出的“田园城市”（Garden City）的理论，再到20世纪30年代的《雅典宪章》强调的“分区功能”、20世纪70年代的《马丘比丘宪章》所强调的城市“综合体”、新城市主义所强调的社区发展理论，等等，各种城市建设发展理念间的对话、博弈与实践，不断地充实与丰富了城市发展的理论图景与实践探索，也印证了人类在文明发展中对城市化课题的不竭热情。

城市作为一个系统性的工程，在其中对城市“功能”的要求曾被提到尤其重要的高度。“功能城市”是现代城市规划学上的一个重要概念，源起于1933年的《雅典宪章》，《雅典宪章》将城市功能归纳为居住、工作、游憩和交通四大功能，强调城市规划、建设与组织中的分区原则，即将城市划分为一个个功能区。这种城市发展观念对现代城市的发展形态影响深远，可以说，今天大部分的现代城市，在城市规模的扩张、功能分区的细化、城市等级的区隔上，皆是遵循《雅典宪章》的基本精神。《雅典宪章》是工业时代的产物，崇尚的是工业主义对秩序、统一和整体性的追求。但是，《雅典宪章》很快遭遇了自身理念的困境，这种过于明确、细致的功能分区并没有促进城市生活在组织与运转上的效率，事实上，它是今天各种“城市病”——从人口拥挤、交通堵塞、空气污染、环境破坏到阶层分化、社会对立——的重要根源之一。同时，对城市区域“功能”的实用主义态度也忽略了城市发展中的美学需求，一个重要的表现即是对城市建筑设计的漠视。

特别值得一提的是，1977年在利马发布的《马丘比丘宪章》提出了将城市作为一个“综合的多功能的环境”，从而批判性地修正了《雅典宪章》把城市当作一系列组成部分拼凑起来的理念。《马丘比丘宪章》还提出，城市的规划“必须对人类的各种需求做出解释和反应，它应该按照可能的经济条件和文化意义提供与人民要求相适应的城市服务设施和城市形态”。从“文化意义”出发，《马丘比丘宪章》将“文物遗产的保护”列入了城市规划与发展的视野。历史遗址、古建筑、文物承载的是一座城市厚重的历史，而对文化传统、历史文脉的随意践踏则是对城市根基的彻底破坏，从18世纪工业革命以来，这样的惨痛教训不胜枚举，佛罗伦萨曾是欧洲文艺复兴的重镇，然而在19世纪的工业化进程中，拥有数百年历史的佛罗伦萨老城墙被当地政府视为城市现代化的障碍而拆除，而在靠近城市历史核心区地带修建的那座现代风格的火车站则与这座历史文化名城格格不入。在注重城市综合性的功能之外，《马丘比丘宪章》对城市文化传统的强调、对美学价值的彰显，使关于城市发展的观念迈进了“现代性反思”的视野中，是对那些以“现代化”名义推进城市发展的工业主义逻辑的有力反驳。在今天，佛罗伦萨的历史遭际尤其应该引起第三世界国家、地区的重视，在这些发展中国家、地区，对城市文化传统和历史文脉的破坏在“现代化”的名义下得到了合法化，对城市和文化发展都造成了难以弥补的破坏与伤害。

近现代以来的城市发展密切呼应着全球工业社会发展的脉搏，而随着全球从工业社会向后工业社会转型，城市发展则又面临着严峻的更新转型的时代课题。自20世纪八九十年代以来，城市再生与复兴一直是欧美国家十分重要的社会发展议题，盖因欧美区域乃是全球资本主义工业化的发祥地，是第一次工业革命和第二次工业革命的主导者，欧美国家在晚近两个世纪以来一直是全球工业社会发展最为成熟的地区，积累了丰富的工业发展资源和工业社会发展经验，许多城市的崛起乃是建立于其在工业化进程中所扮演的角色与地位，譬如西班牙的钢铁之城毕尔巴鄂，同样以钢铁闻名的德国鲁尔，英国的棉纺织业城曼彻斯特，美国的汽车之城底特律和波音城西雅图，等等，这些城市是全球工业化经济与工业文化的重要中心。但随着与传统制造业发展相伴生的环境污染与社会治理问题的日益严重，随着信息革命与知识经济成为全球经济社会发展的主导趋势和核心力量，以及城市产业结构调整之后的高失业率引发的城市安全治理问题更加严峻，欧美传统工业城市从20世纪下半叶开始就不得不直面、清理和消化这些沉重的历史包袱：产业衰退、经济贫困、空间失序、环境污染等。“去工业化”的经济转型伴生的“逆城市化”和郊区化潮流，使城市发展进入空心化的困境之中。如何推动城市更新以达成城市的再生、复兴，已经变成了欧美城市具有普遍性和代表性的历史课题。

正是在这一背景下，英国于20世纪70年代中期发布了《英国大都市计划》(British Metropolian planing),提出了“城市复兴”(urban regeneration)的概念,由此掀动了欧美国家的城市复兴浪潮。“城市复兴”可以上溯至更早期就已出现的“城市更新”概念,事实上,城市更新、城市再生、城市复兴时常以混用的形式出现。有学者提出,城市更新有广义、狭义之分,广义的城市更新涵盖了西欧国家自第二次世界大战结束至今的一切城市建设,它有多种表述形式:城市重建、城市复苏、城市更新、城市再开发、城市再生、城市复兴、城市改造、旧区改建、旧城整治等。狭义的城市更新,则特指20世纪以来欧美地区为解决旧城衰退问题而采取的城市发展手段。1958年在荷兰海牙召开了城市更新第一次研讨会,会议认为,对土地利用的形态或地域地区的改善、大规模都市计划事业的实施或形成舒适的生活与美丽的市容等,就是城市更新。[①]也有学者从城市改造中“资本”的角度对下述概念进行了区分:“城市更新”(urban renewal)主要是在政府引导下,在城市中心区进行大规模的物质形态更新;“城市重建”(urban regeneration)则是在政府资金的支持下,吸引市场的大量资金实现城市经济的复苏;“城市复兴”(urban renaissance)则是采取政府与私营机构合作的形式来振兴城市。[②]尽管存在着上述区别,这几个概念的混用则说明,在作用和目标上三者之间并无显著区别,或者可以说,早期的欧美城市复兴运动更多的是在城市重建、城市更新的意义上进行,注重城市物理空间的单维的改造,而较少关注城市发展中的文化面向。早期的欧美城市复兴运动主要集中在城市物理空间的改造上,譬如对已经废弃的工业港口、码头、工业区、工厂旧址和衰败的街区、贫民窟等进行大规模的推倒重建。而且,早期的城市更新运动与欧美社会的新自由主义运动密切相关,陷入经济衰退的老工业城市面临着财政上的巨大困难,城市更新需要引入民间资本和外来资本,这也是早期城市更新运动特别强调“自下而上”的社会合作运作模式的原因。

进入20世纪90年代以来,城市复兴的理念逐渐超越上述局限。1992年,伦敦规划顾问委员会的D.Lichfield在《为90年代的城市复兴》一文中,将“城市复兴”一词定义为:“用全面及融汇的观点与行动来解决城市问题,寻求对一个地区得到在经济、体形环境、社会及自然环境条件上的持续改

① 参见阳建强:《西欧城市更新》,东南大学出版社2012年版,第4–5页。

② 参见:Carmona, M. . Implementing Urban Renaissance—Problems, Possibilities and Plans in South East England. Progress in Planning, 2001: 169–250.

善。”[①]尽管这一定义仍然未提及文化，但“全面及融汇的观点与行动”必然地要求城市复兴建立在更系统的城市发展理念与实践体系之上，注重城市发展内在构成的整体协作并以可持续的城市发展为目标。1999年，英国布莱尔政府成立的“城市工作专题组”，发布了《迈向城市的文艺复兴》研究报告，报告提出了可持续发展的城市、使城市与城镇良性运转、尽可能利用现在的城市资源、投资和资本运作、持续的城市复兴等议题。城市复兴是一个综合系统，因此尤其关注城市规划的理念与方法，“文化规划”作为一种文化政策的概念和手段进入城市复兴的视野。何谓“文化规划”？英国学者Graeme Evans提出，文化规划“一方面是‘城市规划设计的艺术’，城市社会中文化艺术的整体性表达；另一方面也是‘城市和区域发展中对文化资源战略性以及整体性的运用’。”[②]美国学者Carig Dereszen认为，文化规划是一个结构性的、社区层面上的基于调查研究和集体意识建构的过程，一方面是确定文化资源、社区需求和发展机会，另一方面是通过规划行动和保护相应的资源以对上述需求和机会做出回应。[③]从上述定义可以看出，首先，文化规划是紧密联系城市发展创新这一命题提出来的，“‘文化规划’正是1990年代以来西方国家对城市及社区的文化资源进行战略性培育与整体性运用的一种尝试”。[④]其次，文化规划的实践对象指向了城市文化资源。文化资源（Cultural Resources）也是一个现代概念，有学者考证，这一概念在20世纪70年代提出时，所指对象主要是“文化遗产”，即“与人类活动有关的自然和人工物质遗迹，包括建筑物和其他单独或同时具有历史、建筑、考古或人文发展方面重要性的物件”。[⑤]从文化资源与文化遗产的这种特定的联系出发，以及欧美社会城市更新、城市复兴运动的特殊社会背景——针对工业型传统城市进行改造、活化的历史脉络，这两方面的因素都使得以工业遗产为代表的城市文化遗产被推到了城市发展创新的前沿。同时，“文化规划”也

① 转引自吴晨：《城市复兴的理论探索》，《世界建筑》2002年第12期。

② Graeme Ewans.Cultural Planning：An Urban Renaissance.London and New York Tayloy & Frcmicis，2001：7.

③ Carig Dereszen.The Community Cultural Planning Handbook：A Guide Foreommunity Leaders.Washington ：Ameireans for the Arts，1997：18.

④ 李祎、吴义士、王红扬：《从“文化政策”到“文化规划”——西方文化规划进展与编制方法研究》，《国际城市规划》2007年第5期。

⑤ 吴承忠、毛思儿：《城市文化规划视角下的文化资源》，《人文天下》2016年4月刊（总第69期）。

使得“社区文化”作为城市发展的一个有机构成，纳入城市复兴的视野，尊重社区当地的居民对其生活空间的观念、诉求与情感被作为一种城市发展的要求提出来，从而发展出了城市复兴中的文化包容等重要维度。“在文化教育、城市设计、历史保护、文化旅游等诸多方面，文化规划很显著地在发挥着自身的影响力。文化规划将城市文化特征的塑造同居民的文化需求联系起来，结合城市设计，通过对文化设施的规划建设、城市区域的更新发展、公众对文化规划的参与，将规划设计艺术同人们的文化需求结合起来”，“文化规划在空间上的实践是创造一种基于文化认同与文化活动的混合使用模式，以达到促进城市和谐发展，增强自身竞争力的目的”。[①]一些承担了城市复兴项目的艺术家也十分强调社区空间更新改造中当地居民的参与度，强调人——尤其是当地人，而不是游客——在项目改造中的主体性作用，希望通过这种多元、开放的文化包容性重新塑造当地居民对社区空间的认同感、归属感，并由此激发参与社区更好生活环境与文化环境的创造活力，使城市社区真正成为活的空间，而不是旅客眼中的景观。

同一时期，创意经济、创意产业开始风行。1998年，英国工党布莱尔执政之后成立了“城市工作专题组”，1999年发布了《迈向城市的文艺复兴》，同时，布莱尔政府在全球首推“创意产业”的新发展理念，并与城市复兴运动进行联结，进一步突显了文化在产业更新和城市更新中的重要地位。在创意产业、创意经济这一催化剂的媒合下，将城市既有的工业遗址、装置和空间（譬如承担工业货运功能的老车站、港口、码头等）改造为现代的人文社区或文化创意园区，成为城市空间转型的重要策略和手段。另外，随着创意产业、创意经济的发展，“文化资源”的概念已经不再局限于“遗产”的范畴，城市更新、城市复兴日益被视为一种系统的综合运作的成果，其中，对创意型人才的关注日益突出，人才是空间的灵魂，而对人才的吸引、集聚，则又对城市的政策活力、工作生活环境的优化、文化娱乐与艺术市场的活跃度、社会对不同文化的包容度等提出更加多样的要求，从而进一步刺激城市进入一种良性的自我循环，形成有机发展的自足体系。

事实上，我国学者早就提出了城市改造中所应遵循的“有机更新”理念。20世纪90年代初，清华大学吴良镛率领的团队承担了北京市菊儿胡同

① 黄鹤：《西方国家文化规划简介：运用文化资源的城市发展途径》，《国外城市规划》2005年第1期。

危旧房改建工程，这一项目的成功使“有机更新”理念在我国落地生根，菊儿胡同的“有机更新”表现在从拆旧重建转向维修、整治与保持风貌特色。对于具有深厚历史文化积淀和独特地域风貌特色的传统人文空间，“有机更新”的理念及实践意义就尤为突出和重要。菊儿胡同改造项目所代表的是一种辩证发展而不是机械主义的城市发展意识，也正是因此获得了1992年度的亚洲建筑师协会金奖和世界人居奖。“有机更新”倡导将城市更新视为综合的系统，不仅关注城市更新对城市经济、城市景观的改造，也关注城市更新对城市文化、城市生态的影响，要求从经济、环境、文化、生态等多维度出发综合考虑旧城改造工作，突显和保障城市空间、城市生活的社会包容性、文化多样性，使城市更加宜居、宜生活与可持续发展。在“有机更新”概念这一基础上，吴良镛先生发展出了广义建筑学、人居环境科学的现代建筑与城市发展理论体系。1999年6月国际建协第20次大会签订的《北京宪章》，即是由吴良镛先生起草执笔，在《北京宪章》中，作者梳理了20世纪以来与城市化运动中的“大发展”和“大破坏”并行的问题及其表现出来的一系列症候，其中，就包括了“建筑魂的失落”，他强调，文化才是建筑的魂，“文化是历史的积淀，存留于城市和建筑中融会在人们的生活中，对城市的建造、市民的观念和行为起着无形的影响，是城市和建筑之魂”。现代化运动导致了传统文化、地域文化维度的破坏，“技术和生产方式的全球化带来了人与传统地域空间的分离。地域文化的多样性和特色逐渐衰微、消失；城市和建筑物的标准化和商品化致使建筑特色逐渐隐退。建筑文化和城市文化出现趋同现象和特色危机”。基于这一社会文化语境，他提出这一问题：“由于建筑形式的精神意义植根于文化传统，建筑师如何因应这些存在于全球和地方各层次的变化？建筑创作受地方传统和外来文化的影响有多大？”

《北京宪章》在可持续发展的思想框架下，提出了“广义建筑学”的发展理念。广义建筑学理念体系的核心，是始终强调城市建设要跳出当前以经济发展、资本利益为驱动的单一思维——这种思维的狭隘与破坏性已经造成了许多难以挽回的后果，回到城市建设、建筑发展的“基本原理”。这个基本原理“宜从关系建筑发展的若干基本问题、不同侧面，例如聚居、地区、文化、科技、经济、艺术、政策法规、业务、教育、方法论等，分别探讨”，并“以此为出发点。着眼于汇‘时间—空间—人间’为一体，有意识地探索建筑若干方面的科学时空观"，譬如：从"建筑天地"走向"大千世界"（建筑的人文时空观）；"建筑是地区的建筑"（建筑的地理时空观）；提高系统生产力，发挥建筑在发展经济中的作用"（建筑的技术经济时空观）；"发扬文化自尊，重视文化建设"（建筑的文化时空观）；"创造美好宜人的生活环境"（建筑的艺术时空观）等。[①]城市改造中的"有机更新"理念，是内蕴于广义建筑学的理念体系之中的。

城市更新要以不伤害"城市记忆"为前提，作为人文与情感范畴的城市记忆，其重要的空间载体或物理形式，就是城市文脉，以及构成城市文脉的每一座建筑、每一项文物等历史文化元素。包亚明先生指出："城市更新，并不仅仅意味着街区的翻新，而应该上升到与城市生活品质相关的层面来思考，土地利用经济、邻里复兴、历史文化遗产保护、公共政策、人居环境的保护和可持续发展等问题，都需要深入地探究。"[②]今天，有机更新、广义建筑学、保护城市文脉的理念也广泛运用于我国的城市规划实践中。2004年编制的《北京城市总体规划（2004—2020）》把北京定位为"国家首都、国际城市、文化名城、宜居城市"；2015年，上海市政府颁布《上海市城市更新实施办法》，"目的是适应城市资源环境紧约束下内涵增长、创新发展的要求，进一步节约集约利用存量土地，实现提升城市功能、激发都市活力、改善人居环境、增强城市魅力。强调城市更新应当坚持以人为本，激发都市活力，注重区域统筹，调动社会主体的积极性，推动地区功能发展和公共服务完善，实现协调、可持续的有机更新。"[③]2016年，上海市政府公布了编制完成的《上海市城市总体规划（2016—2040）》草案，确立上海到2040年的城市愿景：卓越的全球城市，令人向往的创新之城、人文之城、生态之城。注重城市历史文脉保护，注重城市人文精神涵养，注重城市可持续发展，将是21世纪城市发展的重要趋势与发展方向。

三、文化经济与创意城市的联动

文化创意产业使文化的多样性和差异性成为经济、社会和文化发展的重

① 吴良镛执笔:《北京宪章》,《城市发展研究》1999年第4期。

② 包亚明:《城市更新与城市记忆》,《文汇报》2015年5月29日(第T14版)。

③ 包亚明:《城市更新的理念及其思考》,《探索与争鸣》2016年第12期。

要力量。文化创意产业在全球范围内掀起的强劲风暴，为城市的未来发展提供了重要的、历史性的机遇。在全球化与消费社会深刻地作用于城市发展的今天，快速发展的创意经济推动了一批批传统工业型城市向创意创新城市转型发展。文化、创意正超越金融资本成为更加强大的“通货”，对城市的发展具有极强的介入和渗透能力，文化发展能力的创新、创意阶层的集聚、城市文化生态的优化表现出了日益重要的价值。

在后工业时代，寻找新的发展力量支撑城市的运转，推动一系列包括产业重构、空间重构和价值重构在内的城市革新运动，从而建立一种新型的代表未来趋势的产业经济格局，塑造一种符合时代精神与社会发展伦理的城市文化，是现代城市发展的全球性课题。这一课题的核心包含了两个最为重要的方面，一是城市经济基础的培育，一是城市人文精神的涵养，二者代表了城市发展所不可分离的两种力量，前者是刚性的，犹如骨架，后者是软性的，犹如血肉，只有骨架与血肉的融合共生，才可能孕育出健康的和富于活力的城市生命机体。由于文化创意产业的低消耗、低污染和高附加值的产业特质，特别是其所具有的产业与文化的双重属性，文化创意产业在促进城市转型创新发展中所可能发挥的作用备受社会关注。

城市建设是一个综合的系统工程，其中尤为重要的是建立富于建设性与批判性的城市发展视野，强调和突显文化的创新功能，将文化作为创意经济、创意城市最重要的发展维度，平衡创意经济发展与消费主义文化批判的辩证关系，重建城市发展创新的人本主义和文化主体性价值。如何透过文化创意的融合和引领，带动城市产业的结构转型和优化升级，如何以富于内涵与活力的文化艺术空间为媒介，促进城市空间（物理空间和社会空间）的再造与城市文化符号、城市个性、城市精神的共生和一体化，是文化创意产业界和城市管理者所共同关心的问题，也正是这些问题使文化创意产业发展与城市的转型创新有了密切的交汇与联结。

1983年，Melina Mercouri曾提出“欧洲文化之城”的设想，1993年欧盟成立，“欧洲文化之城”更名为“欧洲文化之都”，这一行动计划将城市联盟、文化共享与合作等理念融入欧盟区域发展构架。今天，“欧洲文化之都”计划（包括城市评选、相关艺术活动开展）已经成为欧洲城市的重要活动，这一计划及其实践的最大贡献，是文化作为城市发展的一个重要维度这一发展视野的确立与普及。2002年，联合国设立了“全球创意城市网络”（Creative Cities Network）项目，其核心是强调和维护城市文化的多样性和差异化发展，旨在鼓励城市以文化为基点促进创新创意的发展和开发多样化、可持续性的发展空间。该联盟作为联合国教科文组织全球多样性文化联盟的一个组成部分，于2004年起始推动全球创意城市的评选，陆续指定了一批文化传统深厚、创意精神突出的城市为“创意城市”，如苏格兰的爱丁堡被命名为“文学之都”，美国的圣大菲被命名为“民间艺术之都”，阿根廷的布宜诺斯艾利斯被命名为“设计之都”。截至2019年，全球创意城市网络共评出了“文学之都”“电影之都”“音乐之都”“手工艺与民间艺术之都”“设计之都”“媒体艺术之都”和“美食之都”七大门类，共246座城市。2008年，深圳成为中国第一个加入创意城市网络联盟的城市，截至2019年，我国先后加入这一联盟的城市包括：“设计之都”——深圳（2008）、上海（2010）、北京（2012）、武汉（2017）；“音乐之都”——哈尔滨（2010）；“美食之都”——成都（2010）、顺德（2014）、澳门（2017）、扬州（2019）；“手工艺与民间艺术之都”——杭州（2012）、苏州（2014）、景德镇（2014）；“媒体艺术之都”——长沙（2017）；电影之都——青岛（2017）：“文学之都”——南京（2019）。

“全球创意城市网络”项目提供了后工业时代关于世界城市发展的一种新的理念，即文化之于城市创新和可持续发展的作用与意义，从而使“创意城市”真正演变为推动城市复兴、再生的创新性思维与发展模式，也成为全球“可持续发展”方案的重要实践。①随着全球文化创意产业风潮的深入，可以预见的是，越来越多的城市将加入全球创意城市的大军，文化与城市的融合发展也将创造出更多的模式和经验，这无论是对于城市自身还是对于文化发展都是至关重要的。“创意城市”的异军突起说明了较为落后的城市或新兴城市，可以在政治、经济、文化、交通等各种中心、霸权的垄断之外，找到崭新的、活跃的发展空间。纽约、伦敦、克里夫兰、利物浦、毕尔巴鄂等城市见证了西方社会“去工业化”的历史实践，这些由传统工业城市向创意城市转型的成功案例使创意城市作为一种发展观念被广泛接纳。创意经济和创意城市的实践不仅证明了“文化、艺术和创造力的重要性并不比科技、

①“可持续发展”是1992年联合国环境与发展大会通过的重要文件《21世纪议程》的核心精神。

商业和经济低”[①]，文化、创意可以为城市提供具有创新性的、可持续的发展动力，更重要的是，创意经济和创意城市对知识、文化与创意的价值突显，使“人”重返现代社会生活的价值维度成为可能，就如埃德娜·多斯桑托斯所指出的那样：“城市有一种关键资源——它的人民，人的智慧、欲望、动力、想象力和创造力取代了地理位置、自然资源和市场通路成为城市的资源。那些生活在城市并运行整个城市的人们将决定城市是否拥有成功的未来。”[②]从汤姆·坎农、彼得·霍尔到查尔斯·兰德利、理查德·佛罗里达等，这些创意城市研究的先驱者都坚持人是创意城市的根本，虽然创意城市强调文化、创意的资本属性，但从城市规划、文化政策、技术创新、生态保护、艺术实践等方方面面，人本主义思想始终被认为是发展创意经济和建设创意城市的目标与价值所在，这一点也反复体现在联合国教科文组织有关创意经济和文化发展的各种文件精神中。

如何倚重独特、深厚的文化内涵与文化资源优势，推动文化经济的快速发展，成为各个国家和区域发展规划的重要方面。文化资源的挖掘、文化生产力的开发、文化品牌的创建、文化形象的行销，成为全球性的文化行动，也成为全球城市建设的重要构成。其中，文化的多样性与文化的差异性构成了全球经济和城市发展最富有潜力的发展因素。虽然无远弗届的全球化运动推动了“文化霸权”日趋深刻地作用于全球体系的发展，但鼓励多元、自主、包容的文化创意产业则提供了反抗“文化霸权”的重要路径，使得处于边缘、弱小的文化品种获得了生存与发展的空间，从而从另一个角度再次印证了全球化这一“双刃剑”的复杂身份。

著名的英国城市学家彼得·霍尔在《城市文明》一书中表达了对当今“全球化”的情境下“专业化”的城市参与全球化分工，以及通过“全球化推广”加强城市品牌营销的重要性的强调，这本书最受人关注的还有霍尔所提出的“城市黄金时代”的概念。要达到或实现“城市黄金时代”，霍尔认为必须包括的一个重要条件就是“城市文化的崛起与复兴”，因此，在他看

① 这是梅丽娜·梅尔库丽（Mélina Mercouri）和雅克·朗（Jack Lang）在倡导“欧洲文化之都”方针时提出的观点。转引自罗朗·德雷阿诺、让·玛利·埃尔耐克：《2004欧洲文化之都：创意城市里尔》，赵淑美译，《国际城市规划》2012年第3期。

② 埃德娜·多斯桑托斯、联合国贸发会议：《2008创意经济报告——创意经济评估的挑战 面向科学合理的决策》前言，张晓明、周建钢等译，三辰影库音像出版社2008年版。

来，公元前5世纪的雅典、14世纪的佛罗伦萨、16世纪的伦敦、18和19世纪的维也纳以及19世纪末的巴黎等，即是“城市黄金时代”的代表。霍尔所列举的这些时期的确是西方社会历史发展中文化复兴、艺术极度繁荣的最为重要的几个阶段。譬如，公元前5世纪前后的雅典在艺术史上的重要地位，正在于它代表了“希腊艺术的伟大革命”，包括史诗、戏剧、雕刻在内的艺术在这一时期实现了重要的发展。文化与艺术的发展是城市复兴的基础与前提，城市的复兴依赖于城市在文化与艺术发展上的历史积累与当代活力。

在英国创意城市研究机构Comedia的创始人查尔斯·兰德利看来，城市的复兴依赖于城市整体的创新，一个传统的城市能否脱胎为创意的城市，关键在于城市的创意基础、创意环境和文化因素。兰德利认为，文化应成为城市发展的重心，文化是城市的重要“资产”，提供了城市转型或再生过程中可利用的资源，但文化之于城市的重要意义还不仅仅是工具性的价值，而是精神性的同时也是战略性的：“文化遗产使我们与历史及共同的记忆相连，它让我们的存在感有所依归，并能提供洞见来源，以帮助我们面对未来”，“文化遗产是以往创造力的总和，而维持社会运作，并促使它向前迈进，正是发挥创造力的成果”。①一个具有创意、创新能力的城市，总是竭尽全力为民众提供尽可能丰富的和具有创造性的文化空间，包括文化设施与文化活动在内的城市环境，具有培育与塑造城市创意空间的重要作用：“在激发灵感、自信、辩论、意见交流，还有建立城市的形象上，文化设施与活动是其要素。”②各种城市空间，从传统的“广场”到今天新兴的各种形态的文化部落，这些文化空间的集聚效应不仅吸引艺术人才涌向城市，更重要的是提供了城市富于创造性活力以及对文化多元性的包容态度，而后者显然是城市精神的一种体现。

① [英]查尔斯·兰德利:《创意城市:如何打造都市创意生活圈》,杨幼兰译,清华大学出版社2009年版,第51页。

② [英]查尔斯·兰德利:《创意城市:如何打造都市创意生活圈》,杨幼兰译,清华大学出版社2009年版,第188页。

第二章　城市：新的美学、文化与经济空间

一、从城市美学到美学城市的建构

一个城市的文化魅力，体现在对文化与传统的尊重、善加使用与富于创造性的再生延续，对艺术与各种形式的创意行为的尊重与包容，对城市物质环境与各种社会空间的形式创新、美感创造的追求……换言之，一个富有魅力的城市，不仅要着重于城市美学的营造，还应具有“美学城市”的意识与追求，具有从工业化时代的功能城市向后工业化时代的艺术城市、美学城市转型的自觉。

很多时候，人们对城市的认知来源于某位艺术家的世界声望。意大利的佛罗伦萨因为有了但丁、达·芬奇、米开朗基罗、拉斐尔等艺术家，成为欧洲文艺复兴的重要发源地，从而在欧洲社会发展中赢得了永久的历史地位。巴黎则似乎抢尽了19世纪以来欧洲艺术的风头，雨果将文学的现实主义推向了高峰，波德莱尔则开启了现代主义文学的大门，与此同时，印象派、立体主义和超现实主义在这里风起云涌。同样，莫扎特为奥地利的维也纳奠立了音乐之都、歌剧之都的世界影响，阿姆斯特丹则因为凡·高成为现代艺术的不朽的朝圣地。另一些时候，我们对城市的认知凝聚于某个具体的对象。在城市中，形形色色的博物馆、美术馆、艺术中心、演剧院，引领周边场所并集聚为城市的公共文化空间，它们既是城市地标性的建筑与场所，也是城市代表性的符号与形象。卢浮宫之于古典的巴黎，古根海姆之于现代的纽约，悉尼歌剧院之于富有海滨风情的悉尼，这些场所既是收藏与展示历史长河中人类艺术创造的殿堂，其建筑物本身也是艺术创造的一部分。在这些优秀的建筑设计中，艺术家毕其心血所追求的是功能与形式的完美结合体，同时他们会将工作的中心定位于如何使空间更让人感到愉悦——这也是关于建

筑的“真善美”的哲学。此外，优秀的建筑设计不仅超越了功能与实用主义、美学与形式主义，还成为凝聚各种文化共同体的情感与意义的载体。丹麦建筑设计师约翰·伍重设计的悉尼歌剧院，其伟大之处远远超越了形式美感带来的震撼：“这幢宏伟建筑物同样旨在成为该市的象征，这样，船上的人在初次抵达悉尼港时，就会知道他们即将要参观的是发达而年轻并且积极参与艺术的大都市。悉尼歌剧院旨在为人们提供审美感受，并让市民为它感到自豪。”①优秀的建筑总是能够成为一个城市最显著的符号，并能够促进文化身份认同感的缔造，围绕着这些优秀的建筑构成的文化空间本身，在无形中经营着城市的文化气场，形塑着人们对城市的认知：包括对城市生活气息的感觉，对城市历史内涵的体验，对城市文化气质的品味。这就如同西方学者所指出的那样：“城市用很多不同方式反映并塑造了其居民的价值观和视角。”②

工业经济、金融商业上的发达曾经制造了繁荣的表象与短暂的狂欢，但一个文化贫瘠、艺术活力欠缺的城市，其前景与未来则不容乐观。将命运全盘抵押在汽车产业链条上制造了现代工业主义辉煌成果的美国城市底特律，其最终的破产可以看作是工业城市发展的现代寓言。有意思的是，相形之下，有着相同工业化背景的纽约却能够适时应变、及时转型，它的成功当然是多方面的，包括在全球金融服务方面的创新并成为世界金融发展的引领者，但是纽约城市发展的另一个重要线索不应该被淡忘——以安迪·沃霍尔为代表的波普艺术在20世纪70年代推动了纽约城市的文化转型，并且为美国在欧洲当代艺术领域的发展赢取了前所未有的发言权，也是从这个时候开始，在欧洲艺术的中心之外，美国成为当代艺术的另一个风向标。伊丽莎白·科瑞德细致地探讨了纽约这一“弹丸之地”的经济学——文化艺术如何为纽约缔造了可观的经济价值并促使纽约成为全球文化创意产业的领军者。她指出，金融业带动纽约的繁荣只是一种表象，纽约的精神在于其艺术上的包容性精神与丰沛的活力：“……对20世纪之前的纽约来说，它受到世界认可的是它在艺术文化领域的权威地位。作为大西洋周边中心港口城市，纽约

① [美]理查德·加纳罗、[美]特尔玛·阿特休勒:《艺术:让人成为人》(第8版),舒予、吴珊译,北京大学出版社2012年版,第202页。

② [加]贝淡宁、[以]艾维纳·德夏里特:《城市的精神》,吴万伟译,重庆出版社2012年版,第2页。

拥有吸收其他文化、传播自身文化的优势条件。到了20世纪中叶，纽约已经成为艺术家创作、垮掉的一代作家、抽象派画家的大本营，之后民谣、流行音乐DJ……高雅艺术与街头艺术并驾齐驱，纽约成为全球文化艺术生产的创意场所。”①

独特的艺术符号为城市带来创新与转型的动力，甚至直接改变一个城市的文化内涵与发展机遇。一个最为经典的例子是哈佛设计院所称的“古根海姆效应”：位于西班牙毕尔巴鄂市的古根海姆博物馆从根本上改变了这个城市的面貌与命运。毕尔巴鄂市曾在19世纪以出口铁矿石和制造铁器而闻名，但由于各种历史性的原因，至20世纪90年代初毕尔巴鄂已沦为欧洲寂寂无闻的小城。毕尔巴鄂迫切寻求一种可以使古老工业港口都市重生的方案，由加州建筑师弗兰克·盖里设计的毕尔巴鄂古根海姆博物馆，即是老工业城毕尔巴鄂都市更新计划的重要一环。在这个项目中，由于盖里在博物馆造型设计、材料、建筑结构上的富于革命性、实验性的创举，使博物馆本身成为一件独特的、伟大的艺术品。1997年博物馆落成使用，参观人数在年余间就达400万人次，直接门票收入占毕尔巴鄂市全部收入的4%，带动的相关收入则占20%以上，创造了4.5万个就业机会，为该地区带来1.5亿欧元的收入。由博物馆带动的产业关联效应还辐射到传统工业产业，毕尔巴鄂市所在巴斯克省的工业产品净值因此增长了五倍之多——毕尔巴鄂古根海姆博物馆成为“以文化带动城市经济”设想的成功典范。凭借古根海姆博物馆这一城市符号，毕尔巴鄂已然摆脱工业污染、社会发展停滞的负面形象，并实现了华丽的“转身”：毕尔巴鄂已经成为现代艺术的朝圣地。

艺术是现代城市的文化表征与话语符号，也是判断一个城市活力程度的标尺。拥有50多个剧院、4个歌剧院、100多个博物馆以及为数众多的戏剧、音乐和舞蹈节的当代维也纳，是现代城市充满艺术朝气与发展活力的写照；拥有80多家博物馆、300多个画廊、70多家剧场、400多家电影院、200多间艺术大厅的当代巴黎，仍然是今天全球艺术家的天堂。可以想见，一个没有艺术家，没有在过去的艺术史发展中积累声望，也不能在当代的社会发展中创造艺术空间的城市，只能是一个文化贫乏的城市，一个没有活力的城市。在现代社会，艺术与城市的发展已经更为紧密。艺术与生活的交融更加

① [英]伊丽莎白·科瑞德:《创意城市:百年纽约的时尚、艺术与音乐》,陆香、丁硕瑞译,中信出版社2010年版,第5-6页。

普遍与深入，人们的艺术观念更加多元，对艺术更加包容，对艺术表现形态的丰富与创新提出了更高的要求。艺术已经不仅仅发展成为一种产业，更成为一种文化权力与意识形态，在这方面，布尔迪厄在《文化资本与社会炼金术》一书中关于文化资本、符号资本的分析已经提供了深刻的洞见。米兰、巴黎、纽约、伦敦的国际时装周之于这些城市的意义，不仅是维持城市经济与社会发展的核心力量，更是这些城市在时尚设计与生活艺术领域拥有话语权的平台，它所左右的不仅是一个庞大的产业，更驾驭了人们的日常生活及关于美的认知、理解、接受与传播。对于一个城市而言，艺术发展的极致并不是创造或引导某种产业，而是制造与占据关于艺术观念、文化价值、意识形态领域的话语权。作为一种被重新认识、理解与受到重视的竞争力，一个城市在艺术与文化上的历史积累与发展空间，具有支配与驾驭该城市在其他社会领域发展的潜隐而强劲的力量。

空间是城市的基础性的物质单位，空间的集聚体现的是同类性要素的集中，这种要素既包括物（产业），也包括人（创意人才）。如果说城市是文化创意产业发展的主要阵地，很大程度上是源于它在空间上的集聚作用，一个重要的表现即是各种创意聚落、艺术集聚区在城市的涌现，标志性的譬如纽约的苏荷区、伦敦的南岸艺术区、东京的立川公共艺术区、首尔的Heyri艺术谷和北京的798艺术区等。创意聚落、艺术集聚区的形成既有自发形成、历史积累的形式，也有的完全是在发展文化创意产业的框架下被政府规划和建设起来的，但有一点是共同的，即那些富于特色的创意聚落、艺术集聚区，往往成为一个城市的文化地标，它们所具有的示范性、带动性的作用在创意城市的建构过程中发挥着重要而深远的影响，更多的创意人才、艺术家，更多的文化资源与机遇向这样的城市靠拢。我们已经看到，巴黎、纽约、伦敦等正在成为“创意城市”的范本，或者作为一种有效的城市发展实践而被文化创意产业界和城市发展专家广泛讨论。在这些城市中，创意经济正在日益成为城市发展的支柱性力量，伊丽莎白·科瑞德的《创意城市：百年纽约的时尚、艺术与音乐》和查里斯·兰德利：《创意城市：如何打造都市创意生活圈》所探讨的正是在城市发展实践中涌现的这一新现实与新经验。在这些实践中，艺术、艺术家群落扮演着相当重要的角色，他们带动了城市空间的更新与艺术创造、文化创意的集聚，而这些在今天已经演变成一种不可小觑的经济力量。

今天，艺术家在很大程度上承担着创意城市引领者的角色和作用。在过去，艺术是一种个人创造，在有限的范围内创造审美价值的流通，而如今，艺术已经建构出自己的产业之维，已经生产出自己的经济能量。某种意义上，我们可以说，艺术从未这么近距离并且如此深刻地与社会产生互动。基于此，兰德利在《创意城市》一书中提出的一个最富于创造性的观点是“艺术家担任改革者”。兰德利以伦敦为例，说明艺术家对某个区域的改造与带动促成了一种普遍的城市的再生：“传统上，艺术家都聚居在有趣、但日益破败的地区。这些地区往往承受着被重新开发的压力，但相关流程却尚未展开。实际上，艺术家是发动缙绅化流程的探险家与改革者，不仅为破旧的地区带来生气，也促成诸如咖啡馆、餐厅、某些商店等支持架构的发展。”① “缙绅化”（gentrification）即“中产阶级化”，在兰德利看来，它是有效改造与重组城市空间的实践与策略，通过艺术家的促进和带动，传统落后的社区、区域被改造成为艺术部落，从而吸引与集聚更多的中产阶级，实现区域空间的转型。

在“创意城市”之外，一个新的概念是“美学城市”——在中国，这个概念已经在最富于创意、创新精神的设计领域被提出：2013年12月的上海艺术设计展就以“美学城市”（Aesthetics City）为主题，表达了“设计引领创意生活，美学建构理想城市”的城市发展愿景。②设计显然是城市发展的重要议题之一，当代设计与日常生活特别是城市生活的联系日益密切，且无可否认的是，当代设计已经从工具性、功能性的实用主义领域迈进审美体验与人文关怀的哲学层次，这也是这场展览在当代设计与美学城市之间建立关系的理由。这让我们想到了彼得·霍尔那个著名的论断——“艺术与技术的联姻（The Marriage of Art and Technology）”③，设计显然是最能体现艺术与技术联姻的代表。但霍尔谈的不是具体产品的设计，他谈的是整个创意经济的运动乃至城市生活的设计，或者说是一种以文化技术统领的现代城市的社会生活，这一论断适用于描述创意城市，也适用于描述美学城市。某种意义上说，创意城市与美学城市共享着一致的内涵，但后者要更广泛也更深刻，

① [英]查里斯·兰德利：《创意城市：如何打造都市创意生活圈》，杨幼兰译，清华大学出版社2009年版，第190页。

② 上海设计艺术展官方网站：http://www.design-shanghai.com/city.php.

③ Peter Hall.Cities in Civiliaztion, Weidenfeld &Nicoloson, London, 1998: P53.

美学城市超越创意城市的地方在于，创意城市这一概念仍然多多少少残留着功能主义的底子，对技术的强调即是其中一种表现。美学城市的建设必然是一种系统性的工程，这一系统的核心则是更为基础性的文化和更为创造性的艺术，在艺术与技术的关系组合中，现代技术的发展必须服从于一种更广泛也更深刻的目标，也即是艺术与美学的目标。因此，可以说，创意城市只是美学城市的应有之义，美学城市则是创意城市的一种升华。

相较而言，美学城市注重的是城市的体验性的美与风格性的美，它渗透在城市生活的日常性与细节之中，因而具有超越功能性美学的单一性、即时性。美学城市当然也强调功能性的部分，譬如大到城市规划设计，小到日常生活用品，这些突显功能性的部分如果没有得到妥当的解决，势必影响我们对日常生活的美的体验。实用性与功能性的解放显然是美学体验解放的前提，美学城市并不反对实用性与功能性的解放和进步，而是要克服那些功能主义、技术主义隐蔽的制约。从更广泛的意义来讲，美学城市创造的是一种日常生活的美学，或者说，是一种具有美感的生活实践与生活体验——强调生活实践是尤其重要的，特别是各种即时性、临时性的生活体验被当作消费品进行贩卖之际，譬如我们在外地所获得的旅游体验，这种体验即是一种功能性的表现。城市要善于创造并提供这样一种“场域”：生活于该城市空间中的每个个体，都能够自由而充分地从各种城市生活的空间与细节中体验到美的氛围以及对美的需求，都能够自由而充分地实现对美的实践与创造。

在社会实践的层面，美学城市的构建需要着重处理如下几组关系：一是新与旧的关系，也就是如何对待城市的历史与传统，包括历史建筑、生活习俗、节日娱乐、产业特色等在内的各种地方性的遗产，这些遗产作为一种文化资源，不仅为创意与美学提供了肥沃的土壤，更为城市建立了历史脉络与文化认同；二是功能与审美的关系，也就是在实用主义与审美主义、产业经济与生活美学之间的平衡与取舍；三是人与城市的关系，即人与城市的美学伦理，要避免城市发展中的技术主义、效率主义、工具主义等倾向对社会个体的压抑。一个城市在这些问题上的基本立场将会决定城市的文化性格与竞争能力。一个富有美学特质的城市，应该是坚持人本主义的城市，除了提供居民宜居、健康、绿色的环境与人文关怀外，还要给予个人价值最大的承认与鼓励，要为个人的创造性发挥提供丰富肥沃的土壤。一个富有美学特质的城市，应该是追求文化多元化与差异性并容的城市，城市空间的公共性需要城市提供富于包容性的文化环境，而全球化语境下城市空间的开放性，则赋予城市地域性与历史性的内涵，从而作为一种差异性文化的独特价值与竞争力。一个富有美学特质的城市，要善于保障与促进艺术创造的活力，为艺术家个人与团体提供优质的创作环境与培育机制，要尊重艺术创造的价值，要鼓励社会民众对艺术创造的参与和学习。

艺术创造的美学经济与生活方式主导着城市经济社会的发展，也引导着城市发展的美学之维。文化创意产业的发展浪潮不仅促进了城市中艺术与空间关系的不断丰富与充实，也充实了美学城市的内涵并提供了一种有效的发展机制。如何善用这一浪潮为新世纪城市发展所提供的历史契机，将会深远地影响城市的未来。

二、公共艺术与城市文化空间形塑

公共空间是城市的重要职能。在英语中，“城市”即city一词，从拉丁语civis（市民）发展而来——这种词源学上的联系为我们在“城市”与市民社会发展之间的同步性建立了一种联想，城市作为一种物理空间与文化空间意义上的“共同体”，它的出现可能很大程度上源于政治权力、宗教统治或军事防御的需要，但真正意义上的城市则需依赖于市民社会的成熟，换言之，“城市”自身就是作为一个物理的、文化的和象征性的公共空间出现的，这是“城市”内涵的应有之义。我们可以把城市理解为一个巨大的公共空间，其中又包含着形形色色的空间序列与空间构成。博物馆、画廊、艺术品交易所、艺术学院、艺术部落或艺术街区等具备艺术职能的场所则构成了城市中的艺术公共空间，这些艺术空间不仅在城市生活中表现极其活跃，而且也发展出自身丰富的层级体系与独特的文化权力机制。不少学者已经富于创见性地分析了这些艺术空间（文化创意聚落）在城市生活中发挥的深刻性的作用。由于这些艺术空间在一定范围内的私人性、个体性使其表现出独特性、差异性的内部机制，从而使我们在观察这些艺术空间对城市公共空间建构的介入行为时，难以达到一种普遍性的判断与认识。因此，对城市公共艺术空间建构的认识需要借助于一种更具公众性、社会性的艺术形态——公共艺术来进行。我们可以从城市空间中的公共艺术的政策、形制、理念和具体实践，来观察城市如何提供艺术发展的公共空间，探讨城市空间中的艺术的公共性问题。

从字面意义来理解，公共艺术（Public Arts）是一种在公共空间设置、展示的艺术形态，它通过艺术品（或艺术创作行为）与其置身的场所之间构成的动态的空间关系，来反映与表达独特的文化价值和社会立场。因此，与一般的艺术创作不同，在寻求美学的创造性的价值之外，公共性、社会性是公共艺术内涵的重要构成。哈贝马斯从历史谱系学的视角指出，在高度发达的希腊城邦时期就已出现了早期公共空间的雏形，但“public”（公共的）一词的使用最早出现于17世纪的英国，17世纪末法语中的“publicite”一词被借用到英语中并发展为“publicity”。他认为，随着18世纪晚期出版业、印刷业的发展，与公共权力机关相对的私人领域即市民社会的勃兴，沙龙和咖啡馆等平民性公共空间的涌现，以及平等观念和公民权的确立等历史性的原因，公共空间、公共领域在这一时期得到了迅速的发展。公共领域是公众发表公共舆论的空间，后者是承载公众的公共性意识、公共性精神的媒介。“公共性”产生并作用于公共领域。①“公共性”是哈贝马斯关于现代社会制度与社会框架的一种理想架构，并作为应对晚期资本主义现代性危机的一种社会方案。无论这一理论框架有多少创造性与局限性，不可否认的是，公共空间、公共领域在现代社会生活中特别是城市发展中占据着重要的位置。公共艺术作为一种艺术概念与形态，更与现代城市公共空间的发展有着密切关系，作为艺术介入公共空间的一种尝试，公共艺术的发展难以脱离公共性的理论视野。

在实践层面，公共艺术兴起的历史契机则源于20世纪30年代美国罗斯福总统发起的一项委托画家创作的公共赞助方案，在这项方案中，受到政府委托的艺术家在短短几年时间内完成了2500余幅壁画并分布于美国各大都会的城市空间中，一时间使得当时的美国城市及公共场所的文化氛围、艺术品位有了崭新的面貌。此外，差不多在同一时期，由迪埃戈·里韦拉、何塞·克莱门特、奥罗斯科、大卫·阿尔法罗·凯罗斯等艺术家发起的墨西哥壁画运动，也被认为是城市公共艺术的另一个重要脉络。墨西哥壁画运动表达了与美国公共艺术相异的另一种文化路线，即通过城市公共建筑上的壁画艺术，反映民族历史和表达民族主义的政治诉求。自美国与墨西哥之后，公

① ［德］哈贝马斯：《公共领域的结构转型》，曹卫东、王晓珏、刘北城、宋伟杰译，学林出版社1999年版，第2–3页。

共艺术逐渐被纳入国家或地区的文化政策体系之中，并具体体现为一种在全球范围内施行的公共艺术百分比计划（Percent for Art Program）。作为公共艺术百分比计划的首倡者，美国在20世纪60年代至90年代，在30多个州政府中先后以立法的方式推动公共艺术百分比计划，即在公共工程建设经费中抽取若干百分比的资金作为公共艺术建设基金，以确保公共生活环境文化品质的提高。此后，公共艺术百分比计划在许多国家和地区都进入了政府立法体系，通过财政资助、民间捐助等各种社会参与方式推行开来，奠定了全球公共艺术发展的基础与基本方向，促进了城市公共空间艺术素养、美学趣味的重要发展。

从美国公共艺术政策的兴起到全球众多国家、地区实行的百分比计划，公共艺术成为一种新的文化政策与文化观念。检视公共艺术发展的历史脉络和当代公共艺术的成果，我们可以发现，公共艺术发展仍有许多值得再讨论的理论前提和美学预设，尤其是从城市空间建构中美学介入的视角来看，公共艺术的发展仍有许多需要处理与平衡的关系，包括公共艺术如何突破“环境美学”的框架，公共艺术如何承载公共性，公共艺术如何消解消费主义的美学策略等。长期以来，这些问题的悬置与忽视极大地限制了公共艺术的活力、意义与价值空间。

公共艺术最早是被作为城市环境美学的一部分来加以发展的。西方学术界普遍认为，“环境美学”这一概念最早出自奥尔多·利奥波德1949年出版的《沙郡年记》，利奥波德在该书中使用了“Conservation Esthetic”一词，这一概念间接影响了后来另一个重要的美学潮流“环境美学”（Environmental Aesthetics）及其分支“生态美学”（Ecological Aesthetics）的发展。环境美学认为环境是审美的客体，而生态美学则试图超越环境美学所暗含的人类中心主义，生态美学视一切环境具有主体性且与人类居于生物链上的平等地位。但实际上，生态美学虽然标榜反抗人类中心主义，但追求的仍不过是人与自然“天人合一”的境界，意在彰显自然（与人类相对的对象）的地位以及寻求自然（包括人类在内）的平衡和谐，但终归并不能完全摆脱人类在与自然关系中的能动者的身份，因而它与环境美学仍然可以视作殊途同归。环境美学是后工业化时代人类哲学发展中的重要分支，而在社会实践的层面，“环境美学”于20世纪60年代发展成为一种国家政策：“……在美国，1969年的国家环境政策法案就要求联邦机构确保‘环境能给人以美感和文化意义的愉悦'。很多州和地方法律都提到美是其管理的目的，具有法律意义。"①

由于公共艺术的推动肇始于公共环境政策，因此，公共艺术在其早期主要是作为景观艺术的一种表现形式，很大意义上的公共艺术被等同于装置艺术，即那些分布在广场、公园、地铁站等公共场所，采用各种媒材、形式上或具象或抽象的雕塑作品，或者被视为具有艺术美学特质的公共设施——堪为典型的如罗伯特·史密森创作于1970年的作品《螺旋形防波堤》，这个作品在美国的盐湖里筑造了一条长500米的螺旋形的防波堤，在其实用性的功能之外，这个公共艺术作品使原本荒凉的盐湖变得神秘和富有诗意。无论作为一种观念还是一种实践，环境美学的确改变了我们生活的空间，也促进了公共艺术这一当代艺术形态的发展。但不能否认的是，基于环境美学、景观艺术的观念将公共艺术的意义局限于装饰性、纪念性和实用性的价值，而这种观念无疑来自一种封闭性的认知：公共艺术只能是其所置身的场所的附属。这种单维的观念并没有注意到，公共艺术具有介入场所从而重新营造该环境空间的能力。将公共艺术等同于装置艺术，使得公共艺术成为场所中的一个孤立、分裂的装饰性零件，而不是构成环境空间内部的一个有机体，也无法呈现环境空间的历史文化脉络从而与其产生内在的呼应。

破除陈旧、僵化的景观营造学的观念，是解放公共艺术创造性的重要前提。公共艺术不是也不该仅仅是一个被动的艺术符号，而应被视作空间中一种革新性的力量予以认识和设计。列斐伏尔富于创见性地指出，空间是一个搭载各种意义的符号系统，更彻底地说："空间乃政治"②。布尔迪厄使用"场域"这一概念来阐释他对交织着符号意义与权力关系的空间的认识："一个场域可以被定义为在各种位置之间存在的客观关系的一个网络，或一个构型。"③空间既是物理的，也是思想的、人文的，是一种"隐喻的空间"。列斐伏尔的空间和布尔迪厄的场域，其共同之处在于它们都指向了符号意义的网络，或者说，指向一种社会关系的重组与社会秩序实践性建构的过程。空间的资本化与空间的再生产是列斐伏尔、布尔迪厄共同的理论前提，而关于

① [美]理查德·E.切努维斯、[美]保罗·H.高博斯特：《景观审美体验的本质与生态》，李庆本主编：《国外生态美学读本》，长春出版社2010年版，第1页。

② [法]亨利·列斐伏尔：《空间政治学的反思》，引自包亚明主编：《现代性与空间的生产》之《列斐伏尔专辑：空间的生产》，上海教育出版社2002年版，第67页。

③ [法]皮埃尔·布迪厄、[美]华康德：《实践与反思——反思社会学导引》，李猛、李康译，中央编译出版社1998年版，第133-134页。

这种理论框架我们还可以联系福柯对社会生产机制中的权力关系的洞察。如果说福柯强调了社会意义网络中个体的被压迫性或被意识形态化，即各种形式的国家机器驾驭着社会个体的思想方式与社会符号意义的生产机制，那么，列斐伏尔、布尔迪厄等理论家则更为乐观地看到了这个符号意义网络内部可能的突破口，换言之，空间不仅是被生产出来的，空间自身也具有再生产的能力，即空间的自我生产。回到公共艺术这一对象来看，作为一种特殊的艺术形式和艺术生产机制，公共艺术不会被动地纳入既有的符号意义网络，而是空间（或场域）中的一个能动的符号，是空间再生产中的重要生产力。作为一种符号，公共艺术具有各种表现形态和能指形式，静态的雕塑、纪念碑，动态的、即时性的行为艺术，特定主题的狂欢节，都可以视作公共艺术的各种形态与形式，它们与周围的环境空间生发出各种对话，并旨在改变和重新塑造这一环境空间。而且，我们必须意识到，公共艺术始终是一个动态的行为与过程，无论其能指形式是静止的还是变化的，它的所指意义将持续保持变动不居的状态：不同的场所、不同的时间、不同的对象……与这些变量的组合，将重构和释放出不同的空间信息、文化语境与美学主张。

优秀的公共艺术作品具有以美学介入空间并重构空间的能量。它是具有反思性的，从而超越了对其外在形式的审美体验。年轻的耶鲁大学建筑系华裔学生林璎于1980年设计的《越战纪念碑》，由两块巨型大理石构成“V”字形，上面镌刻着58196名在越战中牺牲和失踪士兵的名字。与以往那种崇高的、英雄式的纪念碑风格不同，《越战纪念碑》刻意地使代表胜利的“V”字形大理石结构嵌入地下，不仅使地下埋葬的死者与纪念碑上的姓名形成了呼应，更暗示了战争与死亡的关系，提醒观众发自内心的质问：因为这场战争而死亡的战士，他们是父亲、儿子、母亲、女儿，他们曾经是一个个鲜活的生命，也是一份份感情的归宿，因为战争而导致的生命毁灭是不是正当的？这件作品引发的巨大社会反响，说明它超越了一般性纪念碑的意义，表达了对国家、历史、战争以及人性等议题的深刻反思。诚如国内学者刘俊所指出的：“林璎的智慧在于，让纪念碑潜含了一种新历史主义的文化态度和女性主义的视角，一种与80年代美国文化中的‘新保守主义’思想格格不入的文化态度。‘新保守主义’的核心观点，是要美国重新回到二战后那种在政治、经济、文化上的霸权地位，但林璎的作品却并没有表现出对越战的歌颂，而更多地代之以对历史的反思和对死难者的缅怀，这种对历史置疑、反思的态度，正与‘新保守主义’对过去历史的颂扬和歌颂相悖谬。”[①]因此，与其说《越战纪念碑》是对越战的纪念，不如说是对生命的纪念，《越战纪念碑》还让人们看到了生命与战争的矛盾性或者说以战争之名毁灭生命的荒谬性。对越战的反思是美国当代文化的重要部分，美国著名的波普艺术家克莱斯·奥登伯格在美国耶鲁大学百内基广场上的作品《坦克上升起的口红》，将口红与坦克两个从属于不同文化意义系统的符号嫁接在一起，使生活与战争的异质性得到了突显与放大，从而非常鲜明地表达了对战争的反省和否定。

作为空间意义系统中的重要符号，公共艺术的职责在于带动整个空间的新生，换言之，公共艺术要承担的是列斐伏尔所指谓的“空间的再现”的职能，列斐伏尔将空间区分为不同的层次或维度：空间实践（Spatial Practice）、空间的再现（Representations of Space）、再现的空间（Space of representations）[②]，它们分别指向了空间中的感知、认知与体验三个方面。其中，“空间的再现”是关于空间的构想、规划和定义，是个体对空间自我意识的表达，表现了个体对空间的支配作用与关系，同时，它也最集中、最清晰地体现了空间生产关系中的权力机制：以政府为代表的国家机器、城市建设的规划师，包括艺术家在内的群体，皆有可能成为空间生产过程中“空间的再现”的主体。公共艺术可以通过能动的美学介入能力，对既有的空间产生支配性、创造性的作用，而不仅仅是感知空间与体验空间。公共艺术不是装饰性的外在于空间的符号，而是一个具有生产性的符号，它为既有的空间意义系统注入新的能量，并促进整个空间意义结构的变化——公共艺术具有介入空间建构的美学功能。

在今天，公共艺术常常被用作城市营销的手段。德国学者克劳斯·西本哈尔在谈到公共艺术与城市营销的关系时，以艺术家克里斯托夫妇1995年的艺术项目《包裹德国国会大厦》为例，说明一件公共艺术作品或一次公共艺术行动，如何在短时间内制造有关城市的轰动效应和实现城市营销的功能。他指出：“现如今，公共艺术一方面作为艺术家进行社会参与和社会介入的形式存在，另一方面也被政府有意识地纳入城市营销和城市发展的战略

① 刘俊:《当代公共艺术中的文化观念与设计意识》,《设计艺术》2007年第4期。

② [法]亨利·列斐伏尔:《空间与政治》,李春译,上海人民出版社2008年版,第21-25页。

中，特别是在德国，公共艺术其实是城市的政治、经济和文化政策的一个交接点，有着丰富多元的面貌。”①诚如克劳斯·西本哈尔所指出的那样，公共艺术从一开始就不是单纯的艺术行为。公共艺术是政府政策性实践的一种社会形式，任何公共艺术创作都无法与城市管理者的决策与管理机制这一背景相脱离。公共艺术既是艺术家的一种艺术实践，同时也是城市管理者的一种社会实践。因此，通过观察公共艺术与城市基于政治、经济和文化的发展需求之间的关系，我们就会发现城市真实的文化立场和美学态度：一个城市是否具有多元、包容的公共艺术实践，从中可见这个城市在文化上的胸襟是否足够开放和具有足够的发展活力。

公共艺术实践的一个重要探索方向，即是提交关于公共艺术“公共性”的一种新定位：以艺术介入生活场域，贴近地方的历史人文脉络，楔入地方文化空间的基础性结构，通过公共性的艺术实践带动社区聚落的更新，在文化的对话、观念的碰撞、情感与体验的交互中，联结起艺术与公众、艺术与社区、艺术与生活的关系。

公共艺术的“公共性”首先应该体现出社会学意义上的公共的伦理价值。一方面，公共艺术应该尊重社会民众在城市公共艺术空间中的权益，要体现社会民众参与公共艺术行为的广泛性与主动性。对此，1982年卡塞尔文献展期间，艺术家约瑟夫·波依斯主导的《给卡塞尔的7000棵橡树》公共艺术计划是一个很好的说明，这一计划由约瑟夫·波依斯象征性地在卡塞尔城市广场上种下第一棵橡树，此后数年间，包括艺术家、普通民众、政府工作者在内的许多追随者，在卡塞尔的各个角落先后种下了7000棵橡树，完成了约瑟夫·波依斯的计划。《给卡塞尔的7000棵橡树》是卡塞尔最优秀和最伟大的公共艺术，它以一种素朴的基于城市居民、社会民众“共享”的社会立场，成为公共艺术发展史上的经典。另一个类似的经典案例是瑞士雕塑家帕斯卡尔·耐普在1996年组织的“彩牛汇”公共艺术专案，即由帕斯卡尔提供白色奶牛雕塑作品，由其他艺术家完成奶牛彩绘，这个活动受到的欢迎程度促使帕斯卡尔以此为模式成立了“彩牛汇”艺术机构，在全球许多国家进行持续的创作行动，并在那些城市中制造了一场场艺术狂欢。《给卡塞尔的7000棵橡树》和“彩牛汇”说明，公共艺术的公共性不能仅仅停留

① [德]克劳斯·西本哈尔：《公共艺术与城市品牌营销》，《人民日报》2013年10月13日，第012版。

于空间上的开放性，社会民众的参与性、分享性才是公共性的核心所在。

另一方面，公共艺术在符号表现与价值旨归上要体现出平等、包容与科学的立场，公共艺术应该彰显、传达或塑造具有普遍意义的伦理价值。这意味着，在国家、地域、种族、性别等基础性的意识形态观念表达中，公共艺术创作必须抛弃狭隘的文化偏见与价值歧视。公共艺术创作中的任何一种观念价值的偏执，都是对城市民众的公共性空间的侵犯与破坏。公共艺术要创造的是一种公共性的美学，而不仅仅是艺术。一般意义上，艺术家为自己创作，他们只创作可以表现自己的艺术；同样，人们可以走进博物馆、艺术中心和剧场，独自体验与建构私人的美学价值。无论是艺术家还是受众，他们中不乏有人在国家、地域、种族、性别等文化单位上持有文化偏见，但是，在当代社会，从创作到传播与接受的艺术链条中，艺术家与受众的文化立场与审美体验即使彼此冲突也仍然受到保护。这种自由既来源于艺术自身的美学规律，也来源于当代社会已经发展到了对文化多元性、多样性给予尊重与包容的阶段。就发生在公共空间中的公共艺术而言，它的公共性更需要一种文化包容性的胸怀，更需要体现出对文化差异性和多元性的尊重，但这种差异性和多元性首先必须基于对文化公共伦理的尊重与维护，更不能以差异性和多元性的名义践踏另一种差异性与多元性，缺乏文化公共伦理精神的公共艺术事实上是与文化多元性、多样性背道而驰的。

三、消费主义与城市文化创新的内在冲突

全球性创意经济的风行是现代消费社会发展在经济与文化领域的深刻反映。历史学、社会学等研究成果表明，消费社会的出现是英国工业革命的成果，[①] 机器的运用和工业化生产线的标准化作业带来了物质的丰裕乃至过剩，人从物质生产劳动中获得部分的解放和自由，这一过程被视为人类社会现代性进程的重要阶段。由于生产的过剩，对商品的消费在一定程度上成为继生产之外的现代社会发展的主要动力机制，在财富和时间上拥有双重丰裕的“中产阶级”成为最重要的消费群体，这也表征了消费社会的来临。

那么，何谓消费社会？在《消费社会》（1970）中，鲍德里亚提出，消

① 根据N.麦克肯德里克、P.N.斯特恩斯等历史学家的研究，参见李新宽：《17世纪末至18世纪中叶英国消费社会的出现》，《世界历史》2011年第5期。

费社会最突出的特点是“消费者与物的关系”出现了变化：“他不会再从特别用途上去看这个物，而是从它的全部意义上去看全套的物”[①]，曾经作为“劳动产品”的物，不再显现为某种单独、具体的用途，而是显现为“意义”，商品变成了一种符号，一种文化：“无论是在符号逻辑时还是象征逻辑里，物品都彻底地与某种明确的需求或功能失去了联系。确切地说这是因为它们对应的是另一种完全不同的东西——可以是社会逻辑。也可以是欲望逻辑——那些逻辑把它们当成了既无意识且变幻莫定的含义范畴。”[②]消费社会的这种符号逻辑或象征逻辑体现并渗透在日常生活的各种肌理之中，鲍德里亚认为，日常生活是消费社会最大的载体与中介：“借此机会，我们可以给消费地点下个定义：它就是日常生活。”[③]日常生活有两个既有意分离又渴望黏合的维度：“日常性是整个一个生产力在超经验的、独立的、抽象的范畴（政治的、社会的、文化的）以及在‘个人的’、内在的、封闭的和抽象的范畴里产生分离。工作、娱乐、家庭、关系：个体重新组织这些时，采用对合的方式，并站在世界与历史的这一边，把严密体系的基础放在封闭的私生活、个人的形式自由、对环境占有所产生的安全感以及缺乏了解之上了。”[④]换言之，个体通过日常生活的各种形式的消费，也即各种符号意义的组合与重建，来恢复“个人性的日常范围”与“大众”的深刻联系。日常生活既是发生消费的地点，也成为消费的对象，人们已经不再满足于对单独的物的消费，而是进入了对日常生活的整体性的消费。对日常生活无所不在的消费才是消费社会最全面、最彻底的实践，这种实践带动了日常生活的改造与重构。

鲍德里亚所说的后现代消费社会的来临，带来了现代社会在消费结构、消费取向上的重大转变，即从倚重于传统物质生活消费转向倚重于精神美感体验消费，从对创意设计的强调、博物馆功能的开发、公共艺术的发展，到

① [法]鲍德里亚：《消费社会》，刘成富、全志钢译，南京大学出版社2000年版，第4页。

② [法]鲍德里亚：《消费社会》，刘成富、全志钢译，南京大学出版社2000年版，《消费社会》，第67页。

③ [法]鲍德里亚：《消费社会》，刘成富、全志钢译，南京大学出版社2000年版，第13页

④ [法]鲍德里亚：《消费社会》，刘成富、全志钢译，南京大学出版社2000年版，第13页。

中央广场、创意聚落等文化功能区的建设以及文化旅游的兴起，美学消费与体验经济已经日益成为现代社会消费生活的主要内容。进入20世纪下半叶，文化的商品化带来了消费主义文化的极大发展，鲍德里亚将其描述为从物的消费到符号的消费，现代社会个体不仅被“物”所包围，更被“符号”所垄断，物的具体的、实用的、功能性的价值在很大程度上让位于其象征性的价值，对物的消费也就变成对符号的消费。“消费取代了生产逐渐成为人们生活的中心，在社会形态的背景下消费体现的是一种符号。”①对符号的象征性消费导致了符号的资本化，这正是催生全球文化工业和创意经济蓬勃发展的重要动力。以时尚设计、流行音乐、电影电视、网络文化为代表的大众文化成为创意经济的主力军。艺术与日常生活都成为消费的对象，而艺术正是我们消费日常生活的手段和工具。艺术与生活的距离已经模糊了，韦尔施感叹道：“今天，我们正生活在一个前所未闻的被美化的真实世界里，装饰与时尚随处可见。它们从个人的外表延伸到城市和公共场所，从经济延伸到生态学。”②在消费社会，一切都成为消费的对象，美变成了消费品，通过审美的泛化，生活转换成了艺术，艺术也转换为生活，这个意义上，消费社会的艺术与生活已然结合为一种“生活美学”的形态。

消费社会对日常生活的改造或重构，表现在商品的符号化与文化的商品化这两种相反方向的作用力所制造的文化奇观——一种被称作大众文化社会的崛起。在20世纪五六十年代的西方社会（它理所当然地被法国的巴黎、英国的伦敦和美国的纽约这样的国际性城市所代表着），文化工业运动正在深刻改变着文化的结构与特征。伊丽莎白·科瑞德对此进行了简洁而精确的勾勒：在纽约，一种包括音乐、艺术与时尚产业在内的“势不可挡”的力量，经由两次世界大战期间的酝酿和积累，终于在20世纪60年代以来的二三十年间，推动了大众文化工业的蓬勃发展，并制造了一种“艺术、音乐与时尚的‘共同体’”。③创意经济的发展提醒我们再次思考生产与消费的辩证关系：在今天，消费已经不再从属于生产，消费变成了新的生产方式，或

① [法]让·鲍德里亚:《消费社会》,刘成富、全志钢译,南京大学出版社2006年版,第54页。

② [德]沃尔夫冈·韦尔施:《重构美学》,陆扬、张岩冰译,上海译文出版社2006年版,第91页。

③ [英]伊丽莎白·科瑞德:《创意城市:百年纽约的时尚、艺术与音乐》,陆香、丁硕瑞译,中信出版社2010年版,第25-44页。

者说，消费也是一种生产。城市是承载现代消费社会的主体和消费主义文化滋生衍化的土壤，现代社会物质生活的进一步丰裕，层次丰富的生活体验，信息媒介时代提供的速度与多元性，激发了广阔的文化美学消费市场和城市发展创意经济、体验经济的巨大空间。尤其就城市的创新性发展而言，传统的工业经济模式已经难以满足城市在可持续性与生态性方面的需求，也不再契合现代消费社会发展的潮流和趋势。我们可以从那些以创意经济进行社会发展转型的城市文本中发现，消费主义文化正在成为城市发展的内生动力。

但与此同时，对消费社会的批判也是20世纪下半叶以来政治经济学和文化研究领域的重要课题。人们已经注意到，消费主义文化已经实现了对现代社会日常生活的全面渗透，日常生活也因此成为消费主义文化批判的集结地。日常生活是否已经沦落为消费主义文化的殖民地？按照韦尔施的观察，“日常生活的审美化”是20世纪艺术美学发展的重要实践与新的表现形式，[①]“日常生活的审美化”包含了“生活的艺术化”和“艺术的生活化”两种互为表里的文化实践。20世纪60年代威廉·莫里斯的工艺美术运动、安迪·沃霍尔为代表的波普艺术，皆有意无意地将“日常生活的审美化”引领到极致。对“日常生活的审美化”的这种描述十分有代表性：“每一个事物都有一个美学的纬度，每一个人都被美学化的过程所改变，每一个地方都被所有表征的和反表征的可能性的美学无节制所困扰。”[②]这一当代的艺术及文化生产与其所置身的社会空间紧密地联系在一起：很大意义上，当代艺术即是消费社会的一种美学表现，它在美学的意义上定义了消费社会最突出的品质与精神。

“日常生活的审美化”毫无疑问是现代社会消费主义催生的附属品，也是创意经济发展的内在逻辑，建基于情感体验与符号象征体系的创意经济，从根本上来说就是“日常生活审美化”在经济领域的实践。与韦尔施对“日常生活的审美化”所表现出来的乐观态度不同，从列斐伏尔、鲍德里亚到阿多诺、马尔库塞为代表的法兰克福学派诸君，则更多地从马克思对资本的批判和异化理论出发对其进行解构与批判，在他们看来，日常生活正在被文化

① [德]沃尔夫冈·韦尔施：《重构美学》，陆扬、张岩冰译，上海译文出版社2002年版。

② 蒂莫西·W.卢克：《美学生产与文化政治学：鲍德里亚与当代艺术》，[法]鲍德里亚：《批判性的读本》，陈维振等译，江苏人民出版社2005年版，第302页。

经济学全面覆盖，成为异化的新舞台。但列斐伏尔又提醒我们对此不必过于悲观，在他看来，“日常生活”这一概念不仅用于描述“物质文化的范畴”，也指向了个体在社会空间建构上的历史实践。[①]他提示我们，“日常生活”并非仅仅是被动地承接消费主义文化的渗透，日常生活内部的异质性与流动性同样具有解构消费主义文化侵蚀和成为一种能动的历史实践的能力。这对我们重新观察日常生活、创意经济与消费主义文化的关系是具有启发性的，如何平衡创意经济发展与消费主义文化批判，建立一种富于建设性与批判性的城市发展视野，将对现代城市生活产生重要而深远的影响。

在中国学界，对日常生活审美化的讨论在21世纪初期进入了高潮，这似乎应和了中国社会发展的一种新现实，即都市化的发展与商品社会的成熟（准确地说是商品社会的机制更加深入彻底地重构了我们的日常生活）。这些讨论出现了两种截然对立的态度。一种持肯定的立场认为，日常生活的审美化使美学从圣殿回归日常生活，回归普通民众，使艺术审美重新回到“感性”的起点，它体现了审美的回归并且是审美发展的必然趋势，因而，“日常生活审美化”代表了一种“新的美学原则”。[②]另一种针锋相对的论点指出，谈论“日常生活审美化”的“新美学”只不过是“食利者的美学”，即中产阶级迎合其消费主义文化利益的生活美化。[③]这种观念代表了一种普遍的文化批判的立场：日常生活的审美化不过是大众文化时代包裹着糖衣的赤裸裸的消费主义，以日常生活的审美化名义出现的美学化、艺术化的行为与实践，实际上是大众文化时代的艺术媚俗行为，艺术为了利益有意迎合受众的趣味（而不是排拒）从而刻意收敛其批判性的锋芒——简言之，艺术沦为了消费主义文化的一种美学策略。

这种质疑在人们面对公共艺术时就会更加强烈。公共艺术的公共性使它必然地携带了消费性的基因，某种意义上，公共艺术即是一种设置于公共空间和日常生活中以供公众社会消费的艺术。而且，公共艺术似乎也对消费社会的商品表现出了强烈的热情——当我们面对克莱斯·奥登伯格的公共艺术作品时便会适时地涌现出这一印象。奥登伯格是与安迪·沃霍尔、R.劳申伯

① Henri Lefebvre: Everyday Life in the Modern World. New Brunswick and London, 1994; Critique of Everyday Life Volumel.New Brunswick and London, 1991.

② 王德胜：《为“新的美学原则”辩护——答鲁枢元教授》，《文艺争鸣》2004年第5期。

③ 童庆炳：《日常生活审美化与文艺学》，《中华读书报》2005年1月26日。

格、R.利希滕斯坦等齐名的美国波普艺术（Pop Art）的重要代表之一，他的公共艺术作品从题材到形式很显然地延续了波普艺术最为重要的艺术血脉，即对日常生活中的"物"的呈现。巨无霸汉堡、回形针、羽毛球、衣夹、唇膏、冰激凌甜筒、剪刀……诸如此类的日常生活中寻常可见的小物件、小玩意，经过奥登伯格几千倍乃至数万倍的放大、再现与夸张的仿制之后，被置入城市日常生活与公共空间。奥登伯格的作品似乎是在宣示：公共艺术即是日常生活中的"物"的审美化的再现（表现），公共艺术是一种日常性的艺术，没有什么比这种艺术更适合作为消费社会的表征了。但是，奥登伯格的这些"物"显然是一种不寻常的存在，它们赫然侵入我们的视觉感官，与我们进入商场消费一块汉堡或者一支口红时的感觉显然是不同的。与其说，奥登伯格的日常性作品意在消除或弥合艺术与生活的距离，不如说，他实际上在制造日常生活的"陌生化"效果。这也就是阿瑟·丹托所说的"寻常物的嬗变"，丹托使用这一概念旨在分析和揭示人们何以界定艺术与非艺术的边界，即人们关于艺术的认知哲学，他以杜尚的小便池和沃霍尔的布里洛包装盒为例，说明艺术品与寻常物（或纯然之物）的区别、艺术与非艺术的界限在于它们所从属的历史与结构关系。"（杜尚）作为艺术史上的先驱，首次将来自生活世界的寻常事物微妙地、奇迹般地转化为艺术品：一把用于梳妆的梳子、一个瓶架、一只自行车轮、一个小便池。人们或许可以如此来欣赏他的行为，他将那些毫无启迪意义的物品置于特定的审美距离上，使它们成为审美愉悦出人意料的候选人——从而实践地证明了，即使最无可能的地方也可以发现平凡的美。"[①] 杜尚被视为英美波普艺术的先驱者，继承杜尚衣钵的艺术家阵容中就包括了沃霍尔、奥登伯格等，波普艺术诞生于现代社会大众消费文化的背景下，被视作公然捍卫艺术世俗化的物质主义消费文化景观的象征与写照。

但是，把波普艺术等同于消费主义，把波普艺术所展现的日常性全部划定为制造日常生活的奇观化效果，这似乎是不公平的。波普艺术的重要贡献是在艺术与美学的层面重新提交了"日常生活"这一命题。对日常生活的发现当然不能归功于波普艺术，在列斐伏尔看来，由于以波德莱尔为代表的那些18世纪艺术家们对日常生活的重新"发现"，使哲学和文学的发展重新获

① [美]阿瑟·丹托(Arthur C.Danto)：《寻常物的嬗变：一种关于艺术的哲学》(前言)，陈岸瑛译，江苏人民出版社2012年版，第2–3页。

得了生机，日常生活重新成为一个生产“奇迹”的世界。20世纪中期波普艺术的发端，有一个重要的思想背景即是对抽象现代主义所代表的精英式艺术传统的反叛与消解，而其手段就是将日常生活再度引入艺术。可见，波普艺术将艺术世俗化的冲动显然带有颠覆艺术传统与文化观念的革命性色彩，因此，脱离这一思想脉络来理解波普艺术是有失客观且莽撞的。波普艺术家热衷于重新组织各种日常性的寻常物与其所处的时间脉络、空间脉络的关系，这种历史关系和结构关系的重组所制造的陌生化效果，使寻常物发生了属性的转移与嬗变：在特定的时间与空间语境中，日常性的生活物品蜕变为艺术品。换言之，在特定的符号意义网络中，日常生活介入了意义的生产、转化与迁移。奥登伯格究竟是旨在通过他那些逼真而又夸张的“物”来宣扬晚期资本主义时代对日常生活的消费，还是意在通过“寻常物的嬗变”制造陌生化的反讽效果？显然这是一个见仁见智的问题，但不可否认的是，我们从奥登伯格的作品中总是可以意会到更多的信息——当硕大的巨无霸汉堡、冰激凌甜筒等日常意象冲击着我们的视觉时，这些日常物品已不再是单纯的“物”——当日常经验成为一种“看”的对象时，这种日常经验是带有反思性的。此外，在奥登伯格的另外一些作品中也携带着更为丰富的内涵，甚至不乏传统精英式的人文关怀，譬如前面所提的《坦克上升起的口红》，而他的《街道》系列作品即是对现代社会生活的一种剖检与省思。

对此，列斐伏尔提供了一种重要的哲学思考。列斐伏尔在现代性框架下建立的日常生活批判，同时注意到了日常生活的丰富的矛盾性：日常生活既机械重复、贫乏单调又生机勃勃、充满诗意的氛围；日常生活既包含琐屑平庸，又包含非凡卓越——日常生活这种内在的矛盾性决定了日常生活的双重性，即日常生活既拥有内在的革命的潜能，也有可能由于技术理性的统驭而产生新的异化，这是日常生活的双重结构。在更为激进的法兰克福学派看来，日常生活更多地呈现了一种文化的压抑与压制，日常生活所贡献的仅仅是一种被马尔库塞所指称的“单向度”的人与社会，或福柯所指称的充斥着“规训与惩罚”、意识形态统治下的权力社会。回到实践层面，公共艺术对日常生活的介入，是否会带来日常生活与艺术的双重革命？抑或是制造消费主义时代下泛滥的庸俗、虚假的日常生活的审美化（或者是商品化）？这个问题的答案，不仅取决于艺术家在公共艺术上的立场与态度，还取决于其所置身的公共空间这一符号网络与意义结构中的权力关系和意识形态机制。公共艺术是一个复杂的权力场域，它首先要承接的就是来自日常生活的所有权力关系。公共艺术不仅是各种审美趣味、价值观念相互角逐的场所，公共艺术还可能以艺术的名义为形形色色的政治立场和经济利益打着掩护。我们清楚地知道，公共艺术作为一种实践，它所体现的就是各种权力关系相互博弈的利益链，而其中的任何一个单元都不是一个被动、凝固和单一的“复数”。如果从尧斯和伊瑟尔的接受美学的研究角度来看，公共艺术是最能体现意义阐释与接受的复杂性的文本——所有人都可以介入公共艺术的生产，都可以成为公共艺术创作中的“隐含读者”。

应当看到的是，当代艺术的发展在今天已经处于一种更为复杂的语境之中。一种被称作“全球化”的时代已然来临，它促使世界各个国家或地区间的文化品种、文化形态、艺术观念、美学体验，从原来的封闭状态走向更为充分的交流、互动，同时也导致更为激烈的文化间的竞争，文化成为一种特殊的权力、特殊的意识形态。在文化霸权与文化多样性、差异性的角逐中，艺术的处境显然更加微妙，各种似是而非的艺术观念一不小心就会陷入形形色色的文化陷阱。就如同贝尔廷所指出的那样，现代艺术与当代艺术的分野或对立实际上还涉及了文化话语权的争夺——波普艺术的兴起说明了“二战”以后崛起的新兴大国美国对抗欧洲艺术观念从而建立以美国为代表的崭新的全球艺术体制的意图，美国借由波普艺术在与欧洲现代艺术的竞争中胜出并建立了一个新的世界性的艺术体系——对这段历史的反思是十分必要的。在今天，随着世界政治经济秩序与关系的变化，美国固然已经不能够包办或独揽整个当代艺术的发展，新兴的第三世界国家与地区正在通过举办各种国际性的艺术展来寻求在艺术场域的话语权，但是这条道路显然还很漫长并充满艰险，因为，与当代艺术的全球化同步而来的正是当代技术与消费主义的全球化——特别又是在艺术被视作创意经济的今天。

环境美学、日常生活的审美化、公共性文化空间的承载，这些固然是公共艺术的重要内容，更是今天城市发展所必须面对的重要议题。在发展文化经济和创意城市、美学城市的框架下，探讨文化发展内部复杂的关系，特别是在资本市场驱动下的文化开发所隐含的复杂机制，是十分必要且重要的。从创意经济到创意城市，这一路径在城市发展创新中的重要意义已经越来越被重视，但是，创意经济的发展并非单纯的经济命题，创意城市的建设更是一个复杂的体系。创意经济与创意城市归根结底是文化命题，文化始终是创意经济和创意城市最原初的动力、最核心的元素和最重要的维度，创意经济、创意城市强调文化及其实践的经济属性，但创意经济、创意城市的发展最终要摆脱的恰恰是在文化发展上的经济思维。我们必须更为关注文化对社会生活其他范畴的批判功能与自我批判的能力，正是文化内在的批判性使社会生活保持了永久的具有建设性的活力。

第三章　中国城市化发展与城市文化实践探索

一、"新型城镇化"与城市发展转型要求

21世纪以来，"新型城镇化"①建设部署步步推进，新一轮的城市化运动正在到来。2012年，党的十八大在全面协调和可持续发展的"五位一体"总体布局下，提出了"新型城镇化"概念，要求坚持走中国特色新型工业化、信息化、城镇化、农业现代化道路；2013年中央经济工作会议提出经济工作六大任务，"加快城镇化建设速度"是其中之一；2014年，中共中央、国务院印发《国家新型城镇化规划（2014—2020年）》；2017年，党的十九大报告提出坚持创新、协调、绿色、开放、共享五大发展理念，推动新型工业化、信息化、城镇化、农业现代化同步发展，实施乡村振兴战略，建立健全城乡融合发展体制机制和政策体系，实施区域协调发展战略，以城市群为主体构建大中小城市和小城镇协调发展的城镇格局，加快农业转移人口市民化等要求；2019年，中共中央政治局会议强调要"加快重大战略实施步伐，提升城市群功能"②，同年，国家发改委先后印发《关于培育发展现代化都市圈的指导意见》和《2019年新型城镇化建设重点任务》两份文件，城市发展创新在国家经济社会发展中的地位更加显著。

城市化、城镇化建设是国家改革开放和现代化建设的重要历史实践，从1978年到2013年，我国大陆地区城市总人口从1.7亿人增长到8.3亿人，城

---

① 城镇化即城市化，"'城镇化'是我国的正式提法，其实质与国际通用的'城市化'(urbanization)是同义的"。(参见吴良镛等:《对于当前"城镇化"问题的几点认识和建议》,载于《中国工程院年鉴2003》,第237-238页。)

② 中共中央政治局召开会议分析研究当前经济形势和经济工作审议"中国共产党问责条例"和"关于十九届中央第三轮巡视情况的综合报告"[EB/OL].(2019-07-30)[2019-09-13].http://www.gov.cn/xinwen/2019-07/30/content_ 5417282.htm,2019-07-30.

市化率从17.9%迅速提升到51.6%，城市化率已经达到了中等发达国家的水平。其中，2011年大陆地区城市化率首次突破50%（为51.3%），中国城市人口首次超过农村人口，中国城市化进入关键发展阶段。最新的数据显示，2019年我国人口城镇化率超过60%这一关键节点，按国际标准，一个国家的人口城镇化率达到60%，就意味着已经基本实现城镇化，初步完成从乡村社会到城市社会的转型，进入城市社会时代。① 著名的研究咨询机构麦肯锡2012年发布的《城市化的世界：城市与消费阶层的崛起》报告显示：从2010年到2030年，中国城镇人口将从6.3亿人增加到9.9亿人，占全球新增城镇人口的四分之一，人口规模超过500万的城市将从14个增加到32个，占全球500万以上人口城市的40%；从2005年到2025年，人口迁徙将占到城镇人口增长的70%，这些人口的市民化将创造巨大的消费经济发展空间，这个意义上，城镇化是中国经济发展的重要发动机。而据联合国的估测，世界发达国家的城市化率在2050年将达到86%，我国的城市化率在2050年将达到72.9%。

尽管我国的城镇化建设与城市化高度发达的国家相比还有不小的距离（美国的城镇化率达到90%，韩国则达到80%），但上述数据的动态变化和实践领域的发展趋势，的确充分说明了我国城市化运动的速度与成效。面临严峻的现实与世界潮流的挑战，中国城市化肩负着六大战略任务：中国城市化是解决“三农”问题的根本出路；中国城市化是新一轮财富积累的基本动力；中国城市化是信息时代“五流”交汇的网络节点；中国城市化是培育科技竞争力的创新源头；中国城市化是建立学习型社会的先导中心；中国城市化是实现可持续目标的操作关键。②作为后发现代化国家，中国城市化的历史十分短暂，从农业经济、乡村社会为主导的传统社会向现代性社会的转型，本身就是一项极其艰巨的任务。“发展就是硬道理”，快速的城市化对于我国提高经济社会发展实力、改善社会民生和满足人民群众美好生活需求而言，其贡献与意义不言而喻。改革开放以来，我国庞大的制造业带动了广大的农村人口流入、留驻城市，城市的扩张继而又迅速削弱了传统村镇在整个

① 数据来源：中国社会科学院发布的《2020年社会蓝皮书》，http://www.zhjsw.cn/news/show-19880.html.

② 参见《中国城市发展报告》，西苑出版社2003年版，转引自吴良镛、吴唯佳、武廷海：《从世界与中国城市化的大趋势看江苏省城市化道路》，《现代城市研究》2003年第2期。

社会经济发展结构中的比重，与此同时，城乡二元化的结构性分裂所积存的问题也更加全面地显露或爆发出来。从改革开放到20世纪90年代，社会民众的消费总体还停留在物质实体的消费层面，譬如购买电器、添置物资。进入21世纪以来，城市开始成为最大的消费对象——城市不仅提供了房产、物业、生活消费品等物质性的消费，还提供了城市生活所独有的或更加显著的“福利”：包括居住、交通在内的各种生活便利，良好的医疗与教育条件，丰富的文化娱乐生活，更多的就业选择与发展机会，等等，这些需求又循环刺激着城市向更大规模、更加集群式的方向发展。在这个意义上，城市化运动对于发展中国家来说是符合社会发展伦理的。

“今天的城乡建设速度之快、规模之大、耗资之巨、涉及面之广、尺度之大等已远非生产力低下时期所能及，不仅仅是在盖房子， 而是在建城市，是在塑造未来社会生活。”[①]在肯定城市化运动对于国家发展和人民生活建设的积极意义的同时，也要注意到城市化的快速发展正伴生出种种负面代价，譬如日益暴露的“城市病”症候。从交通拥堵、房价畸高、工作负荷过大等琐碎的日常生活压力，到体现在性别、职业、阶层、身份等社会领域的一系列新的问题。而且，对城镇化速度的追求也必然导致“千城一面”的城市同质化和城市竞争的恶性关系，盲目扩张的城市空间、无序的产业布局规划，对GDP、城市规模等指标的过分强调，文化传统的失落与城市文脉的破坏，等等，这些问题从各个层面反映了城市发展空间的窄化、城市个性的丧失，这不仅极大地限制了城市竞争力，也危及了城市发展的可持续性。

《国家新型城镇化规划（2014—2020年）》梳理了我国在城镇化快速发展过程中存在的“突出矛盾和问题”，包括六个方面：大量农业转移人口难以融入城市社会，市民化进程滞后；“土地城镇化”快于人口城镇化，建设用地粗放低效；城镇空间分布和规模结构不合理，与资源环境承载能力不匹配；城市管理服务水平不高，“城市病”问题日益突出；自然历史文化遗产保护不力，城乡建设缺乏特色；体制机制不健全，阻碍了城镇化健康发展。[②]中国科学院可持续发展战略研究组发布的《2012中国新型城市化报

① 吴良镛、吴唯佳、武廷海：《从世界与中国城市化的大趋势看江苏省城市化道路》，《现代城市研究》2003年第2期。

② 中共中央、国务院：《国家新型城镇化规划（2014—2020年）》，http://www.gov.cn/gongbao/content/2014/content_2644805.htm.

告》也提出，当前中国城市化发展存在五大战略性弊端：一是在世界格局中，中国的城市化明显滞后于工业化所对应的非匹配；二是在中国的城市化进程中，明显地表现出土地城市化快于人口城市化的非规整；三是中国的城市化急需克服"城市和农村、户籍人口与常住人口"的非公平；四是中国的城市化偏重城市发展的数量和规模，忽略资源和环境的代价，呈现出粗放式生产的非集约；五是中国的城市化必须解决如何进入现代管理制度的问题、消除城市病的非成熟。[①]

针对快速城市化带来的新问题，《国家新型城镇化规划（2014—2020年）》提出，要遵循城镇化发展规律，走"以人为本、四化同步、优化布局、生态文明、文化传承的中国特色新型城镇化道路"。"新型城镇化"战略的制定意味着"加快城镇化建设速度"将成为我国在新时代的重要任务。对于地理广袤、人口数量庞大的国家来说，走"新型城镇化"道路是中国经济社会发展的内生性需求。从《国家新型城镇化规划（2014—2020年）》可以发现，我国的新型城镇化道路建设包含了三个重要面向：一是以人的城镇化为核心，有序推进农业转移人口市民化，提升促进城乡统筹发展，形成城乡一体化发展格局，促进人的全面发展和社会公平正义，使全体居民共享现代化建设成果；二是优化城镇化布局和城市内部空间结构，增强城镇建设从粗放式向集约式发展，优化城市产业结构，增强城市创新能力，推进绿色发展、循环发展、低碳发展等生态发展模式；三是推进城市群规划和发展，建立城市群发展协调机制，增强中心城市辐射带动功能，加快发展中小型城市和重点小城镇，促进区域协调共享发展。

发展城市群是我国城市化发展到一定阶段的必然选择。随着经济社会发展日益建立在对区域协作联动机制的依赖上，以及我国城市化率的不断提高和城市人口、城市数量的大量增加，如何强化中心城市对周边城市的辐射带动作用，促进城市协作共享发展和一体化发展格局，是新型城镇化建设国家战略的重要内容。在宏观意义上，城市群发展是我国推进区域发展总体战略的有机构成，尽管我国城市化进程迅速，但是，城镇体系发展失衡，区域与城乡发展差距不断扩大，中大型城市的"大城市病"日益突出，城市产业结构不合理以及由此导致的环境与生态破坏等问题日益突出。推动城市群发展

① 中国科学院可持续发展战略研究组：《2012中国新型城市化报告》，http://cn.chinagate.cn/hotissues/2012-10/31/content_26960613.htm.

一方面是通过增进协作促进产业分工与区域布局更加合理，另一方面是增强中心城市拉动周边城市共享发展、共同富裕，在优化城市空间结构的同时促进区域均衡发展。在这一发展目标下，我国早在20年前就着手研究部署城市群发展。国家“十一五”规划就提出以城市群作为推进城镇化健康发展的主体形态并形成高效协调可持续的城镇化空间格局的发展思路。国家“十二五”规划也明确提出：“以大城市为依托，以中小城市为重点，逐步形成辐射作用大的城市群，促进大中小城市和小城镇协调发展。”我国的城市群发展已经具有一定基础。麦肯锡研究报告《城市化的世界：城市与消费阶层的崛起》（2012）中，就以“城市群”（clustermap）为概念分析了我国大陆地区城市发展所呈现出来的“城市带”或“城市圈”的特征。报告依据产业构成、政府政策、人口特征、消费者偏好四个指标，划分出22个城市群，共606个城市，占全国815个城市的74%，占全国城市人口的82%。在22个城市群中，有7个被定义为超大型城市群，包括：京津冀、上海、山东半岛、杭州、广州、南京、深圳。[①]有学者认为：“综合来看，在我国已经形成五个超大型城市群（京津冀、长三角、珠三角、成渝、长江中游城市群），其在国内影响力与所占国家经济比重不断提高（2018年五大城市群GDP占全国GDP的57%）。”[②]虽然二者关于超大型城市群的对象与数量有出入，但毫无疑问的是，在社会互联共享、经济协作更加密切的背景与趋势下，城市群发展及其在国民经济发展与人民社会生活中的作用与影响将越来越突出和深刻。

“近年来，中国区域发展总体战略不断充实完善，逐步形成了区域发展的新格局。概括起来，区域发展新格局的特征呈现‘四三二一格局’。其中，‘四’指的是‘四大板块’，也即国家区域发展战略布局中所涉及的西部大开发，东北老工业基地振兴，中部地区崛起和东部率先发展；‘三’指的是‘三大经济圈’或者‘三大城市群’，包含京津冀协同发展，长三角一体化发展和粤港澳大湾区建设；‘二’指的是‘两条经济带’，即长江经济带发展和新近上升为国家战略的黄河流域生态保护和高质量发展；‘一’就是‘一带

① 麦肯锡研究报告《城市化的世界：城市与消费阶层的崛起》，https://www.douban.com/note/131421635/.

② 赵则安：《中国城市群发展特质与路线研究》，《合作经济与科技》2020年第1期。

一路’建设，即‘丝绸之路经济带’和‘21世纪海上丝绸之路’，这也是连通国内外发展的对外开放大战略。”[①]也就是说，促进经济社会在空间上的“带状”发展和“圈层”发展，增进不同空间节点的协作互动，形成强有力的、互补性的区域一体化发展网络，是我国经济社会发展在新时代的战略性部署，在此框架下形成了城市群发展的必要性与鲜明特色。

国家发展改革委员会2019年发布的《关于培育发展现代化都市圈的指导意见》强调：“城市群是新型城镇化主体形态，是支撑全国经济增长、促进区域协调发展、参与国际竞争合作的重要平台。”《关于培育发展现代化都市圈的指导意见》要求以促进中心城市与周边城市（镇）同城化发展为方向，科学确定都市圈功能定位、发展目标和实现路径，科学构建都市圈协同发展机制，因地制宜推动都市圈建设和加快推进都市圈发展。推进城市群、都市圈发展，可以强化城市间专业化分工协作，促进城市功能互补、产业错位布局、基础设施和公共服务共建共享，在深化合作中实现互利共赢。城市群、都市圈发展是新型城镇化建设的重点任务和重要手段，城市群和都市圈将是推动城市经济增长的重要引擎。《关于培育发展现代化都市圈的指导意见》指出：“城镇化是现代化的必由之路，是我国发展最大的潜力所在。建设现代化都市圈是推进新型城镇化的重要手段，既有利于优化人口和经济的空间结构，又有利于激活有效投资和潜在消费需求，增强内生发展动力。”与《关于培育发展现代化都市圈的指导意见》同期发布的《2019年新型城镇化建设重点任务》，从“加快实施以促进人的城镇化为核心、提高质量为导向的新型城镇化 战略”出发，强调了“培育发展现代化都市圈，推进大城市精细化管理，支持特色小镇有序发展，加快推动城乡融合发展”的目标，除了京津冀协同发展、长江三角洲区域一体化发展、粤港澳大湾区上升到国家战略层面，哈长、长江中游、北部湾、中原、关中平原、兰州—西宁、呼包鄂榆等城市群发展也进入规划实施阶段。

有学者提出，包括“数字与智能化、产业体系现代化、城市群与城乡一体化、国家治理体系现代化、新型全球化”的“新五化”，将成为中国经济发展的主引擎，其中，“城市群与城乡一体化将逐步取代城市化成为中国城乡结构转型的新趋势，为中国发展注入转型新动能。……中国已经基本上过

① 刘应杰：《中国区域发展新格局的四个问题思考》，《区域经济评论》2020年第3期。

了摊大饼式的城镇扩张阶段，而城市之间进一步整合形成不同区域互补、竞争优势更为凸显的城市群，将成为中国区域经济发展的一盘大棋局，中国将建设城市定位优势互补、产业分工协作、基础设施一体化、公共服务均等化、通勤同城化的现代化都市圈。农村广阔天地已经成为中国经济发展的新蓝海，城乡一体化过程将加速推进，中国将推动现代化城市与现代化乡村比翼齐飞，推动城乡融合发展，促进城乡要素自由双向流动，推动形成城乡互补、全面融合的新态势。”①

毫无疑问，“新型城镇化”和城市群发展将推动中国进入新一轮的城市化运动高潮，城市必然成为中国经济社会发展最为重要的主体。这一战略也将必然地导致中国的城乡结构再次发生历史性、结构性的巨变，在城市竞争力、空间生态的可持续性、全球化等方面也会提出关乎城市发展创新的世纪性课题。

二、文化创意产业与城市融合发展的探索

在中国，诸如北京、天津、武汉、上海、南京、杭州、广州、深圳等在国内居于经济与文化发展前沿的大型城市，越来越被跨国主义（transnationalism）和流动性（mobilityies）所定义，这一趋势随着中国对全球经济社会发展影响力的增强而日益突出。庞大而繁忙的国际出入境港口，跨国资本普遍的渗透和热络的流通，创意与技术阶层的全球互动，诸如此类的城市活动更加显著地发生在这些城市中，从而使其更加突显出“全球城市”的特征并生产出富于全球化色彩的城市社会形态。这些城市不仅对中国城市参与国际竞争、开展国际合作与交流具有重要意义，而且也为中国其他的二三线城市树立了“全球城市”在经济、文化等宏观领域的发展样板，更激发出社会大众对于现代城市生活的丰富想象。立体交通枢纽、CBD、高档百货商场、酒吧、咖啡馆等诸如此类的物质性空间，不断地“再生产”出“摩登”（modern）的现代性城市想象。有些城市幸运地凭借其传统与历史的悠久积淀而具有富于民族色彩、地域特点的内涵，像北京、南京这种历史上的帝都，或者像上海这种被反复抒写的充满怀旧情调的城市，它的“传统”也变成了现

① 鄢一龙：《“新五化”：中国经济发展的主引擎》，《北京日报》2020年5月18日（第013版）。

代城市景观的一部分——传统的景观性很大程度上源于它表现出了与现代的极大疏离。在这些现代化、全球化的大都市中，传统并未表现出它对现代的现实影响和作用——无论是在全球城市的竞争关系中，还是在城市实力的对比上，上述城市更多的还是凭借其极度活跃的经济与金融发展实力，建立起了国际性的地位。可以说，传统如何融入现代生活的历史实践，文化对城市发展的深层次的作用，并未被深刻地认识、理解和得到运用，因此，探讨文化、创意对建设我国可持续、健康的城市生态体系具有重要的现实意义。

在21世纪“新型城镇化”成为国家发展战略的背景下，文化创意产业与城市的融合发展也被提到了国家经济社会发展的战略高度。随着中国城市化进程的加速和两型社会（新型工业化、新型城镇化）建设战略规划的推进，城市的创新发展是新世纪中国经济社会发展最为重要的领域之一。北京、上海、广州、深圳、天津、重庆、杭州等一批国际型城市对国家经济社会发展所承担的桥头堡和战略基地的作用更加显著，这些城市在全球的影响力大幅提升，其在科技创新和文化创意产业发展上的经验，树立了强大的标杆效应，全国许多省份、城市纷纷提出和制定文化强省、文化强市的发展战略，即是这种效应的兑现。2014年，《国务院关于推进文化创意和设计服务与相关产业融合发展的若干意见》在促进产业融合发展的基础上，提出了“建设一批特色鲜明的融合发展城市、集聚区和新型城镇”的发展目标，并明确要求“坚持以人为本、安全集约、生态环保、传承创新的理念，进一步提高城乡规划、建筑设计、园林设计和装饰设计水平，完善优化功能，提升文化品位。注重对文物保护单位、历史文化名城名镇名村和传统村落的保护。加强城市建设设计和景观风貌规划，突出地域特色，有效保护历史文化街区和历史建筑，提高园林绿化、城市公共艺术的设计质量，建设功能完善、布局合理、形象鲜明的特色文化城市”，明确要“因地制宜融入文化元素，加快相关建筑标准规范的更新或修订。完善建筑、园林、城市设计、城乡规划等设计方案竞选制度，重视对文化内涵的审查。鼓励装饰设计创新，引领装饰产品和材料升级”。文化创新不仅是城市创新的重要内涵，也是重要的媒介和手段，文化产业创新和城市转型创新的一体化已经不仅是共识，还是当前中国最重要的也最富有活力和生机的社会实践。

我国重点发展的文化创意产业分为十个门类，包括传统产业和新兴产业两大体系。一般来说，城市发展文化创意产业，主要受制于有限的空间区域，但具有文化资源集中（特别是文化机构、文化设施和文化活动）和人才资源集中等优势，因而必然更多关注新闻出版、影视传媒、文化科技、创意设计、广告会展等核心层的“文创”类型，并因应各个城市自身产业历史及基础、城市文化特色而有所侧重。如果产业定位准确，规划科学，战略清晰，基础坚实，优势突出，那么文化创意产业就可以成为城市发展创新的关键性力量，产业创新和城市创新的联袂合作就可以创造显著的加值效应，从而推动产业与城市形成协同、融合发展的关系与格局。

文化创意产业已成为北京市仅次于金融业的第二大支柱产业。在北京市文化创意产业结构中，新闻出版、广播影视、剧场演艺、广告会展、文化旅游、创意设计、信息服务等各产业类别均发挥了重要的支撑作用，而其最大特色和优势则是文化科技的融合发展、创新发展，是以信息服务为核心的现代高新技术对文化领域的全面渗透和融合。以中关村国家自主创新示范区为代表的科技创新力量，不仅推动了新软件、网络和计算机服务业的快速发展，也成为推动新闻出版、广播影视等传统产业改造升级的重要推手，其与现代创意设计和现代艺术产业发展的融合也日益突出。文化与科技的高度融合和持续创新，既是北京市文化产业的核心驱动力，也是现代北京文化形象的重要符号。正是这种适应现代社会发展趋势、富于战略性竞争力和富于创新创造活力的产业力量，使北京超越了传统的作为国家政治、经济、文化中心的城市意涵，而确立起了创意创新的现代新北京形象。2018年，北京出台的《关于推进文化创意产业创新发展的意见》提出：“牢牢把握首都城市战略定位，按照全国文化中心建设‘一核一城三带两区’总体框架，以社会主义核心价值观为引领，以满足人民群众多样化多层次多方面精神文化需求为目标，健全现代文化创意产业体系，培育新兴文化业态，推动文化创意产业高端化、融合化、集约化、国际化发展，为建设国际一流的和谐宜居之都作出更大贡献。”在《关于推进文化创意产业创新发展的意见》部署实施的九大行动中，第一项行动“文化空间拓展行动”提出要“加快推进文化创意产业功能区发展”，包括：优化布局文化创意产业功能区、文化创意产业示范园区、文化创意产业园区、文创小镇、文创街区、文创空间等；加强老旧厂房保护利用，有效盘活老旧厂房资源，建设新型城市文化空间；鼓励支持图书馆、美术馆、博物馆等合理开放空间，开展市场化运作；加大跨区域合作力度，落实京津冀协同发展转移对接企业相关税收政策，优化资源配置，促进要素自由有序流动等。[①]以上述举措优化文化创意产业布局，推进城市文化空间集约集聚发展。

再如深圳，这个曾经被视作文化沙漠、以来料加工为主要模式的出口制造业基地，却透过现代科技创新力量的引领和现代工业设计、文化创意发展的推动，逐步转型为中国智慧城市建设的领头羊和世界“设计之都”的典范。2003年，深圳提出“文化立市”发展战略，文化创意产业于2008年被确立为深圳四大支柱产业之一，2011年又进一步被定位为战略性新兴产业。在这种产业发展战略推动下，深圳文化创意产业发展一直走在全国前列，特别是以腾讯、华强为代表的现代科技创新企业推动了互联网技术和电子商务产业的蓬勃发展，为深圳探索“互联网+”和智慧城市建设，奠定了坚实基础。2008年深圳获批加入全球创意城市网络，被联合国教科文组织授予“设计之都”称号，成为中国城市中第一个获此殊荣的城市，由此开启深圳“创意城市”的新的历史发展阶段——深圳“创意城市”的建设与创意产业的发展是紧密相连、互为支撑的。

2015年底，深圳制定出台了《深圳文化创新发展2020（实施方案）》，方案提出的发展目标是：“在未来五年，逐步将深圳打造成为精神气质鲜明突出、文化创新引领潮流、文艺创作精品迭出、文化活动丰富多彩、文化设施功能完备、文化服务普惠优质、文化传媒融合发展、文化产业充满活力、文化形象开放时尚、文化人才群英荟萃的国际文化创意先锋城市，努力建设与现代化国际化创新型城市和国际科技、产业创新中心相匹配的文化强市。”[②]在“设计之都”基础上打造“国际文化创意先锋城市”，表明深圳将做大“文化+”产业、以文化立市的规划设计被推到了更高战略层面。近十年来，深圳的文化创意产业发展始终保持着旺盛的活力，培育出一大批设计企业和华侨城创意文化园、大芬油画村、观澜版画基地、欢乐海岸文化休闲区、蛇口海上世界、中英街等著名产业园区，打造了腾讯、华侨城和华强方特等全国文化企业30强企业，文博会、文交所、国家文化创意产业投资基金、对外跨贸易基地、国家版权交易中心、数字出版基地等国家级产业发展

① 中共北京市委 北京市人民政府印发《关于推进文化创意产业创新发展的意见》，http://www.ce.cn/culture/gd/201807/05/t20180705_29632841.shtml.

②《深圳文化创新发展2020（实施方案）》，http://www.sz.gov.cn/wtlyjnew/ztzl_78228/tszl/whcy/whcyflfg/201803/t20180323_11587297.htm.

平台也纷纷落户深圳。对内，深圳也非常注重公共文化服务建设，《深圳文化创新发展2020（实施方案）》提出要在深圳全面建成“十分钟文化服务圈”，建成一批代表国际化城市形象的文化地标，使公共文化设施分布更均衡。据统计，深圳有7座超级书城，600多家公共图书馆，700多家实体书店，是全国的“书店之都”，一年有16万场公益文艺活动在全市各地开展①，良好的公共文化服务建设将为新的发展目标奠定基础。深圳的文化科技创新能力一直居于全国之首，文化创意产业综合实力不断增强，“文化＋科技”“文化＋金融”“文化＋贸易”“文化＋旅游”等新业态迅猛发展。2014—2018年，深圳文化创意产业保持了持续高速发展态势，2018年文化创意产业增加值达到2621.77亿元，占2018年深圳市GDP的10.9%。②2019年，《中共中央国务院关于支持深圳建设中国特色社会主义先行示范区的意见》则赋予深圳“城市文明典范”的战略定位，提出要加快建设区域文化中心城市和彰显国家文化软实力的现代文明之城，率先塑造展现社会主义文化繁荣兴盛的现代城市文明，成为新时代举旗帜、聚民心、育新人、兴文化、展形象的引领者。③这一战略定位和目标规划为深圳提供更多发展创新的机遇和条件，无疑也将为深圳的城市建设和文化发展打开更广阔的空间。

如何融入全球文化创意产业发展浪潮，从全球城市发展创新的历史与经验中取得借鉴，发挥文化和创意的引领带动作用，是中国城市化运动能否深入有效并培育可持续竞争力这一发展基质的关键。令人欣慰的是，在我国，“创意城市”的发展意识日渐成熟，其中，北京、上海、深圳、长沙、昆明、西安等省会级的城市以各自特色的文化创造力和创意产业集聚能力，提供了中国创意城市发展的多种思路与模式。而在北京大学文化产业研究院发起的“中国创意（中小）城市50强”入选榜单中，则不乏有如云南省的巍山县、山西省的平遥县、湖南省的凤凰县、河南省的长垣县等在内的县域城市。事实上，“全球创意城市网络联盟”中也不乏小城市，如2008年被评为“文学之都”的美国中西部小镇爱荷华城，其实质就是一座大学城，人口严格来说

①《特区40年：瞄准世界文化坐标，深圳启航！》，https://k.sina.com.cn/article_1893278624_70d923a001900ocz0.html.

② 前瞻产业研究院：《2019年深圳市文化创意产业发展现状及趋势分析》，https://www.qianzhan.com/analyst/detail/220/190729-18a04453.html.

③《中共中央国务院关于支持深圳建设中国特色社会主义先行示范区的意见》，http://www.mofcom.gov.cn/article/b/g/201909/20190902900710.shtml.

仅有3万人；再如，日本的金泽市于2009年被评为“手工艺和民间艺术之都”，人口也仅约4.57万人，是名副其实的小型城市。这说明，“创意城市”并非大中城市的专利，追求人口和空间的规模并不是城市发展的唯一方向，中小城市也可以通过文化传统的挖掘、创意空间的塑造等方式，建立独具一格的城市魅力和城市形象，从而获得竞争力与可持续的发展空间。

文化创意产业与城市联动一体化发展的另一种形式，也是其更为深刻的表现，即产业空间与城市空间的叠合，具体来说，是借由产业空间的构建来促进城市空间的创新性的形塑进程。博物馆、演剧院等文化艺术中心和文创园区、创意市集等文化创意产业集聚带既是文化创意产业发展的载体，又是城市空间的有机构成，富于活力的文化创意产业集聚带，既可以成为城市突出的意象和符号标志，更可以引领带动周边区域或产业关联区域的空间活化。一方面，产业内在的融合性、渗透性可以激发产业空间内部的相互作用，其创新创意性的力量可以促进空间内部的活化，或者说，产业结构自身的更新本身就是一种空间再造的力量。另一方面，空间的结构性力量还体现于不同空间单元的相互作用上，尽管空间与空间之间的联系的确表现出很大的差异性，存在着不同空间的纽带或强或弱的差别，但空间与空间的联系或纽带是流动的，富于活力的空间总是具有侵入或同化其他空间的能力，这种存在于空间内部的竞争性关系决定了文化创意产业空间对城市空间可以形成催化与重构的作用：作为创新创意和人才智慧的集聚带，文化创意产业空间是最富于创造性与具有自我更新能力的空间形态。文化创意产业空间不仅通过产业集聚、产业链建设来推进城市产业形态的再造并呈现出城市新的产业形象，更深刻作用于城市人文环境的活化与城市精神的塑造。

三、城市文化创意空间的主要发展模式

文化创意产业空间是城市空间最活跃的构成分子，是城市空间活化重塑的积极力量。从实践层面来看，中国文化创意空间的发展形成了几种比较突出的模式。

一是基于工业遗产文化保护的对工业遗址空间进行改造、活化和再利用，形成现代文化艺术创意空间。

从20世纪60年代以来，工业遗产保护开始受到关注。何谓工业遗产？

根据国际工业遗产保护委员会发布的《下塔吉尔宪章》，工业遗产（Industrial Heritage）是指“包括具有历史、技术、社会、建筑或科学价值的工业文化遗迹”，《下塔吉尔宪章》认为“凡为工业活动所造建筑与结构、此类建筑与结构中所含工艺和工具及这类建筑与结构所处城镇与景观，以及其所有其他物质和非物质表现，均具备至关重要的意义。”《无锡建议》也对工业遗产进行了明确的定义：工业遗产是具有历史学、社会学、建筑学和科技、审美价值的工业文化遗存。针对工业遗产的保护活动主要采取Adaptive Reuse，即“改造性再利用”，这一模式的提出者是澳大利亚1979年在巴拉（Bura）发表的《保护具有文化意义地方的宪章》（简称《巴拉宪章》），“改造性再利用”强调对遗产空间进行调适以容纳新的功能而不会从实质上削弱空间的文化意义和历史价值。这一观念被广泛运用于工业遗产领域，促成了工业遗址活化再造运动的发展，近半个世纪以来，工业遗址活化再造是欧美地区城市复兴运动的重要形式。

工业遗产是城市文化遗产的重要组成部分。我国自1985年加入联合国《世界遗产保护公约》以来，工业文化遗产保护日益受到重视，2006年公布的第六批全国重点文物保护单位名单中，就包括了11处工业文化遗产，同年在无锡召开的中国工业遗产保护论坛通过的《无锡建议》，将我国工业遗产保护的范围界定为包括西方殖民工业、洋务派和民族资本企业以及20世纪50年代以来的社会主义工业等历史性遗产。国家文物局于2006年下发《关于加强工业遗产保护的通知》，强调“工业遗产保护是我国文化遗产保护事业中具有重要性和紧迫性的新课题”。随着我国城市化进程的加速和文化创意产业的发展，加强工业遗产保护、维护城市历史文脉，促进工业遗址的活化再利用并使其有机融入现代城市文化的发展和创意城市的建设，是政府、文化界和产业界共同考量的焦点。最近几年来，借鉴国外经验推进工业遗址转型为现代文创园区、艺术区，成为一种比较典型的发展模式。

在我国，工业遗址活化再造实践可以追溯到北京798艺术区。798艺术区位于北京市东北角，这个空间的前身是20世纪50年代初期建设的“国营北京华北无线电联合器材厂”，空间上包含了原电子工业部所属的6个厂区，798是其中一个厂区，在20世纪80年代中国产业转型的大潮中，798大片厂房与车间处于闲置和荒废状态。1995年中央美院的迁址促成了798艺术区的诞生，由于建筑及设计由当时的民主德国完成，因而这片旧工业区在空间规划与厂房结构设计上都表现出了鲜明的德国“包豪斯”风格。在798艺术区众多艺术家的努力下，这些老工厂、老仓库逐步转型为艺术画廊、现代设计工作室、文化创意展陈空间，富有历史意涵的建筑风格与现代创意元素的组合，重新塑造了一个富于现代性的、富于创意创新精神的文化空间。如今，798艺术区已经享有国际性声誉，作为中国文化艺术产业的先锋者和文化地理标杆，798艺术区的繁荣对带动大稿国际艺术区、酒厂·ART国际艺术园、环铁国际艺术区、宋庄小堡画家村等北京市其他艺术空间的繁荣，具有重要的影响与作用，这些艺术空间成功地改写了北京城市空间的内涵。与此类似的还有上海的8号桥创意园区和M50创意园，青岛的创意100创意产业园区，武汉的“汉阳造”创意产业园区，西安的纺织城艺术区，等等。此外，海峡对岸台湾地区的华山1914文创园区、花莲文化创意产业园区，也都是利用工业遗址再造为现代“文创”艺术园区的典范。

二是依靠高校、科研院所、科技创新型企业集中区的人才集聚优势，形成专业性文化科技园区。

北京的中关村国家自主创新示范区，位于海淀这一我国科教智力和人才资源最为密集的区域，拥有以北京大学、清华大学为代表的高等院校40多所，以中国科学院、中国工程院所属院所为代表的国家（市）科研院所206所；拥有国家级重点实验室112个，国家工程研究中心38个，国家工程技术研究中心（含分中心）57个；大学科技园26家，留学人员创业园34家，是国家“海外高层次人才创新创业基地”。从20世纪80年代开创至今，中关村聚集了以联想、百度为代表的高新技术企业近2万家，形成了下一代互联网、移动互联网和新一代移动通信、卫星应用、生物和健康、节能环保、轨道交通六大优势产业集群，以及集成电路、新材料、高端装备与通用航空、新能源和新能源汽车四大潜力产业集群和高端发展的现代服务业。2009年国务院批复建设中关村国家自主创新示范区，要求把中关村建设成为具有全球影响力的科技创新中心。如今，中关村又成为国家推进文化科技融合发展的重要战略基地，2012年中关村核心区被确认为国家首批文化和科技融合示范基地，在互联网电视、网络教育、工业创意设计三大领域处于全国领先地位，2013年成立了中关村核心区互联网电视产业联盟、中关村核心区网络教育产业联盟、中关村核心区工业创意设计产业联盟。北京市委市政府发布的《北京市文化创意产业功能区建设发展规划（2014—2020年）》提出

"着力建设20个文化创意产业功能区"和"以功能区建设推动形成全市文化创意产业高端化、集聚化的空间总体布局"的发展目标，确立了"一核、一带、两轴、多中心"的功能区空间结构规划，其中，"一带"即是指以中关村海淀园和石景山园为核心进行延伸拓展的"文化科技融合带"，其任务是重点推进文化科技融合，加快动漫网游、新媒体、数字出版、设计服务等重点行业发展。①中关村核心区所承载的文化科技融合中心的角色，对北京打造世界城市具有重要意义，中关村国家自主创新示范区发布的《中关村建设全球科技创新中心与北京建设世界城市的关系研究》指出，在建设世界城市这个战略上，北京的资源禀赋主要表现在拥有中国最为雄厚的创新资源、水平最高的科技产业园区，科技创新是北京建设世界城市的先行要素和核心要素，将中关村建设成全球科技创新中心是北京建设世界城市的重要切入点。②

与中关村国家自主创新示范区相类似的，还有上海的张江高科技园区、武汉的光谷软件园和深圳的南山科技园等。此外，深圳的迅雷、腾讯等文化科技型园区选择在深圳科技园内落户，华侨城创意园则选择科技园周边的区域，从而形成园中园、园外园的空间组合，而这种空间关系的形成，很显然是基于产业链的协作配套、文化创意人才的交流互动和区域文化科技创新氛围这三个主要因素。基于产业集聚和协作关系而形成的文化科技创新园区是城市空间的重要单元，是城市创新发展的核心力量。

三是对城市传统街坊生活空间进行文化改造和创意孵化，形成现代文化街区、创意市集。譬如成都的宽窄巷子、上海的田子坊等。

成都"宽窄巷子"的物理空间包括宽巷子、窄巷子和井巷子三条平行排列的城市老式街道及其间的四合院群落，是老成都"千年少城"城市格局和百年原真建筑格局的最后遗存，也是北方胡同文化和建筑风格在南方的"孤本"。"宽窄巷子"于20世纪80年代列入《成都历史文化名城保护规划》，与大慈寺、文殊院一起并称为成都三大历史文化名城保护街区。2003年，成都市启动宽窄巷子历史文化片区保护性改造工程，在保护老成都历史建筑风

① 北京市人民政府办公厅:《北京市文化创意产业功能区建设发展规划(2014–2020年)》,http://www.beijing.gov.cn/gongkai/guihua/lswj/yw/201907/t20190701_100131.html.

② https://www.pishu.com.cn/skwx_ps/initDatabaseDetail? siteId=14&contentId=6926597&contentType=literature.

貌的基础上，以“成都生活精神”为线索，将其改造为具有鲜明地域特色和浓郁巴蜀文化氛围的复合型文化商业街，成为“老成都底片，新都市客厅”城市文化内涵的诠释者，为现代城市空间发展创新提供了优秀的样板。田子坊位于上海市打浦桥地区泰康路的一条旧弄堂，临近石库门，是上海传统市民社会和里弄坊巷建筑的一个文化缩影。1998年之后陈逸飞、尔冬强等艺术家和乐天陶社等文化企业陆续入驻泰康路，使其逐渐成为“上海艺术街”，开创了该区域的“文创”氛围，从而带动了位于泰康路210弄的田子坊的转型。2011年之后，各种创意设计室、“文创”商店入驻田子坊，各种创意市集在这里举办，2005年入选“上海最具影响力的十大创意产业集聚区”，2006年入选“中国最佳创意产业园区”——田子坊已经从旧式海派弄堂华丽转身为“上海的苏荷”、视觉产业的“硅谷”，不仅是上海的“文创”名片，也是传统生活街区通过“文创”这一媒介成功转型并带动城市空间更新的又一典范。与此类似的还有武汉的“楚河汉街”、福州的“三坊七巷”等。

文创园区和城市创新合二为一、融合发展的另一个重要城市案例是宋代古都开封。开封是八朝古都，是中国八大古都之一，一千多年来城市格局和中轴线始终未变，保存了较好的古城风貌。开封拥有众多的宋代历史遗存，国家级文物保护单位有铁塔、北宋东京城遗址、繁塔等；省级文物保护单位有龙亭、大相国寺、禹王台、宗公祠等，地下历史遗址有新郑门遗址、古州桥遗址、汴河故道遗址等及其他各个历史时期的文化遗存。开封的非物质文化遗产资源总量涵盖14类80项，其中，国家级8项，省级23项，市级49项。国家级非物质文化遗产项目有朱仙镇木版年画、汴绣、汴京灯笼张、开封盘鼓等。具有宋代特色的民间文化产品种类多达326种，如汴梁根雕、开封菊花、滕派蝶画、绘画葫芦、捏面人、吹糖人等。开封市于2008年对古城区域启动整体性保护工程，将该区域命名为“宋都古城文化产业园区”，园区空间规划包括了14.4公里长的古城墙以内全部区域和古城外的清明上河城影视产业基地、区域生态休闲度假区、城摞城大宋文化博物馆体验展示区、朱仙镇国家文化生态旅游示范区等在内。宋都古城文化产业园区本身即是宋代文化的博物馆，园区最核心的责任就是对宋代古都历史文脉的整体性保护。2011年，宋都古城文化产业园区被文化部命名为国家级文化产业示范园区。

文化是城市的精神命脉，历史和传统是城市文化的承载和沉淀。文化园区、艺术空间、创意聚落已经成为当代中国城市空间结构中的重要单元，并且成为城市化进程中现代城市空间重构的重要力量。工业遗产、历史文化街区、传统生活空间的活化利用，实现了空间功能的转换和重新激活，使城市历史文脉和生活肌理得到保护性的延续，使城市文化基因不因现代社会的发展而中断、破坏，为现代城市的当下及未来发展保留住最富有创造性、最富于活力的维度。文化园区、艺术空间、创意聚落的形成源源不断地吸纳更多的资源与创意，人才的集聚性和文化创意的流动性，使这些新型的城市文化空间充满创新活力，这种文化活力具有强大的溢出效应和导引功能，空间上的蔓延与时间上的渗透将合力改造一个城市的整体的文化品格，形塑出崭新的城市内涵与城市形象，城市也将更具有文化魅力，更富于创新精神，其未来空间也将更广阔。

第四章　文化经济发展的多维向度

党的十九大提出了建设创新型国家的总部署，实施“创新驱动”战略、推进“高质量发展”是新时代我国经济社会发展的总体方向，其中也包括了文化的创新发展。党的十九大报告指出：“文化是一个国家、一个民族的灵魂。文化兴国运兴，文化强民族强。没有高度的文化自信，没有文化的繁荣兴盛，就没有中华民族的伟大复兴。要坚持中国特色社会主义文化发展道路，激发全民族文化创新创造活力，建设社会主义文化强国。”文化创新是创新型国家建设的有机构成，通过文化创新实现文化的高质量发展，使文化发展在服务和推动国家经济社会发展总体布局中发挥更大作用，同时建立起文化自身永续发展的内部动力和自我更新、升级的活力机制，既是文化生产贯彻新发展理念、服务于国家和人民的使命要求，也是文化自身持续发展的本然要求。

习近平总书记在2019年全国“两会”期间看望文艺界、社科界政协代表委员，就文艺创作、哲学社会科学研究发表了重要讲话，提出了“四个坚持”的明确要求，其中，“坚持与时代同步伐”所指向的正是文化创新的重要课题，把握时代脉搏、聆听时代声音，记录新时代、书写新时代、讴歌新时代，深刻反映时代历史巨变，描绘时代精神图谱，是文化发展创新的核心精神。每一个时代的文化发展所立基的就是其所处时代的社会发展与文明进化的历史诉求，时代性是任何一个时代的文化生产、文化发展所必然的内在的向度。坚持和实现文化发展的时代性向度，就必须坚持文化发展的创新意识与创新机制。文化创新是一种系统性的行动，涉及文化生产的整个网络和总体生态，因而其涉及的方面自然是非常丰富的，但大体上又可以统括在两条线路上：一是表现在纵轴上，即如何处理和传统的关系，涉及资源的活化与加值，特别是从历史资源、文化传统中找到文化发展创新驱动的切入点和结合点；二是表现在横轴上，即如何处理与当代其他发展要素的关系，涉及文化在发展创新上所能延展和辐射的领域和范围。围绕这两个轴向，以文化创新驱动力的营建为切入点，全面推进当代文化的繁荣创新。

具体来说，文化发展的创新驱动要着力突显四种观念意识与创新机制，一是响应文化因应时代性而创新的规律，强化传统在当代的活化与产业转化，拓展传统文化IP的时代性内涵和产业路径；二是响应消费社会的到来，强化文化创意设计对文化生产的加值与升级；三是响应数字时代的到来，强化文化创新和科技创新的双向互动，以科技为媒介建立文化生产的创新基因；四是响应全球化语境下空间重构的趋势，强化文化对空间再生、地方振兴的支持作用，塑造独特的文化地理。

一、促进传统现代融合，坚定守正创新

习近平总书记高度重视传承和弘扬中华优秀传统文化，鲜明提出推动中华优秀传统文化创造性转化、创新性发展的方针。党的十九大报告提出："深入挖掘中华优秀传统文化蕴含的思想观念、人文精神、道德规范，结合时代要求继承创新，让中华文化展现出永久魅力和时代风采。"推动中华优秀传统文化创造性转化、创新性发展，这是一种动态的文化发展观，是文化生产要坚持与时代同步伐、建立文化生产的时代性向度理念的重要体现。

科学推进文化传统的现代转化，既不能固守传统，又不能盲目转化，保护文化根脉永远是开发文化资源的第一工作、第一要求，要在此前提下进行文化传统的创新发展。保护传承与创新发展是文化健康持续发展所必需的两种相互依存的力量，没有保护传承，创新发展就失去了源头根据，没有创新发展，保护传承就没有了活水动能。从近现代以来，我国的现代性社会转型已经进行了一个多世纪，特别是改革开放以来，与经济社会的转型发展相适应，我国的文化转型更加深入，文化传统要能够生存和延续下来，就必须加入时代性的向度进行再生产、再创造。"要使中华民族最基本的文化基因与当代文化相适应、与现代社会相协调，以人们喜闻乐见、具有广泛参与性的方式推广开来，把跨越时空、超越国度、富有永恒魅力、具有当代价值的文化精神弘扬起来，把继承传统优秀文化又弘扬时代精神、立足本国又面向世界的当代中国文化创新成果传播出去。"①

①《习近平谈治国理政》，外文出版社2018年版，第161页。

文化资源的产业转化既是我国文化产业发展初期的基本形态，直到今天也仍然是文化产业发展的重要路径，无论是从传统工艺制造业向文化创意设计产业的转型发展，或是从传统自然旅游资源的产业开发向文化旅游、休闲产业和体验经济的丰富与拓展，又或是既有的出版、影视、表演等文化事业行政资源通过文化体制机制改革，转变为现代文化产业市场主体的新角色，等等，都属于既有文化资源进行产业转化、加值的演化形态。我国民族历史悠久，地大物博，资源丰富，地域特色鲜明，区域产业资源富于差异性，一方面这为我国文化产业发展提供了良好的资源禀赋，为文化产业发展迅速建立基本规模和形成总体布局奠定了较好基础。但另一方面，传统农业社会"靠天吃饭"的思维惯性也比较显著地表现在文化生产领域，对文化产业发展观念形成了一定的束缚和制约。主要表现在两个方面：一是被动思维，即有什么资源就发展什么产业，缺乏对资源与资源之间的整合与联结；二是浅表思维，即对资源的开发停留于表面形态，缺乏对资源内涵的深入挖掘与深度建构。文化资源的产业转化总体上还停留于粗放式、碎片化的形态，既不能将文化资源产业转化的价值最大化，且无形中破坏了文化资源的整体性和有机性，对文化资源的不同程度的破坏性开发则是普遍存在的现象。

传统历史资源、地方特色文化资源的产业转化所面临着的迫切课题，是处理好文化传统、历史资源的保护传承与发展创新之间的关系。传统资源的保护和历史文脉的承续是当代文化发展所必须和首要坚持的底线。文化传统是人类（民族）文化记忆的载体，留存了人类文明历史进程中的重大成果，它为当代人提供了理解自身从何处来、去往何处的历史线索。产业可以无中生有，从零创造，文化却须日积月累，经受时间长河的冲刷积淀，历经一代代人的丰富、拓展和传承、延续，才有今日我们可以引以为傲的中华民族文化之璀璨磅礴，也才有今天的现代中国文化自信的厚实根基。文化传统不是抽象的存在，无论是物质性的文化历史资源或是非物质性的文化历史资源，无不以具体可感的形式存在，从布匹上的针绣、屋檐上的彩绘等生活工艺，到名山大川、廊庙场院等物态遗存，再到天人合一、物我两忘、求真求善等素朴理念与人文关照……文化传统、历史资源皆生动、感性地存在于现代人的生活空间与心灵世界。传统向现代的敞开、现代对传统的接纳，既不仅仅是一种文化意识或理念，也是一种事实上的相互关系与存在状态。因此，以现代为标榜，否弃传统，崇今抑古，这并不是一种历史的、辩证的态度。历史馈赠给当代人的这些宝贵的文化与精神财富，在当代所面临的危机固然是来自多方面的，今天在产业开发、经济发展诉求下对资源和传统的肆意破坏、对历史文脉的任性割裂，显然是其中不可回避的一种。我们当然不是要把传统资源完全隔离于现代生活空间，或者当作供品封闭于庙堂之上进行膜拜遥祭，这种做法既起不到保护的功能，也不能使其继续滋养现代文明并以此寻获存续的活力。今天，有意识地将文化传统引渡、接续到现代生活空间，对文化传统的价值进行再认识、再生产、再创造，不仅于当代文化发展有益，也有利于文化传统本身的承续和使其焕发出新的生机与魅力。

文化传统是当代文化生产的重要资源——既是美学资源、思想资源，又是产业资源。中华民族在漫长的历史发展进程中涵养、沉淀下来的这些美学资源、思想资源，既是我们中华民族在当代延续承传文化脉络、文化认同和民族精神谱系的重要母体，也可以转化为重要的产业资源。在今天文化创意产业的发展框架下，传统文化的元素，包括历史人物形象、神话传说、艺术造型、手工技艺、建筑空间等，都可以成为现代文化创意的来源，也可以通过产业转化利用，成为拉引经济社会发展的新动力。从《花木兰》《功夫熊猫》等动画电影的市场业绩来看，中国传统文化素材在国际上是很有吸引力的，但很显然，对于传统文化素材的市场潜力，我们还远远没有开发出来，取得国际性影响的文化产品更加寥寥可数。这说明了什么？当前，在处理文化传统历史资源方面，我们普遍存在的也是最为突出的问题，一是缺乏文化自信，对文化传统资源的价值和意义认识不到位，既不能深刻理解文化发展的内在规律，没有树立起将文化发展作为一个有机体的意识，也缺乏历史主义的精神，对传统与现代之关系的理解出现偏差，更极端的情况则是在一种僵化的文化进化观念下对文化传统采取否定的态度，其所折射出来的问题恰恰在于它既不懂传统又不懂现代——我们首先要破除的就是这种狭隘的现代观念。二是由于在文化创新发展的理念把握、路径探索、方法手段的完善等问题上存在视野与能力的局限，我们对文化传统资源的开发最大的局限表现在缺乏自觉的IP开发意识和成熟的内容IP发展路径，使得传统文化资源的转化利用呈现出不新、不多、不活等问题。内容IP开发意识的薄弱是当代文化生产的共性问题，而在对传统文化IP的开发方面则尤其突出，这一方面当然是源于我们对文化发展规律自身的认识不充分不深入，对文化传统历史遗产本身就缺乏整体的意识，从而在狭隘的现代主义观念下将文化传统打入“冷宫”，另一方面，则是在文化创新发展的理念把握、路径探索、方法手段的完善等问题上存在视野与能力的局限。

今天，我们亟待将我国传统文化的元素通过与现代文化创意产业发展框架的对接，进行产业转化利用，要鼓励文学、影视、美术、创意设计等艺术形式创作出一批突显中国文化元素与文化内涵的优秀作品，注重传统文化IP的现代文化价值构建，重视传统文化IP塑造的方式方法和产业化开发，全面思考传统文化历史资源的创新维度和发展可能。对传统文化历史资源的开发和产业转化需要呼应当代的社会发展理念，适应当代人的审美要求，因此要利用好当代的创新手段、创造方法，把握当代文化市场规则，要着重在创新的手段、经验和视野上下功夫。还要特别注重对欧美国家发展创意产业经验的借鉴，包括全球市场运营的经验。好的素材、好的工艺加上理念上的创新、运营上的创新，传统文化IP在今天可以创造的产业价值和文化价值将是极其可观的，并将为我国的文化发展不断开掘出活水源头，不断开发出文化创造的活力。

二、促进文化创意设计融合，强化赋能加值

对文化创意设计的强调并不仅仅在于创意融入、设计再造可以创造文化加值的空间，还在于它是建立在社会文化发展转型这一本体论基础上的。社会文化发展转型的表现，一是消费社会的到来，二是对美感社会的需求。鲍德里亚在1970年出版的《消费社会》一书中，指出西方社会已经进入消费社会的形态。中国作为后发现代性国家，进入消费社会晚一些，但现在我们是否也可以说已经进入消费社会？答案是肯定的。消费社会的一个重要根据就是符号经济在社会经济结构中占据了越来越大的比重，而当消费也成为生产力、成为社会发展的内驱力时，则是进入消费社会的另一个标志。符号经济是基于对商品的象征性消费而产生的象征性经济，在商品的象征性消费中，商品的使用价值、交易价值弱化了，与此同时，文化价值、符号价值、美学价值突显了。

消费社会在产品的需求上除了体现为从功能性、实用性向美学体验、情感呼应的转变，体现为从硬件需求向软件需求的转变外，还体现在对日常生活美学的营造和对美感社会建设的追求上。与消费社会的发展同步，美学理

论家韦尔施提出，20世纪60年代以后西方社会开始了整体性的美学转向，表现为日常生活的审美化。它的社会背景就是西方消费社会的兴起，它的美学背景则是波普艺术等当代艺术的发展。日常生活审美化的一个结果就是美感社会、美学社会的到来。所谓美感社会，即美学生产不再局限于艺术创造领域，而是变成社会性、普遍性、日常性的美学实践，美学开始从艺术创造的狭小领域向广阔的日常生活不断延展，表现出美在日常、美在生活、美在细节、美在整体等种种新的社会文化特征。美感社会依托于一系列的美学实践，包括物的美学（体现在产品设计）、空间的美学（体现在建筑设计、城市地景、街区等空间的美学塑造）、环境的美学（体现在交通环境、居住环境、工作环境、生态环境等领域更加人性化、更加彰显人本主义理念），而更高的层次则体现在发展的美学（即进步与审美、经济与文化、发展与生态之间的平衡，社会与自然实现和谐共生），等等，这样就形成了以营造日常生活美学为基础的美感社会这一新的社会文化形态。日常生活美学和美学社会建立在美的营造基础上，而美的营造一定离不开文化创意设计，文化是基底，是精神内涵，创意是前导，没有创意，美就变成了重复，变成没有个性的机械化复制；设计是加持，设计提供的是方法、手段，是把文化呈现出来、把创意兑现出来的技巧。所以，美的营造离不开文化创意设计的综合运用。

值得提出的是，对于以消费文化、日常生活美学为内涵的消费社会形态，在西方思想界、知识界一直是存在着争议和分歧的。从比较激进的文化批判立场看来，生活美学化、消费文化是对真正的文化创造性的抵制，它所生产的是没有个性、没有灵晕的大众文化，是资本主义文化意识形态在文化生产领域的复写，这种文化生产将最终丧失社会批判的能力，沦为资本主义制度的帮凶。但我们必须看到，正是消费文化和日常生活美学对欧美现代社会生活的全面渗透，推动了欧美社会创意产业、艺术产业的蓬勃兴旺，对欧美社会平缓经济衰退、稳定就业市场、拓展文化输出和推动城市再生、空间活化等都发挥了重要的作用。

党的十八大以来，以习近平同志为核心的党中央做出了我国进入中国特色社会主义新时代的重要论断。在新时代，人民的物质文化需求日益增长，文化产业的蓬勃发展很大程度上正是因应于这种需求的规模与趋势。在消费升级的背景下，文化创新首要的表现是产品创新与商业模式创新，也正因此，符号经济、美学经济的发展在当代中国开始走向深入。符号经济、美学经济注重文化产品所能提供的独特的精神体验与情感震荡，产品的实用功能让位于其美学功能或体验功能，因而这就要求文化产品超越传统产品制造的思维，精巧的工艺设计、美的艺术形式、有韵味的文化内涵、对历史感的营造等，都更加契合现代消费者对文化产品寄予的人文期待，从而建立人与产品之间的情感纽带。文化创意设计服务不仅是重要的独立的产业门类，它对其他产业也具有强大的融合、渗透能力，从而具有推进传统产业转型升级和开发新兴文化业态的重要作用。也因此，文化创意设计服务在当代的文化生产与消费结构中占据了极其重要的地位。

作为后发现代化国家，我们的现代化任务尚未完成，当前我国正处在建设社会主义现代化强国、全面建成小康社会和两个“一百年目标”的关键时段，我们不仅需要大力发展文化经济，使文化产业成为国民经济的支柱性产业，带动经济社会的创新创造活力，也需要通过美的营造和发展美的教育，提升全社会民众对美的欣赏能力和创造能力，才能改变我们过去在计划经济体制下文化发展僵化陈旧的面貌，才能全面激发全社会的文化创造活力，也才能满足人民群众日益丰富多样的精神文化需求。因此，强化文化创意设计在社会建设中的作用，借鉴和接纳美学社会的发展理念，是具有正当性、合理性和必要性的。

三、促进文化科技融合，助力创新驱动

文化创新是社会创新的基础，科技创新是社会创新的主力。要理解我们所处的时代，就必须深刻理解科技的地位和作用。首先，科技是当今时代最重要的生产力，产业的转型升级、新兴业态的开发培育都离不开科技创新，从技术经济再到数字人文的发展都建立在科技创新的基础上，数字文化产业更直接以科技创新为土壤和根基。构建科技创新型社会，促进科技创新要素对社会发展各领域的渗透、带动，是国际社会对于当前发展的普遍共识，科技因此也成为全球竞争的核心因素。其次，科技已经成为现代社会生活最重要的媒介，科技的运用构成了我们生活在其中的“第二自然”，我们的生活被科技完全包围，衣食住行无一不是建立在科技媒介之上，科技也重新塑造了我们对时间、空间的感知，我们的社会关系网络、人际交往模式也被科技

定义和设计。科技在今天是作为人活动的环境、体系、结构体，因此它关系到每一个人，影响到每一个人。再次，科技是可持续发展的前提，我们现在的目标是从“中国制造”走向“中国创造”，这个转变对我国经济社会的可持续发展非常重要，因为制造主要还是资源消耗型、人口红利型，建立在低端制造之上的发展往往同时伴随着环境破坏、生态恶化、效率低下等代价，高质量的创造必须依托于科技创新，通过科技创新实现发展与生态之间的平衡，建立经济社会可持续发展的基石。

当前，科技对经济领域的重构，导致了数字经济的到来，而科技对文化领域的重构，则带来了数字人文。数字人文是文化创新与科技创新的对话、融合所孕育出来的全新领域。今天，数字成为新型资本，经济社会和文化发展走向电子化、数字化，这是当代最为突出的人文图景。我们正在推进的数字社会建设，目前着重的还是数字经济，但数字人文也是数字社会建设的有机构成，人文创新和科技创新就是社会发展的双翼，一对翅膀，缺了哪一个，就不可能飞得动，更不可能飞得高。在我国“数字中国”的目标框架下，文化发展也迫切地渴望分享科技创新的巨大动能，传统产业的转型升级、新兴文化业态的培育、文化创造活力的全面激发，都离不开科技创新力的支撑。

数字人文植根于信息社会和数字社会，是以数字为工具和载体进行生产、消费的文化形态。数字人文以数字科技为技术支撑，数字科技作用于人文领域，带来两个重要的作用力：一是文化生产的数字化驱动与转型重构，二是知识创新与分享规则的改变带来的知识生产革命。这两种作用力则催生出两个新的人文发展领域：一是我们已经不陌生的数字人文产业，即数字文化经济，其在当前的重要实践主要是数字创意产业、数字文化产业；二是推动传统人文科学研究结合数字技术，通过创新人文科学的研究工具和研究范式，从而形成一种新兴的、交叉的知识领域与人文学科。

发展数字人文产业是打造数字中国、发展数字经济的有机构成。文化创造要分享科技创新动能，促进传统文化生产的转型，培育发展文化创意产业，活化文化生产机制，重塑文化生产生态。发展数字人文产业既可以创造新经济增长点，又可以促进文化创造活力的全面激发。近几年来，我国移动互联网与数字技术快速发展，直接推动了数字创意产业的爆发式增长。在技术层面，我国文化生产的数字化重构主要表现在大数据、云计算、物联网、区块链、机器算法、人工智能、计算机视觉、数字语音合成、全息投影、交互娱乐引擎等应用技术模块在文化领域的探索、介入与结合。在产业层面，文化生产的数字化重构则形成了两条脉络，一是现代科技在文化遗产复原、建模、展示、场景模拟、教育、产品开发等环节的“全域式”运用。譬如故宫博物院与腾讯地图合作开发的“玩转故宫”小程序，敦煌研究院和微软亚洲研究院合作开发的人工智能讲解员“敦煌小冰”，敦煌研究院和腾讯合作开发的“数字丝路”项目、秦始皇帝陵博物院和百度合作开发的“AI（人工智能）文化遗产复原计划”、国家文物局和百度合作开发的“AI博物馆计划”，等等；二是表现在数字出版、数字媒体、数字演艺、数字影视、数字音乐、数字动漫、网络游戏、网络文化、数字文化服务等新兴产业门类和领域的爆破式发展，而智能手机、智能电视、智能可穿戴设备、智能家居产品、虚拟现实设备等新兴数字创意装备产品种类不断丰富，市场发展规模也呈强劲上升态势，为实现上述数字创意产业的阶段目标打下了坚实基础。

积极顺应文化产业数字化、网络化、智能化、媒体融合新趋势，以更大力度推进数字文化产业发展，推进文化与云计算、大数据、物联网、人工智能、 区块链等新一代信息技术的嫁接和产业运用，为文化创新、产业发展拓展更大的发展空间，是新时代文化发展的重点工作。在数字创意产业、数字文化产业的战略部署上，我国于2017年发布《文化部关于推动数字文化产业创新发展的指导意见》，提出：“发挥高新技术对内容创作、产品开发、模式创新的支撑作用，提高产品品质、丰富表现形式。深化‘互联网+’，深度应用大数据、云计算、人工智能等科技创新成果，促进创新链和产业链有效对接。提高不同内容形式之间的融合程度和转换效率，适应互联网和各种智能终端传播特点，创作生产优质、多样、个性的数字文化内容产品。”近几年来，我国移动互联网与数字技术快速发展，直接推动了数字创意产业的爆发式增长，根据《“十三五”国家战略性新兴产业发展规划的通知》，我国数字创意产业发展的短期目标规划是：“到2020年，形成文化引领、技术先进、链条完整的数字创意产业发展格局，相关行业产值规模达到8万亿元。”

技术也对人文学科研究、知识生产、思想传播的方式带来重大影响。数字人文的另一个重要领域是数字人文科学建设。知识生产的创新是社会实践创新的基石，推动哲学社会科学创新和大繁荣大发展，是建设中国特色社会主义文化的重要构成。习近平总书记在《在哲学社会科学工作座谈会上的讲话》中提出，要着力构建中国特色哲学社会科学，不断推进学科体系、学术体系、话语体系建设和创新。构建中国特色哲学社会科学既要在主体性上下功夫，体现继承性、民族性和原创性、时代性，还要在话语权上下功夫，要体现专业性和系统性，要健全学科体系，强化新兴学科、交叉学科建设，增强我国哲学社会科学研究的国际影响力。构建中国特色哲学社会科学体系是一个系统工程，需要方方面面力量统筹推进，其中就包括了与数字人文密切相关的基础性建设，因此要大力推进互联网和大数据技术运用，加强哲学社会科学图书文献、网络、数据库等基础设施和信息化建设，加快国家哲学社会科学文献中心建设，构建方便快捷、资源共享的哲学社会科学研究信息化平台。

数字人文科学的前身是人文计算，即在计算机辅助下的大规模的文本分析。今天，数字人文科学利用数据挖掘、可视化等多种计算工具，构建起体量庞大的人文科学数据库这一知识的“母体”，使人文科学研究无论在时间长度上、文本类型及数量的广度上都远远超越传统学术研究所可能开启的最大空间，海量数据的开发，数据库的不断开放，超级计算机数据处理能力的“指数式”增强，不仅为研究者提供了巨大的便利，节约出宝贵的时间与精力，更重要的是，数字人文计算可以形塑出研究者的开阔的学术视野与知识结构，这种知识生产方法论的更新也推进了新的研究领域和研究课题的开辟。譬如：通过量化、模型等可视化手段使既有学术研究的盲点得以呈现、暴露出来；从长时段范围内的不同文本中发掘出隐蔽的文化关系网络；推进不同学科研究在某一个对象节点上的交汇，促进跨学科领域之间知识生产的协同创新，等等。

随着在全球范围内信息社会和数字化运动的深入，数字人文科学研究获得越来越强大的数据支持。作为一种富于创新性的研究范式，它必将更加广泛地运用于文学史、艺术史、历史学、图书馆学、文献学等基础人文学科，而且，数字人文与文化政策、文化统计、文化管理等新兴学科领域的亲缘性也十分突出。数字人文科学研究表明了当前自然科学和人文科学的交融对话趋势，这种趋势很大程度上正是源于科技发展等自然科学成果对人文科学研究的方法论更新。这种互动是双向的，在自然科学推进人文科学发展的同时，人文科学也表现出对自然科学研究的渗透，甚至在部分领域，人文科学在重构自然科学研究的可能与空间上，已经展示了巨大的、可观的力量。当前，数字人文发展触及的可能只是文化生产、知识生产的局部，但随着科技发展所呈现的“指数式”跃变，数字革命必然很快深入到文化生产结构、知识生产结构的整体的重新塑造上，而知识生产的创新正是社会实践创新的基石。

四、促进文化空间融合，重塑人文地理

优秀的、富有魅力的文化地理空间，既可以强化文化认同、提升凝聚力，也可以吸引人才会聚、开辟产业载体。近年来，关于创意城市、设计城市的目标规划，文化遗产和工业遗产空间的改造利用，历史文化街区的开发和各种现代文化创意空间的建设，对城市博物馆、艺术馆、剧院等场所的关注，以及越来越受到重视和强调的文化广场、公共艺术设置等，这些创造性的观念与行动都使得人文地景、文化地理的概念重新鲜活起来。虽然现代、速度、时尚等仍然是城市规划设计的“标配”性元素或指标，但城市管理者也同时越来越强调在历史、传统、人文、市井日常等范畴来建构和叙述关于城市的“故事”。这种转变很大意义上源于文化创意产业风潮的推动，各式各样的文创园区在承担产业集聚和产业链配置功能的同时，也成为城市新的文化地标，同时，这些文创园区与历史文化街区、博物馆等文化空间一样，成为拉动城市文化旅游的重要力量。更深入地看，城市人文地景之所以在城市规划设计中占据越来越突出的分量，是源于社会发展在现代性维度上的深入。随着全球城市化率的不断攀升，城市已经超越早期工业生产集聚带的功能，成为承载现代社会生活的最为重要的空间，文化发展于城市发展的重要性也因此更加突出。社会发展的进步推动人类的物质需求与精神需求开始趋向于同步，对生活方式选择的丰富性的要求，对精神、情感体验的独特性的要求，在当代社会生活中日益突出，并因此作用于城市社会系统的重塑和城市文化地理的再造。文创园区、博物馆等文化空间成为城市文化地理的重要节点，不仅承载了产业空间的功能，也作为城市现代生活精神的依托和城市文化共同体情感凝聚的载体，成为城市肌体的重要构成。

我国是传统农耕文明社会形态占据漫长历史长河、社会现代转型起步晚的“后发现代化”国家，城市化建设历史短暂，但城市化进程快，城市化率

的攀升速度远远快于欧美发达国家，可以说以四十年时间基本走完了欧美地区两百年的城市发展历程。这么快的城市发展速度，其背后最主要的动力固然是来自我国经济社会快速发展的推动，但同时不可否认的是，我们的城市化进程也伴生着一些负面后果，除了城市规划建设的工业化思维导致的千城一面、环境污染、生态破坏之外，对城市历史文脉和现代人文环境也造成了一些伤害，在追求速度与效率的现代化名义下，许多历史文物、建筑遗存等有形的文化空间和地方工艺、民间艺术等无形的文化形态，遭到了损毁，成为现代化的牺牲品。1977年发布的《马丘比丘宪章》就已提出，城市的规划“必须对人类的各种需求做出解释和反应，它应该按照可能的经济条件和文化意义提供与人民要求相适应的城市服务设施和城市形态”。联合国教科文组织在《文化政策促进发展行动计划》中也强调：“发展最终应以文化概念来定义，文化的繁荣是发展的最高目标。”今天，强调文化对城市空间的渗透、融入，就是旨在以反思性的视野重新观照和制衡我国城市化行动中的工业化基因，推进城市文化地理的重建和城市人文精神的积蓄，只有如此，城市才能在文化的滋养下实现可持续发展和激发更持久的创造力。

在全球化的作用下，技术、资本、人才的全球性流动已经十分便捷，而信息网络社会的构建也使得生产空间与生活空间的分离具有完全的可行性，这就意味着，要在城市竞争中有效召集、吸纳这些影响与决定城市发展的核心要素特别是人才要素，就必须首先营建一个富有吸引力的城市空间。城市人文环境的重要性也就此鲜明地突显出来，一个生态宜居、人文艺术积淀深厚、富于艺术创造活力的城市，必然可以在这种全球化的迁移中成为首要考量，并在集聚效应的规律作用下形成坚实的城市凝聚力。城市文化空间的营构，必须将城市文化建设纳入城市更新、城市创新的整体设计中，加大对历史文化街区、博物馆、艺术馆等在内的空间资源的转化利用，结合城市人文地景特色，开发城市文化生活街区、城市文化体验空间，使其成为拉动城市文化旅游、营造城市人文形象的重要工具。传统文化空间或工业遗产转型为创意街区，亦有不少成功案例，北京的798艺术中心、台北的华山文创园、上海的田子坊、成都的宽窄巷子、浙江的乌镇等都为人所乐道，通过资源转化创造产业化空间，结合城市产业基础，推进文化传承与文化产业开发的协作并进，既是当今文创产业发展的重要方式与手段，也是保护城市文脉的重要经验，可以有效拓展和深化城市文化内涵，培育城市核心精神，塑造城市人文风貌的品质与品格。这些对于城市文化竞争力的提升均具有关键性、决定性的意义。

另一方面，强调文化与空间的融合发展对于当前的新型城镇化建设和乡村振兴运动，则更具有特别重要的当下性意义。我国地理幅员辽阔，人口规模大，国家对新型城镇化建设的大举推动势必造就数量巨大的新型城镇、中小型城市，这些新兴的城镇或城市空间一旦形成就马上面临着自身发展的问题。如果说国家的推动是来自外部力量的“输血”，那么如何建设自我的“造血”系统实现自我供养，则是这些新兴城镇、中小型城市所要着力肩负起来的重担，而且这种造血系统还必须是差异化的，必须建立起差异性的城市化发展策略，否则势必造成城市发展之间的恶性竞争与相互侵蚀。要实现众多数量的新兴城市之间的差异化发展，很大程度上必须依托于对地方资源禀赋的最大化的挖掘与赋值，而我国丰富多样、独特鲜明的地域文化则为差异化城市发展策略提供了良好的基础。同样基于这一逻辑，正在推进的乡村振兴运动也必须更加强调、重视在文化维度上的建设。乡村振兴当然是一个复杂的系统性行为，包括产业层面、环境层面、生态层面、文化层面、伦理层面等多个维度的再造，彼此之间的矛盾、冲突是可能存在的。乡土空间是中华民族传统文化的母体，是我国地域文化丰富性、多样性的承载，我们要适应现代化的历史发展潮流，推进乡土空间的创新变革，但不能将乡土空间的创新变革建立在摧毁文化母体的基础上，乡村产业经济的开发不能建立在对文化空间的破坏上。在乡村振兴运动的推进中要深刻借鉴现代化、城市化早期阶段的经验教训，把对乡土文化空间的保护作为推进乡村创新发展的重要前提，寻求乡土产业空间建设和文化空间建设的一致性、重合性，实现共享发展。因此，要以文化作为乡村振兴的重要基础和有力抓手，积极盘活乡村丰富的自然物质文化遗产、数量众多的文化名村名镇和独特的绿色生态资源、农业资源等，开发一批特色小镇旅游、特色乡村旅游文化服务产品，将乡村文化资源与特色农业体验、民宿休闲度假等产业进行无边界融合，构建现代的、富有吸引力的乡村文化空间，大力发展乡村文化经济，实现乡村文化振兴。

概而言之，当代文化生产的时代性实践，需要处理好现代与传统的关系，处理好文化与当代其他发展要素之间的关系。从宏观层面来说，要将文化发展紧紧依托在国家“五位一体”的总体目标与发展战略中，推进文化与经济社会发展其他领域、其他要素形成积极对话、相互渗透、彼此带动。从微观层面来说，要推进传统资源的活化与重新赋值，推进“文化+”发展战略的实施与模式创新，除了创意设计、文化旅游、网络游戏、动漫影视等具体的产业形态演化，也包括文化与城市复兴、空间活化的媒合，文化与乡村振兴战略的对接，“文化+科技”所缔造的数字内容产业，以及基于“互联网+”模式的文化众筹、创客文化等文化生产模式的创新，等等。要积极联合各种创新力量开拓文化领域、介入文化发展，从内容创新、技术创新、业态创新、模式创新、管理创新等方面构建文化创新演化的机制，这对于拓展文化产业发展空间，夯实文化实力和提升文化竞争力来说具有根本性的意义。

第五章　科技创新与文化产业发展新引擎

当前，科技创新引领的第四次工业革命席卷全球，以数字技术为基石的信息产业、创意产业、物联网、虚拟现实、人工智能等，正在成为构建国家和区域竞争力的关键产业。我国《“十三五”国家战略性新兴产业发展规划》明确提出，“十三五”期间，我国将大力发展新一代信息技术、高端制造、生物、绿色低碳、数字创意等新支柱产业。其中，数字创意产业建立在文化科技的深度融合与高度创新上，科技创新力既是经济发展的动力源，也是文化产业核心竞争力的构成要素。推进文化产业科技创新体系建设，全面发挥文化与科技的协同效应、集聚效应和叠加效应，对加快新兴文化产业发展，增强文化产业核心竞争力，实现文化产业成为国民经济支柱性产业具有重要意义。一定意义上，文化科技双向融合的程度与水平，可以作为检验文化产业竞争力的重要标尺。

一、新技术重塑产业方向布局

2018年4月22日，“首届数字中国建设峰会”在福州召开，习近平总书记在贺信中指出：“当今世界，信息技术创新日新月异，数字化、网络化、智能化深入发展，在推动经济社会发展、促进国家治理体系和治理能力现代化、满足人民日益增长的美好生活需要方面发挥着越来越重要的作用。……党的十九大描绘了决胜全面建成小康社会、开启全面建设社会主义现代化国家新征程、实现中华民族伟大复兴的宏伟蓝图，对建设网络强国、数字中国、智慧社会作出战略部署。加快数字中国建设，就是要适应我国发展新的历史方位，全面贯彻新发展理念，以信息化培育新动能，用新动能推动新发展，以新发展创造新辉煌。”[①]数字化、网络化、智能化是驱动“数字中国”

① http://news.cyol.com/content/2018-04/22/content_17122153.htm.

建设向纵深推进的重要技术要素，是我国文化科技融合发展战略的重要内涵。推进数字化、网络化、智能化等前沿技术对经济、文化发展的全面渗透和重塑，对国家、社会发展形成坚实的竞争力和强劲的驱动力具有关键作用，对建设社会主义文化强国具有重要意义。

当前，融合发展是社会发展的总体趋势。在科学技术领域，会聚技术（即纳米技术、生物技术、信息技术、认知科学四个科学技术领域的协同或融合）的发展成为主导方向。与此同时，科学技术对文化经济领域的全面渗透也创造了全新的文化发展格局，以信息与通信技术（ICT）、数字技术、网络技术、仿真技术、新材料技术等为代表的高新技术在文化领域得到广泛应用，成为推动文化产业蓬勃发展的强劲动力。

科技的发展尤其是数字技术对文化的影响和渗透越来越明显，以数字技术为基础的新兴文化业态已经成为当前文化产业发展的主导方向。科技创新能力是文化产业的核心竞争力，具有根本性、结构性的作用。首先，科技创新带动了文化产业的结构创新、发展模式创新和空间形态创新，对文化产业起到了整体重塑的作用。其次，以数字技术、网络技术等高新技术为基础的文化新兴业态，可以推动传统产业的转型升级，进而对经济发展方式产生直接影响。再次，文化产业的巨大市场需求又将对上游的新技术、新工艺的创新发明产生强烈的诱导作用，从而提升全社会的自主创新能力。以科技创新为助力，文化产业发展可以更好地发挥促进经济结构战略性调整、提升经济发展质量的重要作用。推进文化产业科技创新体系建设，促进动漫、网络游戏、数字内容、手机媒体、多媒体产品等新兴文化科技业态快速健康发展，以数字化为方向重构文化创意产业体系，对增强文化产业核心竞争力，推动文化产业成为国民经济支柱性产业具有决定性意义。文化科技的深度融合与创新发展，可以全面发挥文化与科技的协同效应、集聚效应和叠加效应，是推动“中国制造”向“中国创造”“中国智造”转型发展的核心力量。

21世纪以来，党中央和国务院高度重视文化产业的科技创新实力和创意水平的培育，党的十七届六中全会提出推进文化科技创新，深入实施科技带动战略，加快科技创新成果转化，提高我国出版、印刷、传媒、影视、演艺、网络、动漫等领域技术装备水平，依托国家高新技术园区、国家可持续发展实验区等建立国家级文化和科技融合示范基地的具体部署。《中共中央关于深化文化体制改革推动社会主义文化大发展大繁荣若干重大问题的决定》(2011)提出:“科技创新是文化发展的重要引擎。要发挥文化和科技相互促进的作用,深入实施科技带动战略,增强自主创新能力。”《文化科技创新工程纲要》(2012)提出:“到2020年,要实现文化与科技深度融合,推动文化产业成为国民经济支柱性产业。”近几年我国出台了一系列具有更强针对性、具体性的政策性文件,如《国务院关于推进文化创意和设计服务与相关产业融合发展的若干意见》(2014)、《关于推动新闻出版数字化转型升级的指导意见》(2014)、《关于推动传统媒体与新兴媒体融合发展的指导意见》(2015)等,这些政策文件从顶层设计、发展重点、财政支持、人才培育、金融创新等层面,确立了科技创新战略和文化创意战略,并在其主导下确定了推进传统文化产业转型升级和大力开发新兴文化业态两条并行前进的发展路线,形成了理念清晰、立场明确、规划科学的政策体系,对文化产业提升科技创新和创意设计能力提供了重要的政策推动力。

在实践上,文化科技创新融合的核心工作是打造一批具有引领性的重要产业集群和文化科技大型企业(集团),建设一批以文化科技创新、创意研发引领主导的融合发展平台,使之成为我国文化科技融合创新发展的核心力量。2012年、2013年,科技部、中宣部、文化部、广电总局、新闻出版总署五部门联合发布了两批共34家国家级文化和科技融合示范基地,目标是促进文化科技相互渗透、共享共生,增强文化产业领域科技实力和自主创新能力,推动文化产业持续健康快速发展。几年来,基地平台在文化科技融合的集成创新能力上不断增强,积累了丰富的管理和发展经验,形成了良好的示范带动效应。融合示范基地承担了进一步发挥文化和科技的相互促进作用,更好地引导和推动各地文化和科技融合,增强文化产业领域的科技实力和自主创新能力,从而促进我国文化产业持续健康快速发展的重要任务。

地区方面,上海在全国率先发布了《推进文化和科技融合发展行动计划(2012—2015)》,确立了实施文化科技融合关键技术突破、实施文化科技融合创新示范工程、建设上海张江国家级文化和科技融合示范基地、建设文化科技融合发展关键要素支撑体系四大任务。2017年,上海发布《关于加快本市文化创意产业创新发展的若干意见》,在这份被称为“上海文创50条”的政策文件中,有多项任务规划与文化科技融合紧密相关,如“建设信息技术支撑高地”一项提出:加强云计算、大数据、虚拟(增强)现实、移动互联网、物联网等新兴信息技术在文化创意产业应用软件中的融合应用,加快文化创意产业信息安全软件研发及产业化；“构建出版产业新格局”一项提出：加快传统出版产业数字化转型发展步伐，大力实施出版行业“互联网+”战略，推进内容编辑、复制加工、传播、管理等全流程数字化建设等。上海形成了良好的示范作用，此后全国各省（区、市）先后推出了因地制宜的文化科技融合发展战略。

2019年8月，基于“网络强国建设”的总体部署和数字经济发展的新动态、新要求，科技部、中央宣传部、中央网信办、财政部、文化和旅游部、广播电视总局六部门共同发布《关于促进文化和科技深度融合的指导意见》，该意见以“文化和科技深度融合仍面临许多新的挑战，科技对文化建设支撑作用的潜力还没有充分释放，相关部门和地方对文化和科技融合的重要性和紧迫性的认识尚需进一步提高”等问题意识为出发点，明确了未来文化科技融合的基本原则、发展目标和重点任务。意见提出，促进文化和科技深度融合的基本原则是：“面向文化建设重大需求，把握文化科技发展趋势，瞄准国际科技前沿，选准主攻方向和突破口，打通文化和科技融合的‘最后一公里’，激发各类主体创新活力，创造更多文化和科技融合创新性成果，为高质量文化供给提供强有力的支撑。”意见明确了文化和科技深度融合发展的基本目标：到2025年，基本形成覆盖重点领域和关键环节的文化和科技融合创新体系，实现文化和科技深度融合。按照国家科技创新基地优化整合总体部署，建成若干目标明确、重点突出、协同攻关的文化科技领域国家科技创新基地，建成100家左右特色鲜明、示范性强、管理规范、配套完善的国家文化和科技融合示范基地，200家左右拥有知名品牌、引领行业发展、竞争力强的文化和科技融合领军企业，使文化和科技融合成为文化高质量发展的重要引擎。以此为指导，意见部署了八个方面的重点任务，包括：（1）加强文化共性关键技术研发；（2）完善文化科技创新体系建设；（3）加快文化科技成果产业化推广；（4）加强文化大数据体系建设；（5）推动媒体融合向纵深发展；（6）促进内容生产和传播手段现代化；（7）提升文化装备技术水平；（8）强化文化技术标准研制与推广。[①]可以说，从设计上看，意见比较全面地考虑到了文化科技融合发展中的现实问题，具有很强的针对性和指导性。由于政策效应的后滞，意见对我国文化科技深度整合的促进作用仍有待观察。

---

① http://www.gov.cn/xinwen/2019-08/27/content_5424912.htm.

信息技术成为文化科技融合的重要突破口，数字技术、互联网技术对文化产业各领域有力渗透，涌现出一大批以软件、网络和计算机服务为制作和传播手段，以提供文化产品和文化信息服务为经营内容的数字文化产业，包括网络传媒业、数字出版业、动漫游戏业、数字影视业、创意设计业、文化装备业等在内的各新兴业态的核心竞争力不断提升。一批文化科技集团拥有全球影响力，如，深圳华强文化科技集团在国内首次将文化、科技、旅游产业相结合，坚持实施文化与科技融合的战略，形成了以创意设计为龙头，以特种电影、动漫产品、主题演艺、影视出品、影视后期制作、文化衍生品、文化科技主题公园为主要内容的产业链。又如，百视通公司（BesTV）是国内领先的IPTV（交互式网络电视）新媒体视听业务运营商，在视听内容创意与生产、交互产品研发与应用、新媒体管理与运营等方面具有巨大的综合优势，其网络电视技术与微软、Cisco等国际公司合作，建有业界领先的运营管理平台。再如，网龙集团是中国网络游戏、移动互联网应用行业的领军者，在拓展动漫、网游主业的基础上，网龙发力布局VR（Virtual Reality，虚拟现实）产业，自主研发出C3、S3等游戏开发引擎，并积极推进在线教育和“互联网+”向家居、企业云服务等领域拓展。

二、数字文化新业态发展强劲

进入21世纪以来，建立在大数据、智能化、移动互联网和云计算等互联网与信息技术基础上的数字经济，成为全球经济社会发展的主导趋势，数字革命创造的信息产业成为主导全球综合国力竞争格局的战略性产业。研究表明，数字化程度每提高10%，人均GDP就将增长0.5%至0.62%，可见数字经济可以成为撬动经济发展的新杠杆。欧盟于2000年、2005年先后推出“e-Content（电子内容）”计划和“i2010”战略，其核心是加大信息与通信技术领域的科研投入，通过应用信息与通信技术提高生活质量和公共服务水平，促进欧盟数字内容产业发展；2010年欧盟发布《欧洲2020战略》，将“欧洲数字化议程”确立为欧盟促进经济增长的旗舰计划。英国于2009年发布《数字英国》报告，明确指出要全力将英国打造成数字化时代的世界创意产业中心，2017年底英国政府发布《现代产业战略：构建适应未来的英国》白皮书，提出发展生命科学、建筑行业、汽车行业、人工智能、文化创意五个优先产业，发展人工智能和数据技术产业，致力成为人工智能和数据革命的领军者，是其重要战略内容与战略重点之一。2018年，英国发布《数字宪章》《产业战略：人工智能领域行动》《国家计量战略实施计划》等一系列行动计划。报道显示，由媒体、互联网和电影、音乐、广告等创意产业所构成的英国数字经济成为英国最大经济部门，英国数字产业2018年增长4.6%，是GDP增长速度的三倍多，数字经济占该年度英国经济增加值总额的14.4%。①法国于2009年底设立总额为45亿欧元的“数字社会国家基金”，2010年启动总预算为7.5亿欧元的“文化、科学和教育内容数字化”工程，2018年，法国发布了《法国人工智能发展战略》《5G发展路线图》《利用数字技术促进工业转型的方案》等一系列数字经济相关的前沿技术政策。2018年，美国在数字经济领域发布了《数据科学战略计划》《美国国家网络战略》和《美国先进制造业领导力战略》等主要政策文件，促进数字经济发展是其重要内容。澳大利亚陆续出台了《澳大利亚数字内容产业行动纲领》（2005）、《国家创新系统回顾》（2008）、《澳大利亚数字经济的未来》（2009）等以数字技术、信息技术为核心的重要发展战略。今天，信息和通信技术（ICT）占澳大利亚GDP约6.9%，每年贡献产值超1000亿澳元，创造了超过600000个工作岗位。信息和通信技术产业是澳大利亚全球竞争力和整体经济的重要组成部分。②根据华为集团发布的《华为全球联接指数GCI2018》，全球数字经济规模已达12.9万亿美元，占全球GDP的17.1%，到2025年，数字经济规模将达23万亿美元，创造6.4万亿美元的市场价值。③

我国高度重视数字经济发展，2016年在杭州举办的G20峰会上，国家主席习近平同志提出将发展数字经济作为中国创新增长的主要路径，G20峰会通过了《二十国集团数字经济发展与合作倡议》。2017年，我国开始研究、实施国家大数据战略，党的十九大提出要建设网络强国、数字中国和智慧社会，推动互联网、大数据、人工智能和实体经济深度融合，在创新引领、共享经济等领域培育新增长点、形成新动能。工信部中国信息通信研究院发布的《2017中国数字经济发展白皮书》显示，2016年中国数字经济规

①《数字经济成英国最大产业》，https://tech.huanqiu.com/article/9CaKrnKjt0h.

② https://www.austrade.gov.au/local-sites/china/buy-from-australia/australian-industry-capabilities/inno.

③《华为全球联接指数GCI2018》，http://www.huawei.com/minisite/gci/cn/country-rankings.html.

模总量达22.58万亿元，居全球第二，占GDP比重达30.3%，对GDP的贡献已达到69.9%。[①]中国信息通信研究院2020年7月3日发布的《中国数字经济发展白皮书（2020年）》显示，2019年我国数字经济增加值规模为35.8万亿元，占GDP比重达36.2%。[②]这组数据说明我国全面进入了数字经济发展的高速期。

数字文化产业是我国数字经济发展的重要组成，数字技术对文化发展的影响和渗透越来越显著。以数字技术为基础，以数字化、网络化、智能化、个性化为特色和定位的新兴文化业态——包括数字出版、数字媒体、数字演艺、数字影视、数字音乐、数字动漫、网络游戏、网络文化、云报纸、数字文化服务等——都取得了快速的发展。2017年文化部出台的《关于推动数字文化产业创新发展的指导意见》指出："当前，数字文化产业已成为文化产业发展的重点领域和数字经济的重要组成部分。"相关研究预计，2020年我国数字文化产业产值将达8万亿元[③]，文化产品和文化服务在生产、传播、消费等环节的数字化、网络化进程加快，基于互联网和移动互联网的新型文化业态成为文化产业发展的新动能和新增长点。数字文化产业具有技术更迭快、生产数字化、传播网络化、消费个性化等优势，可以有效推进文化产业结构升级和培育新供给、促进新消费。

进入新世纪的第二个十年，VR（虚拟现实）、AI（人工智能）等科技前沿技术创新成果已经广泛应用于文化创意产业领域。

虚拟现实技术融合了三维显示、计算机建模、传感测量和人机交互等多种前沿技术，通过计算机生成模拟环境和实现三维动态视景，生成实体行为仿真系统，使用户获得沉浸式体验。虚拟现实技术目前主要包括三类技术应用方式：虚拟现实（VR）、增强现实（AR）、混合现实（MR）。虚拟现实技术在短短几年间就取得快速发展并向生产、生活领域大幅渗透，应用领域遍布教育、军事、制造、娱乐、医疗、文化艺术、旅游等领域。美国虚拟现实技术产业引领全球，谷歌、苹果、微软、Facebook等巨头科技公司均涉足

① 中国信息通信研究院：《中国数字经济发展白皮书（2017年）》，http://www.xinhuanet.com/2017-07/17/c_112237.htm.

② 中国信息通信研究院：《中国数字经济发展白皮书（2020年）》，https://finance.zqcn.com.cn/html/csj/quyujingji/20200706/115857.html.

③《报告：预计2020年我国数字文化产业产值将达8万亿》，中国经济网，2019年8月5日，http://www.ce.cn/culture/gd/201908/05/t20190805_32808319.shtml.

VR、AR的研发应用，欧洲则形成了英国、法国、瑞士、德国等虚拟现实产业中心。VR领域也成为全球资本的宠儿，根据著名数据分析及战略咨询公司Digi-Capital发布的2019年VR/AR调研数据，2019年全球AR/VR投资超41亿美元，说明VR/AR市场投资热度依然很活跃。[①]资本对VR的青睐，其根本原因就在于VR这一新兴前沿技术发展的广阔市场空间，而且资本的大量进入又强化了这种良性刺激。据高盛“America_Technology_Virtual&Augmented Reality”报告，2025年世界虚拟现实收入将达到800亿美元，如果虚拟现实加速进入大众视野，虚拟现实规模将达到1820亿美元，并将超越电视产业，成为与电脑产业、手机产业并驾齐驱的新兴产业。[②]

随着“VR+”时代的到来，我国也开始全面布局虚拟现实技术的研发与应用。目前，我国虚拟现实产业主要向三个领域推进：一是VR硬件技术及设备开发，如联想与蚁视合作研发的便携式设备乐檬蚁视虚拟现实眼镜，魅族与拓视科技合作推出的手机虚拟现实头盔；二是软件应用和内容开发，如网龙、奥飞科技、完美世界等企业开发的动漫游戏项目，以“BAT”为代表的互联网巨头和以暴风、优酷、爱奇艺、乐视网等为代表的PGC（Professional Generated Content）、UGC（User-Generated Content）平台等；三是VR应用的线上线下渠道服务提供商、应用商店和垂直媒体等。随着一系列VR消费端产品的成熟落地和市场普及，我国虚拟现实产业规模快速增长，相关数据显示，我国智能可穿戴设备规模2017年达264.2亿元，2016年至2017年年均增长56.5%；我国VR产业市场规模2017年达到160亿元，规模约为“十二五”末期的10倍。[③]在文化产业领域内，我国VR技术研发及其产业应用目前还主要集中游戏娱乐领域和教育文化领域，前者主要应用于影视制作、动漫生产、游戏开发、视频内容平台和直播网络等活动中，后者主要应用于数字博物馆、数字科技馆的展示教学，及文化遗产资源的建模展示和历史场景模拟等实践中。

人工智能是新近两三年来迅速崛起的新兴技术产业，美国、中国、英国

① Digi-Capital:《2019年全球AR/VR投资超41亿美元》,https://www.sohu.com/a/380099141_395737.

② 高盛:“America_Technology_Virtual&Augmented Reality”,http://www.useit.com.cn/thread-11263-1-1.html.

③ 中国工程科技发展战略研究院:《2019中国战略性新兴产业发展报告》,http://www.xinhuanet.com/tech/2018-11/19/c_1123732099.htm.

是最早推进人工智能技术研发应用的国家，也是目前在这一领域最具竞争力的国家。美国于2016年5月成立了人工智能和机器学习委员会，并接连发布《为人工智能的未来做准备》《国家人工智能研究与开发战略规划》《人工智能自动化和经济》等报告，同年谷歌、脸书、IBM、亚马逊和微软等科技巨头宣布成立人工智能联盟。英国科学办公室于2016年11月发布《人工智能对未来决策的机会和影响》报告，此后在2017年发布的“现代工业战略”中，英国政府拟定增加47亿英镑研发资金用于人工智能、智能能源技术、机器人技术和5G无线等领域的研发应用。2017年，人工智能首次被写入我国政府工作报告，同年国务院印发的《新一代人工智能发展规划》提出：构建开放协同的人工智能科技创新体系，从前沿基础理论、关键共性技术、创新平台、高端人才队伍等方面推进人工智能技术研发应用。2018年5月28日，习近平总书记在中国科学院第十九次院士大会、中国工程院第十四次院士大会上强调：要把握数字化、网络化、智能化融合发展的契机，以信息化、智能化为杠杆培育新动能，推进互联网、大数据、人工智能同实体经济深度融合，做大做强数字经济。①

目前，我国人工智能技术的发展重点，主要集中于大数据驱动知识学习、跨媒体协同处理、人机协同增强智能、群体集成智能、自主智能系统等领域，在机器人、神经网络、图像识别、语音识别、计算机视觉等专利技术研发方面形成广泛优势。科技创新必将激发市场动能，我国人工智能市场已经表现出充足潜力，在2020年6月召开的第四届世界智能大会上，《中国新一代人工智能科技产业发展报告2020》发布，报告指出，我国人工智能科技产业发展已经步入融合产业部门主导的新阶段，人工智能和实体经济的深度融合正在成为驱动中国经济转型升级和可持续发展的动力源泉。②随着虚拟现实技术和人工智能技术的快速进步，以及虚拟现实应用领域的日益拓展和应用，对虚拟现实系统功能的智能化需求不断提高，人工智能技术和虚拟现实技术开始互融互通，从而创造更为广阔的技术创新加值空间。可以想见，虚拟现实、人工智能等高新技术的研发应用将深入地介入和影响全球范

---

① 习近平：《在中国科学院第十九次院士大会、中国工程院第十四次院士大会上的讲话》，http://cpc.people.com.cn/n1/2018/0528/c64094-30019215.html.

② 刘茜、陈建强：《人工智能科技产业步入融合的新阶段》，《光明日报》2020年06月30日（08版）。

围内的地区竞争力格局。

在我国，人工智能在文化产业领域的应用刚刚处于探索阶段，主要是对智能机器语音识别合成技术和全息投影技术的应用，在音乐、新闻出版、视频、旅游等数字内容和电商平台领域已经开发出成熟的产品和程序应用，如：北京龙泉寺推出智能机器人“贤二小法师”、微软亚洲研究院与敦煌研究院合作开发的智能聊天机器人“敦煌小冰”，以及腾讯公司的写稿机器人。2016年北京上演了一场独特的张国荣诞辰60周年纪念活动，百度语音技术团队通过抓取张国荣全网音视频数据，成功研发“情感语音合成技术”并合成出张国荣生前的声音，与现场观众进行了一场如同时空穿越的互动，为受众创造了新颖、独特、深刻的情感激荡和文化体验。可以说，这些“小试牛刀”的人工智能项目，预示了人工智能技术在文化产业领域研发应用的广阔空间。

文化部发布的《文化部关于推动数字文化产业创新发展的指导意见》（2017）提出：“发挥高新技术对内容创作、产品开发、模式创新的支撑作用，提高产品品质、丰富表现形式。深化‘互联网+’，深度应用大数据、云计算、人工智能等科技创新成果，促进创新链和产业链有效对接。提高不同内容形式之间的融合程度和转换效率，适应互联网和各种智能终端传播特点，创作生产优质、多样、个性的数字文化内容产品。”未来，人工智能技术、虚拟现实技术等科技创新成果，将广泛渗透在包括影视、动漫、网游等在内的内容生产行业和文化产业终端装备行业，形成对文化产业全产业域和全产业链的渗透、改造乃至重塑，特别是对交互式、体验式、沉浸式文化消费市场的全面激发，将为当前文化产业结构的转型升级提供强大助力。

三、“互联网+”创新发展模式

随着网络技术的高速发展和全面社会化普及，我们已经从“互联网”时代进入“移动互联网”时代，网络技术的创造性变革推动了文化生产、传播、消费方式的全面转型，以“互联网+”为灵魂的融合、互联、共享等发展理念逐步落地生根，推进了实践领域发展机制的变革和创新。

文化制造业方面，以“分布式生产”为特征的产业协作关系和产业联动网络，为文化创意产业发展提供了更加灵活高效的发展方式。数字技术带动了工业生产机制、流通渠道和产品消费方式的变革，以“数字化”为基础的智能制造正在取代传统的大规模制造方式。以互联网和3D打印技术为依托，通过自动化智能制造实现“精准定制”和“分布式制造”，可以充分实现提高生产效率、大幅缩减生产成本和满足消费者个性化需求的现实需要。一方面，文化产业也存在着集群化、规模化发展的需求，通过园区集聚产业、打造多元业态、建构完整产业链的传统发展模式，即是遵循产业规模化、集群化发展的需求和规律。但另一方面，文化创意产业不同于一般生产制造业，航母型龙头企业、支柱型企业数量较少，中小微企业居多，这些企业更适合以创意创新为动能、以求新求变为趋势的发展模式。在物联网、大数据技术的支持下，中小微文化企业得以通过分工协作、业务众包的生产方式，更好地发挥自身创新性强、决策灵活、技术迭代快、业务多样性与包容性强等优势，从而更好地实现经济效益、社会效益的最大化，并带动整个社会文化创造的主动性、积极性。

文化内容生产方面，科技创新也推动了社会发展的更加开放与多元，个性化、多样化、定制化生产和交互式、沉浸式、体验式消费是文化内容消费市场的主流趋势。根据CBNData联合30家数据源合作伙伴共同发布的《2017中国互联网消费生态大数据报告》，2017年以来，依托科技创新的成果特别是大数据技术和数据库系统建设，线上线下消费渠道边界愈发融合，形成以消费者为核心的零售新生态和全渠道服务模式。①消费系统的转型同样体现在文化领域，文化内容、文化产品的生产从传统的标准化、批量化逐渐转向个性化、多样化，从生产主体主导的施动式、供给式逐渐转向消费主体主导的定制式、需求式。当前，包括出版、影视、动漫、游戏、信息服务等在内的传媒内容产业与平台产业积极顺应这一消费发展趋势。要满足消费者多样化的文化需求，就必须对文化内容、文化产品不断创新，这也是当前推进文化领域供给侧改革的重要内涵。

社会文化创新方面，随着“大众创业，万众创新”理念的深入和环境的带动，以开源、共享为基石的社交化、个性化文化生产（如创客文化、创客空间），成为移动互联网时代文化生产的重要形式。在信息技术革命日新月异的时代，制造已经不再是大工业的专利，“个人制造”成为可能并为普通

①《2017年消费观升级：个性化消费普及、从价格到价值导向、追求细分小品类》，www.tmtpost.com/2979396.html.

公众参与创新提供了条件。其中，基于设计、分享、交流、制作、开源的“创客运动”席卷全球。作为一种新兴的创意群体，创客（Maker）指“不以盈利为目标、有独立想法并把想法变成现实产品的人，是热衷于创意、设计、制造的个人设计制造群体”①。简言之，创客就是热衷资源共享、通过自主创造来实现创新创意理念的个人和群体。互联网的深入发展提供了全球创意创新人才互动、联接与共享的可能，而UGC（User-Generated Content）用户生成内容等交互式数字文化生产的兴起和网络社交媒体的广泛使用，更助推了创客群体在创新、创意上的无限可能。另外，开源硬件和3D打印机、激光切割机等“快速制版”技术和工艺，则为创客群体的生产实践提供了技术、工具的支撑，从而使得创造创新处处可行。克里斯·安德森强调，基于创客实践的大众化创新运动的意义在于使企业保持小型化与全球化并存的能力，从而在经济增长中发挥了重要的作用②。换言之，创客实践表面上看似小打小闹的个人兴趣选择，实际上蕴含着社会创新与可持续性发展的强大潜能。

从2001年麻省理工学院比特和原子研究中心建立Fab Lab开始，创客运动越来越为人所熟知。许多国家开始推进创客培育计划并形成全球性的创客运动浪潮。2012年美国政府签署的《就业法案》提出：“允许更多为创客提供资金支持的众筹平台的出现。”同年美国政府在推出的一个创客教育项目中提出，未来四年内将在1000所美国中小学校引入“创客空间”，配备开源硬件、3D打印机和激光切割机等数字开发、制造工具，创客教育成为美国推动教育改革、培养科技创新人才的重要内容。③从2011年开始，创客运动开始进入中国，上海新车间、北京创客空间和深圳柴火创客空间等相继成立，中山大学新华学院创客实验室于2015年通过美国麻省理工学院（MIT）Fab Lab审核，正式成为国际Fab Lab的成员。2015年12月，澳大利亚联邦政府启动“国家创新及科学计划”，投资3600万澳元实施“全球创新战略”，“创客登陆计划”则是全球创新战略中至关重要的部分。澳大利亚“创客登陆计划”由联邦政府投资1120万澳元，计划四年内在全球五大创新枢纽城市——美国旧金山、以色列特拉维夫、中国上海、德国柏林和新加坡设立创

① 牛禄青：《创客中国创新新势力》，《新经济导刊》2014年第12期。

② ［美］克里斯·安德森，《创客：新工业革命》，萧潇译，中信出版社2012年版。

③ 牛禄青：《创客中国创新新势力》，《新经济导刊》2014年第12期。

客基地。截至目前，五大创客基地已经全部设立完毕并启动运作，设在中国上海的澳大利亚创客基地于2016年9月6日宣布正式启用。[①]国务院《关于发展众创空间推进大众创新创业的指导意见》（2015）提出“鼓励社会力量围绕大众创业、万众创新组织开展各类公益活动”，同年教育部发布《关于“十三五”期间全面深入推进教育信息化工作的指导意见（征求意见稿）》提出：有效利用信息技术推进“众创空间”建设，探索STEAM教育、创客教育等教育新模式。目前全国多省市已经推出众多的创客教育进中小学校项目，上海在这方面率先进行探索，于2016年编制了《中小学创新实验室建设指南》，截至2017年，上海已在656所中小学建设了1141个创新实验室，覆盖上海41%的小学、55%的初中和83%的高中，其计划目标是到2020年实现创新实验室中小学校全覆盖。[②]现在，全球创客群体正呈几何级数增加，各种创客活动如制汇节、创客活动营、创客马拉松、创业周末等陆续举办，各种创客资助政策也相继出台。创客风潮的兴起反映了社会发展对创新创意的极大需求，如何在当前数字技术的突飞猛进和“互联网+”发展思维的全面刷新下，大力推进创客文化环境建设和创客文化生产，对文化产业升级和空间开拓具有重要意义。

在文化金融服务方面，数字化、网络化发展（如网络众筹）也带动了文化金融服务的互联网转向。当前，以IP开发为核心的“泛娱乐产业”发展，是“互联网+文创”深度融合的重要探索，以同一个IP开发影视、游戏、动漫、综艺活动等不同形式产品的产业链建构，则催生了以IP为融资焦点的互联金融服务模式。从2011年中国首家众筹平台“点名时间”成立以来，众筹金融服务也开始在我国落地，京东、淘宝、苏宁等电商纷纷成立众筹平台，一些专注于细分市场的文化众筹平台也异军突起，如专注于艺术设计、影视、游戏类项目的青橘众筹，专注于动漫网游类项目的摩点众筹，专注于音乐类项目的乐童音乐众筹，专注于网络大电影项目的聚米众筹，以及以文化创意产业为对象的综合性平台，如追梦网和文筹网等。众筹金融的技术支撑与社会基础正是对基于互联网技术的SNS传播（Social Networking Services，

---

① https://www.austrade.gov.au/local-sites/china/buy-from-australia/australian-industry-capabilities/inno.

②《上海：到2020年实现创新实验室全覆盖》，http://www.caigou.com.cn/news/2017042757.shtml.

社会性网络服务）的利用，小企业家、艺术家或个人可以在第三方的众筹平台上展示创意，争取大众关注和实现项目启动的融资需求。当前，互联网金融已经成为知识产权金融的重要形式，互联网金融有助于扶持和促进中小微文化企业的发展，有助于建立基于知识产权价值实现的多元资本投入机制，有助于推进“大众创业，万众创新”社会环境的建设，激励创新性、创造性和创意性的活动。

今天，“互联网+”等作为新的经济发展方式和文化建设理念深入人心，“大众创新，万众创业”成为社会共识，创客空间、创新工场、创意工坊等各种创意集聚空间如雨后春笋般涌现，社会创新创意氛围日渐浓厚，政府、社会和高校更加重视青年创意人才的养成。这都意味着，“互联网+”推动了以互联、共享、连接为基质的思维变革时代的到来，文化创意产业要确立和深化“互联网+”的发展思维，依托和促进文化科技的创新融合，进一步夯实产业创造力。

第六章　产业创新的不足与发展瓶颈

在“文化强国”发展战略和“国民经济支柱性产业”的发展定位下，我国文化产业全面推进、向纵深发展，文化产业核心竞争力大幅提升，特别是科技创新能力和创意设计能力成为文化产业创新发展最重要的内在驱动力。以科技和创意为引擎，引领传统产业转型升级，开发新兴文化业态，提高文化产业附加值，夯实文化发展实力，是更好地发挥文化产业对我国经济社会发展的支撑作用、更好地满足人民群众日趋增长的文化消费需求、更好地推动文化走出去的重要的战略设计和路径选择。总体来说，我国文化产业发展处于对内升级转型、对外融合发展的重要阶段，融合创新将是“十三五”“十四五”时期乃至未来更长时间内我国文化产业发展的主线，特别是文化与科技的融合发展创新、文化与创意设计的融合发展创新，将是今后我国推进文化产业与数字经济发展的重要着力点。在肯定成绩之外，检视这两个领域在实践探索中表露出来的问题具有重要的现实意义。

一、文化科技融合有待深入

尽管我们在文化科技融合发展领域已经取得不俗的成就，但文化科技创新等核心实力仍然有待加强。从全国来看，我国文化科技型企业数量总体偏少、企业规模小，具有国际竞争力的大型文化科技企业集团不多，在文化品牌打造和全球营销方面模式不成熟、经验不丰富，尚未形成规模化、集约化、专业化的数字产业发展格局。从源头上看，这种发展瓶颈的形成，原因主要有三个方面：文化与科技的双向融合度不强、文化科技融合发展机制不健全、文化科技融合公共服务支撑力不足。

一是文化与科技的双向融合度不强，主要表现为科技创新与文化创新的双向渗透力还有很大提升空间。其一，尽管我国的虚拟现实技术、人工智能在全球处于领先地位，但科技创新成果对文化领域的渗透度不高，文化科技双向融合的广度、深度不足，文化与科技的协同效应、集聚效应、叠加效应尚未有效发挥。其二，科技创新在文化产品的创作、生产、传播、消费等各个层面和各个环节尚未形成全面渗透和提升核心竞争力的作用，一些文化企业的竞争意识不强，对需要较高孵化成本的原创内容产业、需要较高科技研发能力的文化项目缺乏耐心，对企业人才创新创意精神和企业文化品牌的培育不够重视，其结果是企业品牌附加值低、产品市场空间受限。其三，资本市场支撑不足，由于科技创新、创意研发需要较高的时间成本和推广营销成本，在回避风险的意识主导下，资本市场对文化科技融合创新项目、原创内容开发和创意设计融合项目缺乏热情，中小微企业难以跨越投融资市场门槛，从而制约其创新创意能力的探索实践。其四，文化元素和文化服务对科技产业的植入不充分，我国的动漫、网络游戏、数字内容、手机媒体、多媒体产品等新兴文化科技业态的确呈现出蓬勃发展态势，但毋庸讳言，其显赫的数字成绩很大程度上源于政策与人口红利带来的巨大消费市场，在内容创造与文化内涵、价值塑造上的实际表现并不乐观，存在着缺乏创意、故事粗糙、内涵单一、产品工艺良莠不齐等问题，粗俗低劣的产品大量充斥于文化消费市场。文化科技融合是双向互动的发展辩证，包括了文化的科技化和科技的文化化，前者可以理解为以科技为工具和手段，促进文化表现形式的多样化与产业形态的升级，后者可以理解为以科技的进步与升级为本体，通过文化内容的植入、加注，促进科技创新融入文化内核，以此实现科技创新的溢出效应。然而，当前的现实是，文化类企业普遍重视通过科技创新的介入实现自我升级，科技类企业对加植文化内容创意的兴趣则普遍较低。一定意义上这种现象可以归因于长期以来的“制造业思维”，在科技创新以实用性、功能性为目的的观念下，文化创意对科技创新成果的介入更多时候被认为是可有可无的“花拳绣腿”。多数科技企业及研发主体热衷于追求技术创新，如新技术、新工具、新材料的研发应用，而对于产品的设计美学、文化内涵持轻视态度，对用户体验这种更具人文关怀的维度缺乏敏锐性。这种现象，或可以谓之为科技类企业的文化短视和文化惰性，其结果是对内容生产的投注度不够，有科技无内容，有技术无文化，通俗地讲，就是“有车没油”，内容生产的不足限制了科技创新本可能提供的强大动能，这是当前文化科技融合发展中的突出问题。

二是文化科技融合发展机制不健全，文化与科技对接不畅是当前深化文化科技融合发展的重要限制。其一，条块分割、行业壁垒导致文化部门与科技部门难以形成良好的互动与利益共享机制，文化科技融合创新涉及多个业务主管部门，在政策协调机制不完善的情况下，中央层面的宏观政策难以在各业务部门间统筹推进，相关行业发展的政策设计与发展规划难以有效对接，从而造成数字内容产业难以集约化快速成长。其二，文化科技创新项目、创意研发项目需要高投入、高保障才能快速形成产业效应，但文化政策支持对文化科技融合创新、创意研发、创意设计融合创新领域的倾斜不显著，资本、技术、创意、人才等生产要素市场的资源匹配效率低下，难以切实有效推动创新性、研发性项目的建设，制约了产业融合与渗透能力。其三，政策的系统性不强，重视前端投入，对后端市场则较为忽略，互联网消费新业态有待做大做强，以科技创新和创意研发为主导的文化消费增长点有待培育。如何培育文化科技融合创新产品的消费市场，以消费市场引导或倒逼产业发展主体调整发展重点，是有待研究和探索的方面。

三是文化科技融合公共服务支撑力不足。其一，一些重要的公共性文化科技融合平台建设尚需更大力量推动，文化科技融合创新的公共性服务平台建构不完善，未能形成涵盖内容创意版权交易、科技创新版权交易、产品传播展示、产品销售交易、产业咨询与业务培训、融资服务、人才交流等较完善的立体化的服务平台体系，导致对文化人才、知识产权、技术、信息、资本等创新要素资源的集聚度不足，配置效率不高，进而制约了原创内容、科技创新、文化创意的产业转化。其二，服务供给主体多元化建设有待推进，公共服务市场化进程有待提速。包括政府部门、事业单位、社会组织、企业、社区等在内的服务供给主体网络建设不完善，公共文化服务引入社会力量竞争机制不足，文化服务市场竞争意识不强，政府向社会力量购买专业化的公共性服务仍处于推广阶段。这两个方面的因素导致了服务供给链建设的不完善和服务供应整合管理能力的疲沓。文化科技融合创新是系统性工程，涉及诸多环节、平台、体系的合作互动，具有层次性、多级性、交叉性、动态性等特点，在服务供给上需要较强的集成化能力。服务供给绩效不高也造成了政策难以落实、要素资源难以整合，对项目的深入推动形成制约，导致文化科技融合发展的低效率、低效益。

二、内容原创能力仍需提升

内容原创能力的不足，主要表现在三个方面。

一是原创能力释放不足。其一，传统内容产业缺乏原创精神，广播影视、动漫游戏、表演艺术、视觉艺术、时尚设计、工艺美术等行业在内容生产上开拓性不足，原创精品力作不多，原创文化品牌稀少，原创内容产业不发达。其二，创意设计转化应用能力有待增强，文化艺术创意领域内部的协作融合能力不强，文学创作向影视创作的转化，动漫游戏向时尚设计、工艺美术创作的转化等方面，普遍存在原创内容、艺术形象的转化、开发利用不足的问题，从而限制了原创内容产业链的建设与发展空间。其三，数字内容产业很大程度上还停留在对传统内容产业进行数字化、网络化转换的原始阶段，新媒体内容平台对原创性精神的关注和保护急需加强，移动新媒体平台、自媒体平台的抄袭及内容“搬运工”现象普遍存在。

二是创意溢出程度不足。其一，创意溢出潜力仍需要大力挖掘，特别是现代设计理念和设计能力对文化产品的塑造能力急需增强，文化创意和设计服务与高端制造业、建筑业、商务服务业、信息业、旅游业、农业和体育产业等重点领域的融合发展需要深入开拓。其二，创意与科技的融合、集成能力的不足，文化创意、技术创意、科学创意、经济创意未能充分交融整合并形成创新集成竞争力，从而极大地限制了原创能力的释放空间。

三是文创产品价值定位不清晰，影响了国内国外两个市场的开发，不利于形成核心竞争力和提高文化影响力。其一，没有处理好传统与现代的关系，对传统文化资源的开发利用不充分，传统文化价值观和现代文化理念的互动对话不充分，现代创意设计对传统文化元素的创新转换不充分，导致文化产品文化内涵的历史性不足，缺乏厚重、大气的文化形象，没有鲜明独特的民族文化气质。其二，没有处理好本土与国际的关系，对本土文化产品进入国际市场和跨文化传播中的文化折扣问题认识不充分，缺乏既能体现中国文化传统和中国现代社会精神，又能够与世界对话、具有国际传播力的本土自主文化品牌，文化产品在树立国家形象、弘扬民族文化、增进国际交流等方面的功能不显著。其三，没有处理好大众化与精品化的关系，文化消费产品类型单一、缺乏多样性，没有形成清晰的受众区隔和市场细分，大众化文化生产和精品化文化生产没有同步发展。

究其原因，有如下三个方面。

一是对创意创新、原创能力的激励机制不完善。其一，大型文化企业体制改革尚未充分激活企业发展活力，企业内部创新创意氛围低，人才创新创意研发的积极性不高，中小微企业在原创内容开发、创意设计等核心竞争力的发展上缺乏条件，政府扶持力度不足。其二，受地方政府GDP发展思维和资本市场逐利本质的影响，要素市场主要向文化制造业倾斜并带来规模化的显著效益，文化生产重模仿不重创新、重数量不重质量、重短期效益不重长期效益的风气还比较突出，不利于激发社会创新创造热情。其三，对创意生产的法制保障不足也制约了社会原创能力的发展，与发达国家相比，我国的知识产权法律制度建设还比较滞后，对原创性缺乏有效保障，在原创成本过大而抄袭、盗用创新创意成本过低的情况下，多数企业受资本逐利本质的驱动，则更可能通过抄袭盗用创新创意抢占市场，缺乏在原创培育上投注精力的远见。

二是研发与教育滞后。其一，知识产权法律制度建设滞后，对原创性缺乏有效保障。文化机构与文化企业对新产品、新技术和新设计研发缺乏战略眼光和长远计划，在产品加速迭代过程中，注重简单模仿与跟风。其二，创新研发投资力度不大，政府与市场主体对促进文化科技融合、创意设计水平提升的相关项目和智力的资金投入，跟不上产品迭代更新和品牌升级的需求。其三，针对创新团队和创意人才的培训教育机制不灵活、力度不够、形式单一，尤其是对前沿科技、高端创意、前卫设计教育无法及时追踪跟进，直接影响文化产品应时而变、更新升级。

三是受众文化消费层级偏低，难以为发展繁荣内容创意创造良好的循环互动机制。一个社会文化产品的美学品质不仅需要一支较高文化素养的创作生产力量，也需要一支较高文化素养的文化消费人口力量作为强大支撑。从需求侧来看，我们的文化消费层级并未随着人们物质生活水平的提高而有大幅提升，从而制约了高水平文化产品的发展空间。其一，城乡与区域发展不平衡，导致乡村与落后地区文化消费层级普遍偏低。其二，公民文明素质与艺术素养整体不高，良好的文化消费观念与习惯尚未形成，对高端文化产品与服务需求有限。其三，社会保障体系的不健全也使文化消费拉动不力，造成文化消费的实际投入远低于常规性预测，从而我们看到的是中国居民人均收入的提升并未带来文化消费的相应提升。最后，高雅文化消费群体偏少，艺术教育普及不足，欣赏水平不高，这也导致了中低端文化产品挤占高端文化市场。

三、着力机制创新与长效发展

当前，我们必须充分意识到的是，我们仍然高度欠缺建立在融合基础上的创新发展能力。在文化科技的融合创新中，文化创意是灵魂，科学技术是引擎，科技力量能否在文化创意的生成、溢出、集成、转化等各个环节发生影响，起到辅助、催化的作用，是衡量文化科技融合创新程度的重要标准。当前，要创新文化生产方式，强化融合发展思维，一方面是促进文化与科技在更高层次的融合发展，在文化与科技的双向渗透、双向引流上需要更加高效、切实的举措；另一方面要从我国文化创意产业发展中存在的问题及其成因着手，特别是紧扣内容原创不足的问题，强化问题意识和问题导向机制，着力化解问题矛盾，层层落实政策助力，建立发展长效机制。

一是完善政策协调机制。其一，要强化文化政策顶层设计的指导性作用，建立系统的政策驱动机制，针对文化与科技融合、文化创意与设计融合出台重点领域、关键环节的发展政策和专项规划，形成覆盖项目开发、金融服务、财税支持的科学有效的政策体系。其二，要建立健全文化科技协作攻关机制、创意设计融合创新机制，在技术研发、资源利用、创意转化、融资交易、产权保护、集成管理等领域，形成积极互动、双向渗透、全面促进的发展局面。其三，要从中央到地方设立系列性、连续性的专项产业基金，用于重点推动文化科技融合与促进创意设计对其他产业渗透融合的项目，完善基金结构设计，提高基金使用的科学性和效率，基金资助范围要涵盖创意孵化、技术研发等前期资金支持和项目研发、推广等后期资金支持。其四，要强化财税政策引导机制，细化优惠政策体系，制定文化科技融合项目、文化创意设计融合项目的专项优惠政策，对有发展潜力、有社会贡献的创意设计企业、互联网技术和数字技术企业提供优惠政策，对体现科技进步和自主创新的成果及成果转化项目提供优惠政策；综合运用财政、金融、土地与税收等措施，鼓励引导社会资本、金融资本等设立产业融合发展基金。要加强针对性、特色化的优惠政策设计，在严格落实国家关于推进文化科技融合、推进文化创意和设计服务与相关产业融合发展的税收政策的基础上，各省市应因地制宜，结合地方文化发展定位与产业发展基础，制定更具针对性和特色化的财税政策扶持机制。

二是强化文化科技双向互动。以文化创新和科技创新为双翼，促进以数字化、网络化、智能化为方向的文化创意产业发展创新体系建设，是当前及未来一段时间文化科技创新融合发展的重点目标。其一，要深入实施科技带动战略，着力推进现代信息技术、数字化技术、智能终端等现代科技与文化的融合。其二，要以科技为引擎，以文化为内核，以融合为方向，引领和带动全社会形成文化创新和科技创新双轮驱动的发展机制，打造涵盖技术、内容、平台、终端四个环节的文化科技全产业链，实现文化产业结构的全面提级和文化发展核心竞争力的深化升华。其三，要全面提高出版、印刷、传媒、影视、演艺、网络、动漫等领域技术装备水平，大力促进动漫、网络游戏、数字内容、手机媒体、多媒体产品等新兴文化科技业态快速健康发展，积极抢占 VR、AI技术运用于文化创意产业全领域的发展先机。其四，要强化文化创意和设计服务的先导产业作用，以科技创新助力工业设计，推进文化制造业升级，形成一批具有独立知识产权和市场竞争力的文化科技产品，形成一批拥有自主知识产权核心技术的科技型、创新型、创意型文化企业。

三是构建优质服务平台。其一，要推进研发孵化平台建设，培育一批文化科技融合攻关项目和创意设计研发项目，提升文化创意产业各行业领域的共性技术与集成技术的研发能力，促进原创内容产业多元化发展、创意设计融合多渠道发展、文化科技多向深度融合。其二，要推进产业发展平台建设，培育一批重点文化园区、重点功能示范区，组织实施文化科技融合示范项目、原创内容产业项目和创意设计融合项目，引导资源有效集聚，推进技术、资本、人才等关键要素的集成创新；支持创客空间、创意工场等小型平台建设，激发创新活力和活跃创意氛围。其三，要完善文化服务平台建设，统筹资源，鼓励文化创意产业功能区、文化科技融合示范区的管理机构吸纳社会力量，与高校研发机构共建文化服务平台，推进中介服务体系建设，加快基于云服务的创意设计网络服务平台和文化科技融合服务平台建设，提高政策咨询、信息发布、展示交易、项目合作、融资融智等综合服务能力。其四，要完善金融服务平台建设，鼓励金融机构创新文化金融服务项目，支持文化创意设计行业和文化科技融合项目发展，完善文化产权交易中心、文化投资公司建设和中小企业股份转让系统、股权交易中心建设等，建设有特色、专业化的文化科技融合创新交易市场和创意设计交易市场，加快形成广渠道、多层次的创新创意知识产权交易网络体系。

四是强化科普设计教育。其一，要推进高等教育学科体系和人才培养体系的改革，大力发展教科文融合的新兴、前沿交叉学科和能够适应、满足文化改革创新所需要的前沿学科，重点加强具有文化创意研发能力和科技创新素质的复合型人才培养。其二，要优化创意人才、文化科技人才培养机制，建设文化创意、文化科技职业技能人才培训基地，制定文化创意、文化科技人才发展规划。其三，要统筹社会教育资源，加强文化艺术教育和科技普及教育，优化学校文化教育和科技教育课程设置，推动传统艺术、现代创意文化进校园、进社区、进企业，加强科普基地、公共文化机构、市民学校等教育机构建设，提高全民人文素养和科技文化素养。

五是优化人才成长环境。其一，要从市场环境、产权制度、投融资体制、分配制度、人才培养引进使用机制等入手，营造更加开放、宽松的创新环境，其中包括自然环境、生活环境和文化环境。其二，要细化文化人才政策设计，放管结合，依类施策，对从事内容创作和生产的领域，要严格意识形态管理；对从事纯娱乐性和日用文化消费品设计和生产的领域，可适当放宽限制。其三，要探索建立容错机制，让创新者的失误能得到理解与包容，创新项目的失败能得到一定的担保与补偿，激励人才大胆尝试与创新。其四，在国有文化企业中实行灵活的人才机制，建立组织方式灵活化、管理理念人性化、思维方式差异化的企业管理文化，吸引和留住高层次文化人才。

六是切实保障知识产权。其一，要完善有利于文化科技融合创新、创意设计融合创新的产权制度建设，推出有效配套的知识产权管理办法，规范知识产权的申请注册、审批审查、鉴定评估等工作，与高校、专业机构合作建立良好的知识产权中介服务，设立知识产权和版权快速维权机构，建立无形资产评估办法，健全知识产权和版权的创新、运营与保护体系，推动知识产权的不断创新。其二，要深入实施文化科技创新、创意设计知识产权发展战略，搭建知识产权和版权服务平台，加强知识产权和版权交易登记备案，完善知识产权交易机制，建立配套的鼓励和优惠机制，促进知识产权、版权的交易和产业转化。其三，要建立健全侵犯版权罪罚制度，倡导创新、尊重原创，打击抄袭剽窃之风，加大侵犯版权处罚力度；数字内容生产行业和移动新媒体平台要更好地维护内容创作者的利益和凸显原创的价值，终结内容产业野蛮发展的乱象，以内容版权作为新媒体平台竞争的重要手段，完善原创保护机制，打造优质内容版权围墙，塑造健康的新媒体平台生态。

第七章　遗产保护与发展创新

遗产保护是一个现代性课题，伴随着人类社会晚近以来的现代化进程而兴起。自17、18世纪工业革命开启欧洲社会转型的步伐以来，工业化、现代化在两个多世纪中发展成为覆盖全球、驱动引领历史变革与社会转型的主导者。社会转型是一个系统性、结构性工程，生产工具的变革引发经济模式的转变，以经济模式为核心的社会结构因此被重塑，其中既包括宏观的政治经济制度与组织框架，也包括微观的生活方式和隐性的价值观念。社会转型既带来了历史性的断裂，同时也带来了对历史、文化记忆的重建，作为一种“反思的现代性”，奠基于工业革命的现代社会在狂飙突进的同时，也在不断地自我检视，对历史遗留下的资产——包括物质文明与精神文明——进行批判、反思和重新接纳，从而在新与旧、传统与现代之间建立辩证的历史视野与精神指向。遗产作为一种历史性的物质文明和精神文明的积淀与表征，其与现代化进程、现代性发展的关系，是现代社会发展的重要议题。特别是自20世纪中期以来，以欧美地区为代表的西方社会逐步进入“后工业化时代”，对工业文明及其所代表的工具理性主义价值的反思，构成了西方学者所说的“晚期资本主义”或“后现代社会”最富有代表性的思想代码，在其中发展出了两种对抗性的文化景观，一种是瓦解一切中心的解构主义思潮盛行，质疑一切资本主义价值体系所建立的文化秩序，另一种则是重新评估历史和传统的意义与价值，试图寻找、重建社会发展与人类精神的历史脉络。遗产保护正是后一种历史潮涌带来的实践与探索成果。

成立于1945年的联合国教科文组织（UNESCO），其重要的工作内容就是推进全球性的遗产保护工程，1972年联合国教科文组织发布的《保护世界文化和自然遗产公约》不仅将这一工程推上了体制化的轨道，使得遗产保护成为现代社会发展的重要议题，并且使遗产以“文化资本”的身份纳入国家、地区竞争力建设的体系中。从1972年至今近半个世纪，世界各国、地区的遗产保护实践取得了累累硕果，人类物质与精神文化的多样性与创造性得到了比较完整、系统的整理、保存、展示，众多遗产项目成为国家、地区和城市的文化名片，在推动经济社会发展与文化影响力建设中发挥了重要的和显著的作用。也正是在这一过程中，人们得以重新认识历史，理解传统的价值，重新发现人类自身的创造性与独特性。对于日益卷入“机器文明时代”和日益迫近的“后人类时代”的我们，遗产的意义不仅指向过去，更指向未来，守望人类在漫长历史长河中积淀下来的创新性、创造性的财富，寻绎人类广袤、深邃的物质创造与精神探索历程，是人类能够理性直面自身创造的新世界——“技术物”世界——的重要前提，也是奠定未来时代得以坚守人本精神的重要基础。在这一宏观的视域下，梳理当代遗产保护及其实践、理念与精神的走向，探寻遗产保护及其实践所必须克服的困难与面临的挑战，并从地缘政治与文化发展创新的视角对我国这一领域与议题的相关方面展开探讨，提供一种独特而又具有借鉴意义的空间性经验探索，具有重要的意义。

一、遗产保护的全球性行动

1972年11月16日，联合国教科文组织大会在巴黎举办第17届会议，会议通过了《保护世界文化和自然遗产公约》，全球性的遗产保护进程由此拉开序幕，遗产保护运动开始走向国际化。为保证《保护世界文化和自然遗产公约》的有效实施，1976年11月联合国教科文组织成立世界遗产委员会，世界遗产委员会由21个成员国组成，其主要职能包括：决定各国申报的遗产是否列入《世界遗产名录》，审查列入《世界遗产名录》的遗产保护状况，决定是否将遗产列入《濒危世界遗产目录》等。世界遗产委员会成立后建立了第一批《世界遗产名录》。1992年在巴黎成立世界遗产总部，负责世界遗产相关的全面工作，世界遗产的申报、评估、管理、学术年会组织、遗产研究等各项工作的开展也更加具有体系性，对世界各国、地区遗产保护及其实践的指导性、规范性作用也更加突出。

《保护世界文化和自然遗产公约》首先强调，某些文化遗产和自然遗产具有突出的重要性，需作为全人类世界遗产的一部分加以保存，而鉴于文化遗产和自然遗产由于时间因素、社会与经济活动作用下的破坏与恶化，世界各国遗产面临着不断枯竭的风险，整个国际社会有责任通过提供集体性援助来参与保护文化遗产和自然遗产，《保护世界文化和自然遗产公约》的推出即是基于这一目的："为集体保护具有突出的普遍价值的文化遗产和自然遗产建立一个依据现代科学方法组织的永久性的有效制度。"

《保护世界文化和自然遗产公约》指向的客体对象是文化遗产和自然遗产，通过遗产概念内涵的明确及其类型、属性的分梳，为具体的遗产保护实践和建立遗产目录体系提供了重要指导与标准。

自然遗产包括三类：一是"从审美或科学角度看具有突出的普遍价值的由物质和生物结构或这类结构群组成的自然景观"；二是"从科学或保护角度看具有突出的普遍价值的地质和地文结构以及明确划为受到威胁的动物和植物生境区"；三是"从科学、保存或自然美角度看具有突出的普遍价值的天然名胜或明确划分的自然区域"。

文化遗产也包括三类：一是古迹，指"从历史、艺术或科学角度看具有突出的普遍价值的建筑物、碑雕和碑画，具有考古性质的成分或构造物、铭文、窟洞以及景观的联合体"；二是建筑群，指"从历史、艺术或科学角度看在建筑式样、分布均匀或与环境景色结合方面具有突出的普遍价值的单立或连接的建筑群"；三是遗址，指"从历史、审美、人种学或人类学角度看具有突出的普遍价值的人类工程或自然与人的联合工程以及包括有考古地址的区域"。

不难看出，《保护世界文化和自然遗产公约》指向的自然遗产和文化遗产都是物质性的，这与西方对"遗产"（Heritage）这一概念的认识与使用历史有关。从词根上看，Heritage由动词herit（继承）和集合名词age（历史、时期）构成，凡是历史遗留下来保存至今的、传统的事物，都可以称之为遗产，现行的《牛津词典》将遗产解释为"国家或社会长期形成的历史、传统和特色"①。尽管从这个释文看，遗产并不仅仅是物质性的，但实际上，在联合国教科文组织推出《保护世界文化和自然遗产公约》之前，西方遗产保护的历史就主要向物质性遗产倾斜，而且尤其集中于建筑性的古迹与景观，这一特点则与近现代以来西方社会发展的历史脉络相关联。工业革命推进了欧美社会的现代转型，传统与现代的分野促使保护历史和传统的意识产生。

① Heritage: the history, traditions and qualities that a country or society has had for many years and that are considered an important part of its character.

1882年，英国发布了《古代遗址保护法》，1913年，法国推出了《历史古迹法》，对遗址、古迹的保护正是源于社会转型语境下传统遭到破坏这个危机的意识之反映。20世纪上半叶的两次世界大战致使全球范围内众多历史建筑、文物遭遇覆灭性破坏，基于保护、传承人类共同的文明创造成果的精神，推进对人类历史遗产的国际性保护与合作，采取必要措施和制定共同遵守的条约以保护人类共同遗产，逐渐成为共识。国际博物馆办公室、国际自然遗产保护联盟、国际古迹遗址理事会以及联合国教科文组织等国际性合作机构先后建立和开展工作，并通过各种宪章、公约的形式对世界性的遗产保护实践与国际合作进行规制。如，1931年，第一届历史纪念物建筑师及技师国际会议通过了《关于历史性纪念物修复的雅典宪章》（简称《雅典宪章》）；联合国于1954年通过了《武装冲突情况下文化财产保护公约》（简称《海牙公约》；1964年第二届历史纪念物建筑师及技师国际会议通过了《国际古迹保护与修复宪章》（简称《威尼斯宪章》；1975年欧洲理事会在“欧洲建筑遗产年”上通过了《关于建筑遗产的欧洲宪章》，等等，这些公约、宪章描述的客体对象全部是物质性遗产。

直到2001年，联合国教科文组织才在遗产类型中增加了“人类口头和非物质文化遗产代表作”这一独立类别，第一批“人类口头和非物质文化遗产代表作”目录于2001年5月18日宣布，包括我国昆曲在内的19项代表作获得通过。2003年，联合国教科文组织第32届大会通过《保护非物质文化遗产公约》，“非物质文化遗产”作为一个专业术语和遗产项目种类开始得到关注。《保护非物质文化遗产公约》将非物质文化遗产定义为：被各群体、团体有时为个人，视为其文化遗产组成部分的各种社会实践、观念表述、表现形式、知识、技能以及相关的工具、实物、手工艺品和文化场所。各个群体和团体随着其所处环境、与自然界的相互关系和历史条件的变化不断使这种代代相传的非物质文化遗产得到创新，同时使他们自己具有一种认同感和历史感，从而促进了文化多样性和人类的创造力。根据这一定义，“非物质文化遗产”包括以下五个领域：（1）口头传统和表述，包括作为非物质文化遗产媒介的语言；（2）表演艺术；（3）社会风俗、礼仪、节庆；（4）有关自然界和宇宙的知识和实践；（5）传统的手工艺技能。

非物质文化遗产保护标志着遗产保护广度与深度的推进，特别是传统和民间文化的众多表达形式，如口传文化传统、习俗、语言、音乐、舞蹈、宗教仪式、节日、传统医学和药典、烹调艺术及所有与物质文化（如工具和聚居地等）相关的特殊技能，都以其独特的民族性和文化多样性而被重新发现和得到重视、关注。对非物质文化遗产的关注正是源于对文化多样性的强调，同样是在2001年，联合国教科文组织发布了《世界文化多样性宣言》，宣言提出，文化多样性是发展的源泉之一，其对于人类的重要性就如同生物多样性对于大自然的重要性一样。

根据《保护非物质文化遗产公约》的规定，在国际一级协调保护的非物质文化遗产由三个序列组成：人类非物质文化遗产代表作名录、急需保护的非物质文化遗产名录、非物质文化遗产优秀实践名册。相比于前二者，“非物质文化遗产优秀实践名册”这个创新性的做法展示了联合国教科文组织对于非物质文化遗产保护工作的深入理解。物质性文化遗产重在遗产形态的维护与保持，非物质文化遗产保护的重点则在于文化传统的代际传承，其核心是人。评选并建立“非物质文化遗产优秀实践名册”是联合国教科文组织推进国际非物质文化遗产协作保护的一个重要举措，也是《保护非物质文化遗产公约》的重要内涵，非物质文化遗产名录的评选如果不能落实到最后的保护与传承实践上，其意义也将萎缩，名录评选的目的在于后续的保护与传承，而不是为评选而评选。联合国教科文组织推进“优秀实践名册”评选的主要目的，是鼓励、推荐最能体现公约原则和目标的国家或地区保护非物质文化遗产的计划、项目和活动，以便对非物质文化遗产保护工作进行指导并促进国际合作，形成可以在国际上推广的范例，并配合这些计划、项目和活动的实施，向全球推广有关经验。这一举措可以促进全球非物质文化遗产的保护与传承进入良性的发展轨道，保障人类共同的文化遗产资源和文化精神得以存续和健康发展。

在世界遗产保护体系的创建中，遗产类型的设定是最核心和主要的方面，迄今为止，严格意义上的遗产类型主要参照世界遗产委员会编制的《世界遗产名录》所确定的类型，具体而言就是世界文化遗产、世界自然遗产、世界文化和自然混合遗产三大类，另单设濒危遗产。其中，世界文化遗产包括物质文化遗产和非物质文化遗产两种。世界自然遗产、世界文化遗产、世界自然与文化混合遗产（也称“双重遗产”）是世界遗产的基本类型。世界遗产委员会在实际的遗产申报、评估与保护实践工作中，也会基于各种现实问题和需要而进行创新，从而推动了遗产概念和类型的不断拓展、丰富，这些在具体操作实践细节上的创新，主要体现在《实施〈保护世界文化和自然遗产公约〉的操作指南》中。为拓展申报思路，达到精确指导、有效评判的目的，不同版本的《实施〈保护世界文化和自然遗产公约〉的操作指南》先后推出不少新的遗产类型及申报、评估和保护实践的创造性思路，譬如，在遗产类型上就增设了历史城镇遗产、文化景观、遗产运河、遗产线路、系列遗产五类。其中，“历史城镇遗产”的相关提法在1987年的《保护历史城镇与城区宪章》（简称《华盛顿宪章》）中就已经有专门的论述，国际古迹遗址理事会于2011年批准并发布的《关于历史城镇和城区维护与管理的瓦莱塔原则》（简称《瓦莱塔原则》），则是在《华盛顿宪章》基础上针对历史性城镇建筑物与文化遗产所制定的专门文件。

在这些遗产申报的创新性概念及其实践中，最为知名的是“文化景观”（Cultural Landscape）。“文化景观”最早见于1992年10月在法国La Petite Pierre召开的“将文化景观纳入世界遗产名录”研讨会，1992年12月。世界遗产委员会第16次会议提出在世界遗产名录中增加“文化景观”一项，1994年第12版的《实施〈保护世界文化和自然遗产公约〉的操作指南》对“文化景观”的内涵、申报方式和相关要求进行了明确。根据《实施〈保护世界文化和自然遗产公约〉的操作指南》，“文化景观”系指“自然与人类的共同作品”，包括“设计而成的景观”“有机延续的景观”和“关联性景观”三种类型。2013年，世界遗产委员会发布了现行最新版的《文化景观保护与管理指南：世界遗产文化景观保护与管理手册》（World Heritage Cutural Lanscapes：A Handbook for Conservation and Management ），对世界遗产文化景观的保护与管理明确了指导性原则并提出了相关建议。

“文化景观”不同于“文化遗产”或“自然遗产”的方面，在于它并非单纯地强调自然的独特性或文化的独特性，而是强调人类在劳动创造的历史过程中与所处的自然、地理、空间的交集与互动，人与自然的交集、互动塑造出独特的人文地理景观，它所呈现的既是文化与自然之间相互形塑的过程，也是人与自然之间有机交融的历史精神与社会价值。因此，对“文化景观”的考评既有自然美学的维度，也有文化美学的维度，综合了其地域特点、历史形成、现实呈现、外在景观和内在人文等多重因素。不同国家、机构对文化景观这一概念的定义与描述不尽相同，但对上述特质的强调则是一致的。美国国家公园管理局将文化景观定义为“将历史事件、人类活动、文化价值或艺术价值相结合而成的一个地理区域”，对文化景观的类型做出如下区分：（1）历史遗址（Historic Sites）：历史、事件、人类活动相结合而成的景观；（2）历史设计性景观（Historic Designed Landscape）：以设计法则为依据，由专业的风景园林设计师、建筑师、园艺师通过已被认知的设计手法设计规划而成的景观；（3）历史性本地景观（Historic Vernacular Landscape）：通过原住民的活动、使用并塑造而成的景观；（4）人种学景观（Ethnographic Landscape）：一个包含各种自然和文化资源的景观，属于遗产资源。[①]美国学者 Charles A. Birnbaum 认为：“文化景观是一处能够体现出宝贵的美学和文化价值的地域性区域，它囊括自然资源、生物资源与文化资源，与人类活动、历史事件都有着密切的关联。”[②]加拿大历史场所与纪念委员会对文化景观的描述是：“本土居民与其生存生活的环境和土地有着非常紧密和长期的关系，因此文化景观所表达的场所一定是被本土居民群体认可并认为有价值的。”[③]日本于2005年将文化景观定义为“由重要文化形成的景观”，区分了8种不同类型的典型日本文化景观。[④]

1993年，桑地亚哥·德·姆波斯特拉朝圣路的西班牙部分成功申报世界遗产，“文化线路”（Cultural Routes）作为新的遗产概念出现。在1994年第12版的《实施〈保护世界文化和自然遗产公约〉的操作指南》中关于“文化景观”的部分就包含了“文化线路”的申报思路：对文化景观潜在遗产的申报“不排除申报具有文化意义的长距离的交通路径和通信网络区域的可能性”。1998年国际古迹遗址理事会成立了文化线路科学委员会，2005年国际古迹遗址理事会第15届大会在发布《西安宣言》的同时，通过了有关《文化线路宪章（草案）》的决议。也是在这一年，联合国教科文组织在第18版《实施〈保护世界文化和自然遗产公约〉的操作指南》中，将“文化线路”正式列入附件“分类遗产列入世界遗产名录指南”，该指南提出：“文

① Page R. R., Gilbert C. R., Dolan S. A. .A Guide to Cultural Landscape Reports: Contents, Process, and Techniques, Washington D. C.: National Park Service, Park Historic Structures and Cultural Landscape Program, 1998.

② 吴祥艳、付军:《美国历史景观保护理论和实践浅析》,《中国园林》2004年第3期。

③ 季发:《加拿大世界文化遗产的保护和利用》,山东大学博士论文(2008)。

④ 周超:《日本“文化景观”法律保护制度研究》,《广西民族大学学报(哲学社会科学版)》2016年第1期。

化线路由各种切实的要素组成，这些要素的文化意义来自跨国界和跨地区的交流和多维对话，表明了在这条线路上运动在时空上的交互作用。”2008年在加拿大古城魁北克举办的国际古迹遗址理事会第十六届大会上，通过了《关于文化线路的国际古迹遗址理事会宪章》（简称《文化线路宪章》），这标志着文化线路正式成为世界遗产保护的新类型、新领域。文化线路更为强调的是遗产的跨区域交往、跨文化交流的特质，突显遗产项目本身在其历史形成过程中不同区域、民族、国家和文化之间的对话与相互影响。继文化线路之后又出现了“遗产运河”这一概念，后者实则为源于“文化线路”的一种特殊形式，以运河作为具体的物质承载，主要突显其在人类传统农业生产中的价值并由此而衍生的运河文化及其独特价值。

此外还有“系列遗产”（Serial Properties）概念。2005年第18版《实施〈保护世界文化和自然遗产公约〉的操作指南》首次出现“系列遗产”概念，相关定义则在2011年发布的《实施〈保护世界文化和自然遗产公约〉的操作指南》中有明确说明。对“系列遗产”的条件性规定包括：系列遗产的构成部分应该体现出文化、社会或者功能性长期发展而来的相互联系，形成景观、生态、空间演变或栖息地的关联性；系列遗产的每一个部分都应该对遗产整体的突出普遍价值有实质性的、科学的、可清晰界定和辨识的贡献，最终形成的突出普遍价值应该容易理解和便于交流沟通；系列遗产作为一个整体（而非各组成部分）必须具有突出的普遍价值。在申报实践中，为了避免组成部分过于分散，要求遗产的申报过程和对遗产各组成部分的选择，应该充分考虑遗产整体的连贯和管理的可行性。可见，系列遗产强调多个遗产之间的密切关联性，强调部分与整体之间的结构性关系，强调遗产整体要具备突出的普遍价值。

历史城镇遗产、文化景观、遗产运河、遗产线路、系列遗产这些新的遗产文化类型概念，推进了遗产类型申报实践中在遗产形式和申报路径上的创新，体现了近半个世纪以来国际社会对遗产文化认识的不断深入、遗产保护理念的更新完善和遗产保护实践工作的逐步体系化、规范化。“1980年代始，随着新文化地理学、人类学等理论的发展，人类对生态环境、文化多样性认识的提高，对遗产真实性、完整性研究的进一步深入，遗产形态从单体建筑、文物到关注周边环境的历史城镇，再到强调人与自然的和谐互动文化景观，强调价值交流的遗产运河、遗产线路，这四种细化了的类型，越来越强调遗产整体价值。”①

二、遗产保护价值理念的深化

在遗产及其价值的认知、评估及实践保护的历史演绎中，最为突出的即是理解遗产“真实性”精神的不断丰富和深入，并逐渐发展出真实性与多样性、地方性与整体性多重辩证的文化脉络。

一直以来，在遗产的“真实性”或“原真性”价值的认知与评价上始终围绕着两个焦点展开。一方面，是对遗产价值地方性元素的构成、遗产与地方性社会生活的关联、遗产地社区居民对遗产的理解与认同等维度的强调。对遗产的“地方性”价值的强调，在其中既有破除西方中心主义的“后殖民主义”式的遗产观念重构，也突显了对遗产在其历史性生成中作为一种具体、独特和鲜活的文化形式的认知，同时也提出了平衡遗产的地方性价值与作为全人类所共有的普遍性价值之间关系的要求。另一方面，关注的焦点集中于个体与整体的关系，即遗产作为个别、具体的客体对象与其所处的自然、社会与文化环境的整体性之间的关系。这与前一个问题息息相关，即不把遗产价值与遗产的历史性生成、结构性社会框架相割裂，遗产的生成具有时间性和空间性，对遗产整体性的强调即是尊重和容纳这种时间性和空间性，这是遗产真实性的应有之义，生成遗产的历史过程和社会框架内在于遗产的内涵与价值之中。

从1979年澳大利亚发布的《保护具有文化意义地方的宪章》（简称《巴拉宪章》），到1994年的《奈良真实性宣言》，再到2005年的《西安宣言》等文件，都充分肯定和强调了对遗产进行整体性认知与保护的重要性。《巴拉宪章》从“构件”（fabric）和“地方”（place）等概念的区分与联系出发，重构了自《雅典宪章》以来关于历史建筑与文化遗址保护的基本向度，即从单一个体转向整体的、空间性的视角，强调遗产保护中超越单一、个别的历史遗存物而突显“地方”整体性文化意义的精神。对“地方”概念及其彰显的“地方性”，吴良镛先生有很深入的注解：“建筑学是地区的产物，建筑形式的意义来源于地方文脉，其并非仅仅是地区历史的产物，它更应

① 章玉兰：《系列遗产概念定位及其申报路径分析》，《中国文化遗产》2017年第3期。

与地区的未来相连。”①《奈良真实性宣言》着重于理解遗产的“价值与真实性”问题，它强调，应“出于对所有文化的尊重，必须在相关文化背景之下来对遗产项目加以考虑和评判”，“对文化遗产的所有形式与历史时期加以保护是遗产价值的根本”，这同样突显了对遗产作为地方性历史遗存进行整体把握的视角。《奈良真实性宣言》有关遗产真实性的讨论是在“文化多样性”的主题下进行的，而文化多样性则与遗产的地方性价值紧密相连。《奈良真实性宣言》强调，要“在遗产保护实践中赋予文化与遗产多样性更多的尊重”，“以全面尊重所有社会的社会与文化价值的方式来验证真实性，并检验被列入《世界遗产名录》的文化资产的普遍性价值”。

《奈良真实性宣言》主要着重于对遗产真实性、文化多样性的理念辩证，提供遗产价值认识与评价的精神导向，2005年的《西安宣言》则以务实性的态度聚焦于古建筑、古遗址和历史区域周边环境的关联性价值，并提出指导性的保护方案。《西安宣言》同样遵守个体性与整体性、地方性与普遍性的辩证理念，它强调：“不同规模的古建筑、古遗址和历史区域（包括城市、陆地和海上自然景观、遗址线路以及考古遗址），其重要性和独特性在于它们在社会、精神、历史、艺术、审美、自然、科学等层面或其他文化层面存在的价值，也在于它们与物质的、视觉的、精神的以及其他文化层面的背景环境之间所产生的重要联系。这种联系，可以是一种有意识和有计划的创造性行为的结果、精神信念、历史事件、对古遗址利用的结果或者是随着时间和传统的影响日积月累形成的有机变化。”遗产的文化多样性价值和真实性、整体性价值是互为构成的。强调遗产构成的整体性、关联性和遗产保护工作的系统性，内蕴于遗产“真实性”的核心精神之中。一种遗产的创造和形成经历了漫长的时间与多重空间的演化，文化的发展从来就不是孤立的行为。对一种文化或遗产的真实性的认识，必须首先立足于对这一文化或遗产所置身的整体情境的认识，反之亦然，同样，对遗产整体情境的尊重与容纳，即是对文化多样性的肯定。可以说，真实性、整体性、多样性是互为表里的关系。

2001年联合国教科文组织发布的《世界文化多样性宣言》（The Universal Declaration on Cultural Diversity）和2015年发布的《保护非物质文化遗产伦理原

① 吴良镛：《21世纪建筑学的展望——“北京宪章”基础材料》，《建筑学报》1998年第12期。

则》(Ethical Principles for Safeguarding Intangible Cultural Heritage)两份文件，都彰显了对于遗产真实性、整体性、多样性价值的认知与尊重。《世界文化多样性宣言》提出，文化多样性是构成人类的各群体和各社会在不同时代和不同地方具有不同的表现形式，这种表现在文化上的多样性是人类的共同遗产，如同生物多样性一样必不可少；文化多样性是交流、革新和创作的源泉，各种形式的文化遗产都应当作为人类的经历和期望的见证得到保护、开发利用和代代相传，以支持各种创作和建立各种文化之间的真正对话。①《保护非物质文化遗产伦理原则》尽管是从“非物质文化遗产”这个特定的领域和视角切入，但其强调的对于遗产价值的伦理准则仍然具有普遍性的指导意义。如前所述，无论是物质性遗产（如历史建筑、文化遗址等），还是非物质性遗产（如口述史诗、民族歌谣、制作技艺等），它们包蕴的文化价值、美学特质、历史精神始终不能脱离孕育这一遗产的具体的、独特的时间与空间，也不能脱离创造了这一遗产的特定的族群、社区等文化主体。如《保护非物质文化遗产伦理原则》所言，“绝不应使社区、群体和个人疏离其自身的非物质文化遗产”，“每一社区、群体或个人应评定其所持有非物质文化遗产的价值，而这种遗产不应受制于外部的价值或意义评判”。②强调社区、族群在遗产价值认知上的主体性，既是对尊重文化多样性的强调，也是对尊重遗产文化真实性、整体性的强调。

2017年，国际古迹遗址理事会第19届大会通过的《关于遗产与民主的德里宣言》，再次强调了“文化遗产的管理必须考虑完整性和真实性”，而这种考虑须着眼于遗产在价值认知、保护实践中的民主化进程和“以人为本”的理念精神，充分认识到遗产是包含了价值体系、信仰、传统和生活方式，以及功能、风俗、仪式和传统知识等在内的整体性文化成果，充分认识到自然、文化和人类三者之间的密切关系。因此，需要尊重遗产创造主体在遗产价值认知、遗产保护实践中的主导性，需要对文化多样性给予更多包容和尊重，这不仅有益于某一项遗产的保护和发展，也有益于全人类所有遗产与文化成果的保护与发展。

应该说，以联合国教科文组织为代表的遗产文化及其保护制度的诠释机

① http://www.unesco.org/new/en/culture/resources/report/the-unesco-world-report-on-cultural-diversity/.

② 联合国教科文组织：《保护非物质文化遗产伦理原则》，巴莫曲布嫫、张玲译，《民族文学研究》2016年第3期。

构，对遗产精神的深入和发展，与知识界对文化与遗产理念的深入探讨密不可分，其中，批判遗产研究（critical heritage studies）学派的影响值得一提。批判遗产研究是文化建构主义脉络在遗产研究领域的重要表现。文化建构主义强调，我们关于文化的认知是建构主义的，是一个社会建构的文化过程，因此对其内涵、价值与意义的认知是生产性的和话语性的，这就要求摒弃欧洲中心主义在遗产认知与评价上的文化霸权，[①]并更充分地考虑和尊重遗产的地方性维度。

不难看出，关于遗产概念的认识、遗产类型的分理、遗产体系及其保护制度的构建，都处于不断的发展之中。必须看到，在这些问题上的不同认识、不同立场并不仅仅关系到对遗产概念的理解问题，而是切实关系到对不同遗产的价值定位，并决定和影响了具体的遗产保护实践。但是，尽管存在着种种差异乃至分歧，遗产概念的扩容、遗产类型的丰富、遗产观念的论争，都促进了国际社会和广大民众对遗产的关注，这毋宁说是有关遗产的文化建设与实践保护的基本目标与初衷。以联合国教科文组织为代表的世界遗产保护取得了显著的成就，其创建的遗产保护体系仍然作为今天国际遗产保护工作的基本框架被普遍接受。截至2019年5月，已有193个国家加入《保护世界文化和自然遗产公约》、1092个项目列入《世界遗产名录》，其中文化遗产845项、自然遗产209项、自然与文化双遗产38项。随着这项工作的继续推进，人类对遗产的认知与行动也将更加深入，为保存和发展人类文明的丰富多样性做出更多的创造性工作。

三、中国遗产保护的制度构建

对遗产的保护不单单关系其作为民族文化创造性成果的存亡，更关系民族文化脉络的延续、民族文化自信和文化话语权的建设。习近平总书记指出，文化自信是更为根本的自信。正是磅礴厚重的华夏文明的持续滋养，孕育出了中华民族坚忍不屈、勇于创新的民族性格与民族精神，为新时代的中国经济社会发展和民族腾飞输送着源源不断的动力。融入世界遗产保护发展

① 参见 BYRNE D. Archaeological Heritage and Cultural Intimacy: An Interview with Michael Herzfeld, Journal of Social Archaeology, 2011, 11(2): 144–157; SMITH L. Uses of Heritage, London: Routledge, 2006: 13–42.

的总体框架，构建遗产保护与发展的特色体系，既是历史性、时代性的工程，也是全国家、全民族的伟大事业。改革开放以来，我们在持续的探索中形成了具有中国特色的遗产保护实践：在世界层面，积极践行联合国教科文组织关于世界遗产的申报、保护和文化交流的精神，不仅在世界遗产的申报上取得重要成就，使世界更加关注我国遗产保护与发展的成效，更重要的是，在这个实践进程中，我国形成了完善的遗产保护发展的工作体系，建立了多样化的遗产发掘、保护和传承体系，积累了丰富的经验做法，取得了丰硕的成果。梳理中国特色遗产保护与发展的体系化、整体化进程，对于继续推进有中国特色的遗产保护与发展，探索创新我国遗产保护与发展的可持续性发展战略，都具有极其重要的意义。

我国地大物博，文明历史悠久，遗产文化及其成果遍布华夏大地，区域性自然地理的巨大差异和多民族文化的丰富构成，使得我国的遗产文化及其成果表现出鲜明的差异性，不同的文化形式，不同的自然地理条件，都对遗产文化及其成果的保护实践提出了差异化的、多样性的要求。对遗产的保护与发展是一项重大、艰巨和漫长的工作，探索和建立富有中国特色的遗产保护政策与法律体系，是保障遗产成果最大范围、最大程度和最高效率得到保护与发展的重要路径。

我国关于遗产保护发展的重要政策规划与法制保障体系建设，总体上与世界遗产保护理念精神的历史发展路径相一致。概而言之，即从注重单体性遗产和物质性遗存，扩展到对包括文化景观、历史城镇、城市遗产等更加突显遗产空间整体性保护的方向，同时，从对历史遗产的静态性保护扩展到对包括非物质文化遗产在内的动态性保护。另一个同样十分重要的方向，是将遗产保护从单一的专业领域的行动，转向主动融入国家和民族的总体性、历史性和时代性发展战略设计，使遗产保护与发展更加具有顶层性、系统性和战略性。从具体的体现来说，一方面是遗产保护与发展的各种专项政策、法律法规不断得到补充，持续推进，自成体系，另一方面则是将遗产的保护发展与更广泛的国家文化建设、产业建设相融合，表现出积极密切的互动和补充。

我国遗产保护的专项法律法规和政策性文件，主要包括三个领域：一是文物保护利用，二是文化遗产保护发展，三是传统文化保护传承创新。

在文物保护利用方面，主要包括：在1982年《中华人民共和国文物保护法》基础上经过历次修订，于2002年颁布新修订的《中华人民共和国文物保护法》；2015年国务院法制办公室公布的《中华人民共和国文物保护法修订草案（送审稿）》；2016年国务院发布的《国务院关于进一步加强文物工作的指导意见》，国家文物局发布的《关于促进文物合理利用的若干意见》等。

在文化遗产的保护发展方面，主要包括：2005年12月国务院颁布的《国务院关于加强文化遗产保护的通知》《关于加强我国非物质文化遗产保护工作的意见》，2006年文化部发布的《世界文化遗产保护管理办法》，2011年国务院颁布的《中华人民共和国非物质文化遗产法》等。此外还有一系列具体、特定领域的专项发展条例、指导意见、管理办法。在特定文化领域方面，如：2003年发布的《文物保护工程管理办法》，2006年发布的《国家级非物质文化遗产保护与管理暂行办法》，2007年发布的《文物出境审核管理办法》，2011年重新修订的《水下文物管理保护管理条例》，2015年发布的《博物馆条例》，2016年修订的《中华人民共和国考古涉外工作管理办法》等；在整体性保护方面，则有：2006年国务院制定的《长城保护条例》，2012年文化部制定的《大运河遗产保护管理办法》等，以及2017年发布的《国家文物事业发展“十三五”规划》提出要实施“长征——红色记忆工程”，编制长征文化线路保护总体规划等。

在更广泛意义上的传统文化保护方面，主要包括：2016年住房城乡建设部、文化部、财政部共同发布的《关于加强传统村落保护发展工作的指导意见》，2017年中共中央办公厅、国务院办公厅印发的《关于实施中华优秀传统文化传承发展工程的意见》等。

文物、文化遗产的保护不可避免地涉及当下的社会发展语境，尤其是自改革开放以来，我国大力推进工业化、城镇化运动，经济社会的全面转型进入加速期，如何平衡、协调好经济社会发展与文化发展，在推进工业化、城市化的同时守护好文化遗产、文化传统，是包括我国在内的所有发展中国家、地区都必然要面对的重要课题。在我国，除了就遗产领域出台、颁布专项的法律法规及政策性文件外，从国家宏观发展战略部署到具体领域的政策规划，也都特别关注与遗产领域的交集和互动，从而形成交叉、立体的政策与法律体系。譬如，2008年的《城乡规划法》、2014年的《国家新型城镇化规划（2014—2020年）》都有专门涉及文物保护和文化遗产保护的重要内容。

表 7-1　涉及遗产保护与发展的重要法律法规及政策性文件（部分）

时间（年）	遗产领域法律法规及政策性文件	其他相关领域法律法规及政策性文件
2002	《中华人民共和国文物保护法》(修订)	
2005	国务院:《国务院关于加强文化遗产保护的通知》;国务院:《关于加强我国非物质文化遗产保护工作的意见》	
2006	文化部:《世界文化遗产保护管理办法》	
2008		《城乡规划法》
2011	《中华人民共和国非物质文化遗产法》	
2012	住房城乡建设部、文化部、财政部:《关于加强传统村落保护发展工作的指导意见》	《历史文化名城名镇名村保护规划编制要求(试行)》;
2013	《世界文化遗产申报工作规程(试行)》	
2014	住房和城乡建设部、文化部、国家文物局等:《关于切实加强中国传统村落保护的指导意见》	《国家新型城镇化规划(2014—2020年)》
2015	国务院法制办公室:《中华人民共和国文物保护法修订草案(送审稿)》;	国家"十三五"规划纲要(2016—2020)
2016	国家文物局:《关于促进文物合理利用的若干意见》;国务院:《国务院关于进一步加强文物工作的指导意见》;科技部、文化部、国家文物局:《国家"十三五"文化遗产保护与公共文化服务科技创新规划》	文化部、财政部、国家民委与中国文联等:"中国民族民间文化保护工程"
2017	《中华人民共和国文物保护法》(修订);《文物保护法实施条例》;国家文物局:《国家文物事业发展"十三五"规划》;	中共中央办公厅、国务院办公厅:《关于实施中华优秀传统文化传承发展工程的意见》;文化部、工业和信息化部、财政部:《中国传统工艺振兴计划》
2018	中共中央办公厅、国务院办公厅:《关于加强文物保护利用改革的若干意见》;《关于实施革命文物保护利用工程(2018—2022年)的意见》;	
2019	国家文物局:《国家文物保护利用示范区创建管理办法(试行)》	

从上述主要法律法规与政策性文件的梳理中，可以发现我国遗产保护与发展的历史脉动，特别表现在五个方面：一是“大文物”“大遗产”观的发展；二是“保护与发展”的两极并重；三是遗产保护与发展的“大战略”化；四是注重非物质文化遗产保护与发展；五是积极融入全球遗产保护发展交流合作；六是经费投入保障能力显著增强。

——“大文物”“大遗产”观的发展。

2017年修订的《文物保护法》确定了五类受国家保护的文物，包括：(1) 具有历史、艺术、科学价值的古文化遗址、古墓葬、古建筑、石窟寺和石刻、壁画；(2) 与重大历史事件、革命运动或者著名人物有关的以及具有重要纪念意义、教育意义或者史料价值的近代现代重要史迹、实物、代表性建筑；(3) 历史上各时代珍贵的艺术品、工艺美术品；(4) 历史上各时代重要的文献资料以及具有历史、艺术、科学价值的手稿和图书资料等；(5) 反映历史上各时代、各民族社会制度、社会生产、社会生活的代表性实物。其中，前四类涉及的是传统的“文物”范围界定，如遗址、建筑、史迹、艺术品、手稿图书等具体的物理实物，第五类“反映历史上各时代、各民族社会制度、社会生产、社会生活的代表性实物”，则是一种开放性的概念，其涵括的对象是丰富多样的，这也赋予了扩展“文物”内涵与外延的新空间，我们所理解的文物已经超越传统的“架子上的文物”和静态的遗址、建筑范畴，走向更宽泛意义上的包括景观空间、生活方式在内的“动态遗产”(Dynamic Heritage) 和“活态遗产”(Living Heritage)。

《文物保护法》(2017) 第十四条提出：“保存文物特别丰富并且具有重大历史价值或者革命纪念意义的城市，由国务院核定公布为历史文化名城。保存文物特别丰富并且具有重大历史价值或者革命纪念意义的城镇、街道、村庄，由省、自治区、直辖市人民政府核定公布为历史文化街区、村镇，并报国务院备案。”并且要求：“所在地的县级以上地方人民政府应当组织编制专门的历史文化名城和历史文化街区、村镇保护规划，并纳入城市总体规划”，“各级人民政府制定城乡建设规划，应当根据文物保护的需要，事先由城乡建设规划部门会同文物行政部门商定对本行政区域内各级文物保护单位的保护措施，并纳入规划”。《文物保护法》第二十条、二十二条、二十九条、三十条等也明确要求，对涉及文物保护区域、属于文物保护对象的拆除、勘探工作，需要履行严格的审核程序和经地方人大常务委员会审核、公示，第十六条要求文物保护纳入国土空间规划，处理好经济发展、城市建设和文化保护的关系，这都显示了我国对文物保护工作的高度重视。而将具有历史价值和民族文化价值的城镇、街道、村庄列入文物保护的范围，文物的外延从单体文物扩展到历史文化街区、历史文化村镇和历史性城市等以空间为范畴、以区域性保护为方式的文物整体景观，这是对“文物”内涵与外延的重要扩展，其所呼应的正是与世界遗产保护发展理念相一致的“大文物”“大遗产”保护与发展的趋势，是对文物或遗产认识持续深化的体现。

——“保护与发展”两极并重。

我国文物保护在“保护为主、抢救第一、合理利用、加强管理”的文物工作管理方针下，强化对文物合理利用及其方式的创新。党的十八大以来，以习近平同志为核心的党中央高度重视文物工作，习近平总书记发表一系列重要论述、做出一系列重要部署，强调遵循保护规律，提高文化遗产保护的专业化水平，深化真实性保护和整体性保护的理念精神，强调对文物的保护利用绝不是“拆真古迹、建假古董”，而是强化文物资源的创造性转化和创新性发展，而且要统筹好文化遗产保护与经济社会发展，切实做到在保护中发展、在发展中保护，不断开拓保护与发展“双赢”的新路子，实现生态效益、环境效益、经济效益和社会效益的辩证统一。

“每一种文明都延续着一个国家和民族的精神血脉，既需要薪火相传、代代守护，更需要与时俱进、勇于创新”，“推动中华文明创造性转化和创新性发展，激活其生命力，把跨越时空、超越国度、富有永恒魅力、具有当代价值的文化精神弘扬起来，让收藏在博物馆里的文物、陈列在广阔大地上的遗产、书写在古籍里的文字都活起来”。①文物资源既是历史遗产，更是滋养现代社会生活的重要源泉，将文物资源引入现代社会生活并重新赋能，使之融入一代代人的精神生活和文化发展中，才是文物保护工作的终极意义。文物保护是文物利用的基石，没有保护，发展就失去了依托，没有发展，不仅不利于文物价值的兑现，也不利于文物的传承。保护是发展的前提，发展是保护得以持续的关键，要通过进一步提高文物保护的科技含量和装备水平，创新文物展示利用手段和形式，提升馆藏文物展示利用效率，强化文物保护单位的公共文化服务功能和社会教育作用。通过保护发展、创新利用，

① 习近平在巴黎联合国教科文组织总部发表的演讲内容，2014年3月27日，http://cpc.people.com.cn/n1/2018/0529/c64094-30020646.html.

一方面，推进文物保护工作融入国家经济社会和文化发展大局，另一方面，促进文物资源寓含的文化精神和美学积淀在现代生活空间的传承、延续与发展。

《国务院关于进一步加强文物工作的指导意见》（2016）在“总体要求”中提出：“坚持创新、协调、绿色、开放、共享的发展理念，坚持‘保护为主、抢救第一、合理利用、加强管理’的文物工作方针，深入挖掘和系统阐发文物所蕴含的文化内涵和时代价值，切实做到在保护中发展、在发展中保护，努力为建设社会主义文化强国作出更大贡献。”在“合理利用”中，意见提出，文物保护工作要“为促进经济社会发展服务”，“发挥文物资源在文化传承中的作用，丰富城乡文化内涵，彰显地域文化特色，优化社区人文环境。发挥文物资源在促进地区经济社会发展、壮大旅游业中的重要作用，打造文物旅游品牌，培育以文物保护单位、博物馆为支撑的体验旅游、研学旅行和传统村落休闲旅游线路，设计生产较高文化品位的旅游纪念品，增加地方收入，扩大居民就业”。同时，要“大力发展文博创意产业”，“深入挖掘文物资源的价值内涵和文化元素，更加注重实用性，更多体现生活气息，延伸文博衍生产品链条，进一步拓展产业发展空间，进一步调动博物馆利用馆藏资源开发创意产品的积极性，扩大引导文化消费，培育新型文化业态。鼓励众创、众筹，以创新创意为动力，以文博单位和文化创意设计企业为主体，开发原创文化产品，打造文化创意品牌，为社会资本广泛参与研发、经营等活动提供指导和便利条件。实施‘互联网+中华文明’行动计划，支持和引导企事业单位通过市场方式让文物活起来，丰富人民群众尤其是广大青少年的精神文化生活”。

“在保护中发展、在发展中保护”成为新时期文物事业发展的主导精神。文物的创新利用，其目的正是要达成“文物工作在传承中华优秀传统文化、弘扬社会主义核心价值观、推动中华文化走出去、提高国民素质和社会文明程度中的重要作用进一步发挥，文物工作在促进经济发展、推动社会进步、坚定文化自信、拓展中外人文交流中的积极作用进一步增强”这一更宏观的，也更具战略性、前瞻性和系统性的历史意识和发展视野。

在此基础上，2018年中共中央办公厅、国务院办公厅印发《关于加强文物保护利用改革的若干意见》，就文物保护利用问题出台针对性方案。这份文件展示出较高的问题意识，直指当前文物保护利用存在的重大不足：文物合理利用不足、传播传承不够，让文物活起来的方法途径急需创新，依托文物资源讲好中国故事的办法不多，中华文化国际传播能力亟待增强，等等。作为专项方案，此意见焦点明确，要求深化文物保护利用体制机制改革，加强文物政策制度顶层设计，破解影响文物事业持续发展、制约文物作用更好发挥的体制机制问题，统筹好文物保护与经济社会发展，在保护中发展、在发展中保护，坚持创造性转化、创新性发展，加强文物价值的挖掘阐释和传播利用，让文物活起来。在制度设计、工作部署上，意见对新时代文物利用的路径创新进行了多维度、网络化的布局。文件提出了16项重点任务、57个项目。其中，16项重点任务涉及文物资产管理、文物创意开发创新利用、文物国际传播和中华话语标志建设、文物人才培育管理等多个领域。而统筹文物的保护与利用的关系以及用好文物、用活文物的精神贯穿其中，如："依托价值突出、内涵丰厚的珍贵文物，推介一批国家文化地标和精神标识"；实施中华文物全媒体传播计划，用好传统媒体和新兴媒体，创新文物价值传播推广体系；加大文物资源配置力度，依规合理利用、盘活用好国有文物资源，提供多样化多层次的文化产品与服务；发展智慧博物馆，打造博物馆网络矩阵，鼓励文物博物馆单位开发文化创意产品，激发博物馆创新活力；加强科技支撑，推进"文化遗产保护利用关键技术研究与示范"等国家重点研发计划、"互联网+中华文明"行动计划等，充分运用互联网、大数据、云计算、人工智能等信息技术，推动文物展示利用方式融合创新；等等。

在推动文物创新利用的各个重要举措中，值得注意的是"国家文物保护利用示范区"建设的探索。2019年12月，国家文物局印发《国家文物保护利用示范区创建管理办法（试行）》，启动国家文物保护利用示范区创建工作。"国家文物保护利用示范区"指由国家文物局同意设立并指导管理，依托不同类型文物资源，通过创新工作机制，对文物资源的有效保护、合理利用和推动经济社会高质量发展具有全国性示范引领意义的特定区域，分为综合性和专题性两类。建设国家文物保护利用示范区，旨在对文物保护利用机制进行全方位、综合性的创新实践，在全国树立一批文物保护利用改革的示范标杆，打造要素集聚、资源节约、业态集群、效益集成的文物保护利用典型，形成可复制可推广的经验，走出一条文物保护利用的创新性道路。这将不仅有助于深化文化遗产保护传承与创新发展的整体性视野，也有助于做大文物经济、遗产经济，促进以文物、遗产资源为IP的内容创意产业开发，从而为文化遗产的现代性转化提供良好的经济支持生态，推进文物治理能力和治理体系现代化建设。

总体来看，我国在促进文物保护利用上的一系列机制创新与道路探索已经取得了可喜的成绩。一方面，实施“互联网科技+中华文明”战略，以科技助力文化遗产的保护、传承、传播，成果斐然，遗产资源管理主体纷纷与科技公司合作开发遗产文化体验的新型技术产品，如：故宫博物院与“腾讯地图”合作开发“玩转故宫”小程序，敦煌研究院与微软亚洲研究院合作开发人工智能讲解员“敦煌小冰”，秦始皇帝陵博物院与百度技术公司合作推出“AI文化遗产复原计划”，国家文物局与百度技术公司合作推出“AI博物馆计划”等。2014年云冈石窟研究院与浙江大学文化遗产研究院签订战略合作协议，2015年云冈石窟研究院与浙江大学、武汉大学等共同成立“数字云冈联合实验室”。从2016年8月起浙江大学文化遗产研究院与云冈石窟研究院合作，利用三维激光扫描与摄影测量技术对云冈石窟第12窟进行高保真三维数字化数据采集，经过摄影测量计算和人工交互三维处理，成功建立了第12窟的高保真彩色三维模型，形成了文物数字化档案建设的基础。2020年6月12日，由浙江大学与山西省文物局主办、浙江大学艺术与考古博物馆与山西省云冈石窟研究院承办的“魏风堂堂：云冈石窟的百年记忆和再现”特展在浙江大学艺博馆开幕，开创了全球首例可移动3D打印复制洞窟展示形式，成功推进了“移动的博物馆”和让文博文化“活起来”的文化实践。[①]在这些合作中，网络大数据、机器自主知识学习（Doc Chat）、计算机视觉、数字地图、数字语音合成、全息投影等人机交互智能技术模块广泛应用于文物图像3D复原、文物与遗产资源的传播展示及线上教育，各具特色的数字博物馆成为开发文物遗产资源现代文化体验的重要载体。另一方面，数据显示，我国的文物经济、遗产经济开发欣欣向荣。2015年全国文物系统对国民经济的全部贡献合计为732.5亿元，比2001年的91亿元增长了约7倍，年均名义增长率为16.1%，是其财政投入的2.3倍。截至2017年底，仅故宫博物院以故宫文物、遗产元素开发的文创产品已经突破10000种，2017年收入达15亿元，故宫胶带、故宫宣纸艺术、故宫创意日历/笔记本、艺术桌垫、徽章、团扇、饰品、手办等都是畅销品，故宫口红系列更是成为

①《云冈石窟如何“搬”到浙江?》,《光明日报》2020年6月14日。

“网红”产品。可见，只要密切联系当代的文化消费需求，注重文化遗产资源的创造性、创新性开发，文化遗产可以成为文创IP开发的领头羊。

——遗产保护与发展的“大战略”化。

遗产的保护与发展关系到国家、民族传统文化的传承发展，关系到国家推进经济社会现代化建设和现代性文化转型的宏伟大计。遗产的保护与发展是中华优秀传统文化传承体系建设的重要构成，研究阐释中华文化的历史渊源、发展脉络、基本走向，是我国着力构建有中国底蕴、中国特色的思想体系、学术体系和话语体系的根基。遗产保护与发展的“大战略”化，不仅体现在国家对遗产保护与发展的高度重视上，也体现在多重国家政策的交织共力、相互呼应上。遗产的保护与发展不仅越来越紧密地融入国家战略，国家宏观战略的设计也越来越突显出遗产保护与发展的地位。

中共中央办公厅、国务院办公厅印发的《关于实施中华优秀传统文化传承发展工程的意见》（2017），从传承中华文脉、全面提升人民群众文化素养、维护国家文化安全、增强国家文化软实力、推进国家治理体系和治理能力现代化的战略高度，阐述了实施中华优秀传统文化传承发展工程，增强中华优秀传统文化的凝聚力、影响力、创造力的重要性。如，意见第十条“保护传承文化遗产”提出要“加强新型城镇化和新农村建设中的文物保护”，加强历史文化名城名镇名村、历史文化街区、名人故居的保护和城市特色风貌管理，实施中国传统村落保护工程、非物质文化遗产传承发展工程、传统工艺振兴计划，做好传统民居、历史建筑、革命文化纪念地、农业遗产、工业遗产保护工作，完善非物质文化遗产保护制度。意见第十二条提出“把中华优秀传统文化内涵更好更多地融入生产生活各方面”，深入挖掘城市历史文化价值，提炼精选一批凸显文化特色的经典性元素和标志性符号，纳入城镇化建设、城市规划设计；挖掘整理传统建筑文化，鼓励建筑设计继承创新，推进城市修补、生态修复工作，延续城市文脉；加强“美丽乡村”文化建设，发掘和保护一批处处有历史、步步有文化的小镇和村庄。

不断加速的城市化是遗产保护与发展所面对的最突出的现代性情境，在我国推进新型城镇化和乡村振兴的国家战略中，文化遗产的保护与发展都是其重要内容构成。《国家文物事业发展“十三五”规划》明确提出：“推动文物保护利用与新型城镇化和新农村建设相结合，与扶贫攻坚和经济发展相结合，与美丽中国建设相结合，延续历史文脉，建设人文城市，打造特色小镇和美丽乡村。”2014年发布的《国家新型城镇化规划（2014—2020年）》在“推动新型城市建设”中提出了“绿色城市”建设、“智慧城市”建设和“人文城市”建设三种创新路径及具体要求。其中，“注重人文城市建设”部分提出，要“发掘城市文化资源，强化文化传承创新，把城市建设成为历史底蕴厚重、时代特色鲜明的人文魅力空间。注重在旧城改造中保护历史文化遗产、民族文化风格和传统风貌，促进功能提升与文化文物保护相结合。注重在新城新区建设中融入传统文化元素，与原有城市自然人文特征相协调。加强历史文化名城、名镇、历史文化街区、民族风情小镇文化资源挖掘和文化生态的整体保护，传承和弘扬优秀传统文化，推动地方特色文化发展，保存城市文化记忆”。中共中央、国务院印发的《乡村振兴战略规划（2018—2022年）》也提出，要顺应村庄发展规律和演变趋势分类推进乡村振兴，其中，对“特色保护类村庄”——历史文化名村、传统村落、少数民族特色村寨、特色景观旅游名村等自然历史文化特色资源丰富的村庄，要“统筹保护、利用与发展的关系”，保持村庄的完整性、真实性和延续性，全面保护文物古迹、历史建筑、传统民居等传统建筑，尊重原住居民生活形态和传统习惯，传承发展中华优秀传统文化，同时，合理利用村庄特色资源发展乡村旅游和特色产业，形成特色资源保护与村庄发展的良性互促机制。

——注重非物质文化遗产保护与发展。

在联合国教科文组织开展的遗产保护发展工作中，对非物质文化遗产保护的关注和推动虽然相对较晚——直至2001年“人类口头和非物质文化遗产代表作”才列入联合国教科文组织遗产申报类型，但其推动力度也非常显著，2003年联合国教科文组织第32届大会通过了针对非物质文化遗产保护的专门文件《保护非物质文化遗产公约》，此后各种版本的申报指南以及宣言、文件，都深入涉及非物质文化遗产保护的相关领域，非物质文化遗产作为人类文化多样性的重要表征日益受到重视。我国高度重视非物质文化遗产的保护传承工作，2004年8月全国人大常委会批准加入联合国《保护非物质文化遗产公约》，全面启动我国的非物质文化遗产保护与发展工作。

2005年，国务院同时出台两份遗产保护的重要文件。其中，《国务院关于加强文化遗产保护的通知》强调要“充分认识保护文化遗产的重要性和紧迫性”，对何谓文化遗产做出如下描述：“文化遗产包括物质文化遗产和非物质文化遗产。物质文化遗产是具有历史、艺术和科学价值的文物，包括古遗址、古墓葬、古建筑、石窟寺、石刻、壁画、近代现代重要史迹及代表性建筑等不可移动文物，历史上各时代的重要实物、艺术品、文献、手稿、图书资料等可移动文物；以及在建筑式样、分布均匀或与环境景色结合方面具有突出普遍价值的历史文化名城（街区、村镇）。非物质文化遗产是指各种以非物质形态存在的与群众生活密切相关、世代相承的传统文化表现形式，包括口头传统、传统表演艺术、民俗活动和礼仪、节庆、有关自然界和宇宙的民间传统知识和实践、传统手工艺技能等以及与上述传统文化表现形式相关的文化空间。”《国务院关于加强文化遗产保护的通知》明确了两类文化遗产保护的基本方针：物质文化遗产保护要贯彻“保护为主、抢救第一、合理利用、加强管理”的方针；非物质文化遗产保护要贯彻“保护为主、抢救第一、合理利用、传承发展”的方针。同时对非物质文化遗产保护工作提出了五个方面的任务要求：（1）开展非物质文化遗产普查工作，做好非物质文化遗产的普查、认定和登记工作，全面了解和掌握非物质文化遗产资源的种类、数量、分布状况、生存环境、保护现状及存在的问题；（2）制定非物质文化遗产保护规划，包括国家层面和地区层面的非物质文化遗产保护规划；（3）抢救珍贵非物质文化遗产，征集遗产实物和资料，完善征集、保管制度，建立非物质文化遗产资料库、博物馆或展示中心等专门机构；（4）建立国家、省、市、县四级非物质文化遗产名录体系，对列入名录的项目制订保护计划和明确代表性传人并提供传习活动的支持资助；（5）支持少数民族文化遗产保护和文化生态区建设。

另一份重要文件即国务院办公厅发布的《关于加强我国非物质文化遗产保护工作的意见》（2005），这是我国非物质文化遗产保护的第一份专项的纲领性文件，主要遵循前述《国务院关于加强文化遗产保护的通知》的相关精神制定。该意见从非物质文化遗产的内涵范畴、非物质文化遗产的价值与保护非物质文化遗产的历史意义、保护和利用好非物质文化遗产的指导方针、非物质文化遗产名录体系的建立及其具体实施方案与工作细则等方面，初步形成了比较明晰的非物质文化遗产保护制度设计和创建体系。该意见虽未明确定义何谓非物质文化遗产，但对非物质文化遗产的内涵定位是非常准确的：“非物质文化遗产是各族人民世代相承、与群众生活密切相关的各种传统文化表现形式和文化空间”，对非物质文化遗产的价值认识从“世界文化多样性”的角度，强调了我国非物质文化遗产所承载的“中华民族特有的精神价值、思维方式、想象力和文化意识”的独特性。该意见提出，要认真贯彻“保护为主、抢救第一、合理利用、传承发展”的工作方针，认真开展非物质文化遗产普查工作，在此基础上建立我国的非物质文化遗产名录体系，逐步形成有中国特色的非物质文化遗产保护制度，出台国家级非物质文化遗产代表作申报评定暂行办法等。

2011年，《中华人民共和国非物质文化遗产法》出台，这是继2002《中华人民共和国文物保护法》出台后的第二部文化遗产领域的基本法。《中华人民共和国非物质文化遗产法》第二条对“非物质文化遗产”的内涵外延做出了明确界定，“非物质文化遗产”是指“各族人民世代相传并视为其文化遗产组成部分的各种传统文化表现形式，以及与传统文化表现形式相关的实物和场所”，包括：（1）传统口头文学以及作为其载体的语言；（2）传统美术、书法、音乐、舞蹈、戏剧、曲艺和杂技；（3）传统技艺、医药和历法；（4）传统礼仪、节庆等民俗；（5）传统体育和游艺；（6）其他非物质文化遗产。《中华人民共和国非物质文化遗产法》明确了从国家到地方建立非物质文化遗产代表性项目名录体系、开展非物质文化遗产代表性项目的传承传播、对一些非物质文化遗产特定区域实行区域性整体保护、合理利用非物质文化遗产资源开发文化产品和文化服务等方面内容，为非物质文化遗产保护建章立制，为我国的非物质文化遗产保护与发展提供了重要依据。

《中华人民共和国非物质文化遗产法》出台之后，全国众多地区也出台了非物质文化保护的专项地方法规，包括湖北省、贵州省、广东省、河南省、云南省、江苏省、山西省、重庆市、河北省、陕西省等在内共27个省、区、市出台了地方非物质文化遗产保护条例，如2011年10月广东出台的《广东省非物质文化遗产条例》，2012年12月出台的《湖北省非物质文化遗产条例》等。此外，还有地方性的针对某一项具体遗产类型、具体遗产项目所出台的保护条例，如更早的于2008年3月就已出台的《云南省西双版纳傣族自治州民族传统建筑保护条例》，2010年7月出台的《新疆维吾尔自治区维吾尔木卡姆艺术保护条例》等。非物质文化遗产领域的区域性、行业性条例也纷纷出台，如福建、山东、河北、安徽、河南、浙江等省份以及上海市等，都出台了所在区域的传统工艺美术保护办法。

——积极融入全球遗产保护发展交流合作。

文化遗产是全人类共同的精神文明财富，文化遗产保护与发展是全球所有国家、地区的共同任务，推进文化遗产保护发展领域的世界交流与合作，既有助于全球文化遗产事业的发展，也有助于不同国家、不同文化传统之间增进情感、深化了解，促进相互尊重与达成共识。我国十分注重文化遗产保护与发展的国际交流合作，全面配合联合国教科文组织的各项工作，在推进“一带一路”建设和构建“人类命运共同体”事业中积极参与和推进遗产文化交流合作。

全球化在政治、经济、社会和文化领域的全面推进和深刻作用，日益突显出人类命运共同体的特殊意义与重要价值，在全球经济日益一体化的同时，弥合政治对立，促进文明互鉴和文化对话，在全人类共同面临的发展领域和公共议题如世界和平、生态环境保护、遗产文化与历史传统保护、教育与卫生事业发展等方面增进交流合作，是所有国家、地区的共同责任。习近平总书记在一系列重大场合反复提及人类命运共同体理念，2015年9月，习近平总书记在纽约联合国总部出席第七十届联合国大会一般性辩论时发表重要讲话，他指出：“当今世界，各国相互依存、休戚与共。我们要继承和弘扬联合国宪章的宗旨和原则，构建以合作共赢为核心的新型国际关系，打造人类命运共同体。”构建人类命运共同体包含了国家间的政治对话，在经济贸易领域促进开放、包容、普惠、平衡、共赢发展，在文化领域则体现为尊重世界文明多样性，以文明交流超越文明隔阂，以文明互鉴超越文明冲突。

在遗产保护与发展领域，中国切实地以文明共同体的主体意识承担起了交流、合作的责任。截至2019年，我国与“一带一路”沿线6个国家开展11项历史古迹保护修复合作，与22个国家实施32项联合考古工作，与22个国家签署防止文物非法进出境政府间协议，与20余个国家文化遗产主管部门签署近30项合作文件。近些年来，我国与法国在遗产交流合作上建立了十分密切的关系，文化遗产交流合作成为中法两国文化关系中最具活力的亮点之一。中法两国在文化遗产交流保护方面具有良好基础，在柬埔寨吴哥古迹保护修复国际行动、“濒危文化遗产保护国际基金”等项目中，中法两国在技术交流与研究合作方面产生诸多交集。2018年中法签署《中国国家文物局局长与法国文化部部长关于文化遗产领域合作行政协议》，在这一合作框架下，故宫博物院与法国凡尔赛宫、中国国家博物馆与法国卢浮宫博物馆、中国文化遗产研究院与法国国家文化遗产学院、敦煌研究院与法国国家图书馆、中国文物交流中心与法国吉美博物馆及卡地亚当代艺术基金会、中国国家文物局水下文化遗产保护中心与法国水下考古研究中心、陕西省文物保护研究院与法国遗产科学基金会等开展多项机构间的务实合作，内容涉及展览交流、文物保护修复、预防性考古、水下考古、学术研究、资源共享、文化产业和人员交流等多个领域。2019年中法又签署了《中华人民共和国国家文物局局长与法兰西共和国文化部部长关于落实双方在文化遗产领域合作的联合声明》，就双方开展巴黎圣母院修复和秦始皇陵兵马俑保护研究工作进行了进一步合作。可以说，中法两国形成了从中央到地方的全方位、多领域的文化遗产合作格局。

——经费投入保障能力显著增强。

遗产保护发展是一项投入大、周期长的系统工程，有力的财政经费投入是遗产保护发展取得重要进步的根本保障。其一，设立文化保护专项资金。2013年，财政部整合国家重点文物保护专项补助经费、大遗址保护专项经费等中央财政文物保护经费项目，设立了国家重点文物保护专项补助资金，主要支持全国重点文物保护单位保护、大遗址保护、世界文化遗产保护、可移动文物保护等领域。国家重点文物保护专项补助资金规模由2012年的55亿元增加到2015年的75亿元，2013年至2015年总共补助220亿元。据统计，“十二五”期间，全国一般公共预算文物支出累计1404.13亿元，年均增长16.51%，其中中央财政文物支出累计607.1亿元，年均增长17.12%，实施各类文物保护项目超过20000个，有效地开展了重点文物保护抢救工程，保护了一大批珍贵文物。其二，国家投入文物事业经费比例不断增长，为文物事业发展提供了重要保障。国家文物局数据显示，2011—2016年，各级财政每年投入文物事业的经费由166.6亿元增长到354.5亿元，年均增长16.3%，六年累计超过1625亿元，文物事业经费占国家财政支出的比重均在0.15%以上，国家财政投入文物事业的人均经费由12.4元上升到25.6元，其中，博物馆事业经费由2011年的99.1亿元增长到2016年的190.2亿元，增长了近一倍，六年间投入超过880亿元。为促进文化服务共享、保障人民群众参与公共文化活动的文化权益，国家推行博物馆免费开放政策，对博物馆免费开放给予财政补贴，2011—2016年，国家财政向博物馆免费开放投入的经费超过664.2亿元，免费开放接待参观游客累计达到28.6亿人次。其三，我国从2014年起设立国家非物质文化遗产保护专项资金，累计投入已超过70亿元，同时，许多省区市把非物质文化遗产保护纳入地方财政预算。其四，统筹整合财政资金支持传统村落保护。2014年，中央财政安排资金25亿元支持600个中国传统村落保护；2015年，安排资金28.7亿元支持900个中国传统村落保护，支持纳入《中国传统村落名录》的村落实施防灾减灾设施建设、历史环境要素修复、卫生等基础设施完善、公共环境整治、文物保护、国家级非物质文化遗产代表性项目保护等基础性、公益性工作。①为落实中央关于加强文物保护利用和文化遗产保护传承的总体部署，2018年，中央财政安排国家文物保护专项资金和非物质文化遗产保护专项资金60.5亿元，用于支持全国重点文物保护单位保护、大遗址保护、世界文化遗产保护、考古发掘和可移动文物保护等项目2200余个；支持实施国家级非物质文化遗产代表性项目800余个，支持103名国家级代表性传承人开展抢救性记录、2579名国家级代表性传承人开展传习活动和21个国家级文化生态保护区建设等。

四、中国遗产保护的实践探索

在“大遗产”“大发展”“大战略”的格局定位与部署设计下，我国遗产保护与发展的步伐，既遵循世界遗产保护发展的精神与工作框架，积极参与世界遗产的申报工作，全力协助和推进全球遗产事业的发展，与其他国家、地区的遗产工作形成了良好的互动、合作与对话，又形成了具有中国特色的、独树一帜的遗产保护体系，特别是在我国的非物质文化遗产体系建设和名城名镇名村体系建设上，形成了覆盖性的立体的保护与发展网络，做出了包括文化生态保护区、文化生态博物馆等在内的重要探索，为全球遗产保护与发展提供了独特的经验。

（一）世界遗产保护

我国于1985年加入《保护世界文化和自然遗产公约》，2004年加入《保护非物质文化遗产公约》，长城、故宫等6处遗产于1987年成为我国第一批获批的世界遗产项目，也由此开启了我国申报世界遗产、融入世界遗产保护大家庭和构建中国特色遗产保护实践体系的历史征程，历经三十多年的岁月，取得了累累硕果，遗产数量众多、类型多样。从全球来看，截至2019年5月，已有193个国家加入《保护世界文化和自然遗产公约》、1092个项

① 以上数据来自刘玉珠同志2019年在福建省委党校所作的报告内容。

目列入《世界遗产名录》，其中，文化遗产845项，自然遗产209项，自然与文化双遗产38项。此间，我国共拥有世界遗产55项，世界遗产总数与意大利并列世界第一位，其中，文化遗产37项，自然遗产14项，自然遗产总数位列世界第一，文化自然混合遗产（双遗产）4项。在另一个系列“非物质文化遗产名录”中，我国的成绩同样十分显著。截至2019年12月，联合国教科文组织非物质文化遗产名录（名册）项目共计549个，涉及127个国家。其中，人类非物质文化遗产代表作名录463项，急需保护的非物质文化遗产名录64项，优秀实践名册22项，我国列入联合国教科文组织非物质文化遗产名录（名册）的项目共计40项，总量位居世界第一。

——遗产登录制度建设。所谓遗产登录制度，是指根据一定标准和程序对遗产进行调查、分类、记录、认定，并实施相应的保护与利用措施。目前，国际社会对文化遗产保护大致有三种制度形式：一是指定（列级）文物制度，类似于我国的文物保护单位制度、馆藏文物制度等；二是登录制度，如美国采取了这种形式——经过一定的评估程序，将有价值保护的历史性场所等文物场所列入联邦官方名录；三是“指定（列级）文物+登录文物”制度，法国就是其中的代表。我国从文化遗产资源与保护工作需求的实际出发，制定了国家、省、市、县四级遗产逐级登录体系，并指定了各级遗产保护发展工作的主体责任机构。对晋入国家级文化遗产名录体系和世界文化遗产名录体系的遗产项目出台专项管理制度，譬如2006年文化部发布的《世界文化遗产保护管理办法》，确立了“保护为主、抢救第一、合理利用、加强管理”的工作方针和“确保世界文化遗产的真实性和完整性”的指导精神，并就世界文化遗产保护的主体责任单位，世界文化遗产保护规划的编制与实施，世界文化遗产的登记、日常维护、监测与记录档案的管理，世界文化遗产的保护范围和建设控制地带的划定，世界文化遗产核心区、缓冲区的保护要求，等等，都进行了明确。

——世界遗产监测体系建设。1996年，国际组织制定了遗产监测制度，要求遗产所在的缔约国每6年提交一份定期报告，世界遗产组委员会也会根据遗产地所出现的情况开展反应性监测。我国是遗产大国，建设一个高效的遗产监测体系意义重大，定期的、动态的遗产监测是保障世界遗产得到有效保护的重要手段，对世界遗产保护的实际成效既关系到遗产安全，也关系到我国在国际社会上的文化形象。我国于2006年发布了《中国世界遗产监测巡视管理办法》，2012年成立了中国世界文化遗产监测中心，负责在全国范围内推动遗产监测体系建设，搭建和管理运行全国世界文化遗产监测平台。2013年中国世界文化遗产监测预警系统平台开始搭建，2014年底上线运营，初步实现了国家、省区市、遗产地三级联动，基本达到了监测预警信息的共享和服务要求，可为中国世界文化遗产保护与管理提供信息支撑。综合来看，我国已建立了一套较为完善有效的世界文化遗产监测体系：设立了遗产监测中心，制定了遗产监测巡视管理办法，编制了遗产监测预警体系建设规划，搭建了遗产基础数据库和监测预警系统平台。世界文化遗产动态信息及监测预警系统的工作内容，涉及遗产周边环境质量、基础设施运行、文物保存环境及现状、防雷、观众参观行为等方面，形成全面监测、实时监控、数据分析与处理、预警及应急指挥的数字管理平台，实现了遗产现状的考察和评估，为防范遗产安全的各方面威胁提供重要保障。同时，我国高度重视世界遗产属地政府部门履行遗产保护与安全防控的行政职责，对“因保护和管理不善，致使真实性和完整性受到损害的世界文化遗产”，由国家文物局根据世界遗产保护实际情况，采取《中国世界文化遗产警示名单》等方式进行督责查办。

（二）国家文物保护

根据《中华人民共和国文物保护法》，我国国家保护的文物对象分为不可移动文物和可移动文物两个序列。其中，古文化遗址、古墓葬、古建筑、石窟寺、石刻、壁画、近代现代重要史迹和代表性建筑等不可移动文物，根据它们的历史、艺术、科学价值，确定全国重点文物保护单位、省级文物保护单位，市县级文物保护单位三种；历史上各时代重要实物、艺术品、文献、手稿、图书资料、代表性实物等可移动文物，则分为珍贵文物和一般文物两种，珍贵文物又分为一级文物、二级文物、三级文物三种。1949年中华人民共和国成立后，先后于1956年、1982年、2007年组织了3次全国文物普查。第三次文物普查结果显示，我国境内登记的不可移动文物共766722处，全国重点文物保护单位占0.6%，省级文物保护单位占1.9%，市县级文物保护单位占12.8%，一般不可移动文物占84.7%；可移动文物469222件/套，珍贵文物92748件/套。其中，国务院从1961年至今共公布四批全国重点文物保护单位，总数5058处，类型上从原来的宫殿、官邸、寺庙、陵墓和纪念性史迹等，向传统民居、乡土建筑、工业遗产、农业遗产、老字号遗产和20世纪遗产等领域拓展。

（三）非物质文化遗产

——非物质文化遗产普查工作。2005年，我国启动了第一次全国性非物质文化遗产普查，至2009年第一次普查工作基本结束，资料显示：参与这次普查的有76万人次，走访民间艺人86万人次，投入经费3.7亿元，收集珍贵实物和资料26万多件，普查的文字记录量达8.9亿字，录音记录7.2万小时，录像记录13万小时，拍摄图片408万张，汇编普查资料8万册，非物质文化遗产资源总量近56万项。[①]根据各地普查工作进度，文化部研究制定了非物质文化遗产普查验收方案，下发《文化部办公厅关于开展全国非物质文化遗产普查验收工作的通知》。非物质文化遗产普查工作是妥善保存和有序管理非物质文化遗产的前提，为建设国家级非物质文化遗产名录项目及代表性传承人信息数据库提供了重要样本。

——非物质文化遗产名录制度建设。《中华人民共和国非物质文化遗产法》（2011）提出："国务院建立国家级非物质文化遗产代表性项目名录，将体现中华民族优秀传统文化，具有重大历史、文学、艺术、科学价值的非物质文化遗产项目列入名录予以保护。省、自治区、直辖市人民政府建立地方非物质文化遗产代表性项目名录，将本行政区域内体现中华民族优秀传统文化，具有历史、文学、艺术、科学价值的非物质文化遗产项目列入名录予以保护。"我国的非物质文化遗产代表性项目名录由国家、省、市、县四级名录体系构成，省、市、县各级政府及文化部门组织相应级别的代表性项目申报工作，建立各个层级的项目名录，并履行保护职责。国家级非物质文化遗产代表性项目由文化部（2018年机构改革后为文化和旅游部）组织申报评定工作，经由国务院核准后予以公布。2006年国务院公布第一批国家级非物质文化遗产代表性名录项目（共计518项）；2008年公布第二批国家级非物质文化遗产名录（共计510项）和第一批国家级非物质文化遗产扩展项目名录（共计147项）；2011年公布第三批国家级非物质文化遗产名录（共计191项）和国家级非物质文化遗产名录扩展项目名录（共计164项）；2014年

①《我国非物质文化遗产普查工作取得显著成果》，http://ip.people.com.cn/GB/10568415.html.

公布第四批国家级非物质文化遗产代表性名录项目（共计153项）；2019年年新成立的文化和旅游部启动第五批国家级非物质文化遗产代表性名录项目申报工作，截至本书成稿尚未公布最后名单。至此我国已正式公布的四批国家级非物质文化遗产代表性名录项目1372项，扩展项目311项，涵盖传统音乐、民间舞蹈、传统戏剧、曲艺、民间文学、传统体育、杂技与竞技、民间美术、传统手工技艺、传统医药、民俗等约十一个类别。

——非物质文化遗产代表性项目传承人制度建设。我国的非物质文化遗产名录制度体系不仅包括国家、省、市、县不同层级的非物质文化遗产代表性项目名录，也包括相应层级的非物质文化遗产项目代表性传承人名单制度。物质文化遗产重在保存保护，非物质文化遗产则建基于适合其生存的文化生态空间及这一空间中人的劳动实践，作为一种“活态遗产”，其更重要的方面在于传承，有效传承是有效保护的前提。早在20世纪五六十年代，日本和韩国就已着手建立“人间国宝”和“重要文化财产持有者”的认定、奖励制度，联合国教科文组织在借鉴日本和韩国实践经验的基础上，于1993年创建了“人类活财富”（Living Human Treasures）体系，旨在保护“重要的非物质文化遗产持有者”及其制度化传承，在2007年“东京会议”上呼吁各缔约国在“非遗”保护工作中要高度重视“社区参与”（participation of communities），积极推进“人类活财富”体系的建立，对传承人及其制度化保护采取切实措施。

改革开放以来，我国的现代化进程进入加速期，经济社会和文化进入重要转型期，在历史和传统社会生活中形成的非物质文化遗产面临着社会空间更迭、文化形态重构的现实语境，传统非物质文化遗产存在和延续的环境条件发生了根本性变化，将非物质文化遗产的传承制度化和体系化，是积极应对现实与维护非物质文化遗产生命力的必要实践。建立非物质文化遗产的传承人体系，其目的就在于从制度上保障和支持非物质文化遗产能够有效传承延续。《关于加强我国非物质文化遗产保护工作的意见》（2005）提出：“建立科学有效的非物质文化遗产传承机制。对列入各级名录的非物质文化遗产代表作，可采取命名、授予称号、表彰奖励、资助扶持等方式，鼓励代表作传承人（团体）进行传习活动。通过社会教育和学校教育，使非物质文化遗产代表作的传承后继有人。”《国家级非物质文化遗产保护与管理暂行办法》（2006）明确要求国家级非物质文化遗产项目应当确定专门的保护单位，国家级非物质文化遗产项目保护单位应具备“有该项目代表性传承人或者相对完整的资料”“有实施该项目保护计划的能力”“有开展传承、展示活动的场所和条件”三项条件，对项目传承人的条件和义务也作出明确规定，包括：完整掌握该项目或者其特殊技能；具有该项目公认的代表性、权威性与影响力；积极开展传承活动，培养后继人才。建立非物质文化遗产的传承人制度体系，是贯彻落实非物质文化遗产保护工作的“保护为主、抢救第一、合理利用、传承发展”这一工作方针的体现。

《中华人民共和国非物质文化遗产法》（2011）明确：“国家鼓励和支持开展非物质文化遗产代表性项目的传承、传播”，“国家级非物质文化遗产项目代表性传承人是非物质文化遗产的重要承载者和传递者，掌握着非物质文化遗产的丰富知识和精湛技艺，是非物质文化遗产活态传承的代表性人物”。各级非物质文化遗产代表性项目可以认定相应的代表性传承人，由政府文化部门提供传承场所、经费资助、支持参与社会公益性活动等措施以支持非物质文化遗产代表性项目的代表性传承人开展授徒、传艺、交流等传承传播活动。在这种文化理念与制度规范下，我国的非物质文化遗产代表性项目代表性传承人制度建设日益具有体系性。文化部办公厅于2007年发布《关于推荐国家级非物质文化遗产项目代表性传承人的通知》，由此启动国家级非物质文化遗产项目代表性传承人申报评审工作。截至2019年，国务院公布了四批1372项国家级非物质文化遗产代表性项目，文化和旅游部认定了五批3068名国家级非物质文化遗产项目代表性传承人，各省、区、市认定了15777项省级代表性项目和16432名省级代表性传承人。传承人制度的建设在我国非物质文化遗产的传承传播中发挥了极其重要的作用，正是基于如下实际：“非物质文化遗产是以其传承人的实践活动为主要载体的‘活’的文化形态”，“各级非物质文化遗产代表性传承人不仅肩负着延续传统文脉的使命，彰显着遗产实践能力的最高水平，还不断地将天才般的个性创造融入传承实践活动中，对确保非物质文化遗产的持久传承发挥着不可替代的作用。因此，保护代表性传承人是非物质文化遗产保护工作的重要内容”。①

① 中国非物质文化遗产网·中国非物质文化遗产数字博物馆，http://www.ihchina.cn/representative.

（四）文化空间的整体性保护

我国较早重视遗产空间的整体性保护，并建立了富有创新性的路径机制，特别是历史文化名城名镇名村、传统街区的保护实践和文化生态保护区的保护实践，都取得了显著成效。

——历史建筑空间群落保护。改革开放以来的空间整体性保护实践，可以追溯到国务院于1982年启动的历史文化名城申报评选工作。“国家历史文化名城”是1982年根据北京大学的侯仁之、建设部的郑孝燮和故宫博物院的单士元等学者、文化人士的提议而建立的一种文物保护机制。20世纪80年代我国进入改革开放发展的探索时期，工业化、城市化建设大举推进，具有悠久历史和深厚文化积淀的老城市何去何从，是改革发展背景下的一个重要焦点，“国家历史文化名城”概念的提出显示了党和国家对历史发展的科学认识，城市可以在短时间内推倒重建，但一个城市的历史价值和文化脉络却无法通过现代化手段进行仿制或复原，“国家历史文化名城”作为一种保护手段的设置，意在工业化和城镇化建设这一条经济发展的主线之外，确立文化发展的关键地位和文化在涵养城市精神、提供创造动力中的深刻作用。

我国对于历史文化名城保护的内涵、构成、形式的理解，也处于不断的发展、丰富中。我国从1982开始组织评选“国家历史文化名城”，先后于1982年（24座）、1986年（38座）和1994年（37座）公布了三批国家历史文化名城，共99座，此后，以不定期增补方式累加，截至2018年5月2日，国务院共批复了134座国家历史文化名城。国家历史文化名城按照特点主要分为七类：历史古都型，如北京、南京、西安等；传统风貌型，如大理、商丘、平遥；一般史迹型，如成都、济南、长沙；风景名胜型，如桂林、苏州；地域特色型，如丽江、拉萨；近代史迹型，如上海、天津、重庆；特殊职能型，如“瓷都”景德镇、“盐城”自贡；等等。

在历史文化名城的保护之外，对历史建筑文化空间的整体性保护延伸到小城镇、乡村和具有历史价值的街区等空间单位。1986年，国务院在公布第二批国家历史文化名城的文件中提出：“对文物古迹比较集中，或能完整地体现出某一历史时期传统风貌和民族地方特色的街区、建筑群、小镇村落等也应予以保护，可根据它们的历史、科学、艺术价值，公布为当地各级历史文化保护区。”从历史文化名城到历史文化名镇、名村，再到历史文化街区，形成了不同层次的遗产空间保护体系。

2005年，《历史文化名城保护规划规范》发布，对“历史文化名城”“历史城区”“历史地段”“历史文化街区”等概念术语进行明确，对“历史文化名城保护”提出了详细的工作要求，如：“历史文化名城保护的内容应包括：历史文化名城的格局与风貌；与历史文化密切相关的自然地貌、水系、风景名胜、古树名木；反映历史风貌的建筑群、街区、村镇；各级文物保护单位；民俗精华、传统工艺、传统文化。”这里就涵盖了城市的有形遗产与无形遗产、自然遗产与文化遗产、物质遗产与非物质文化遗产。对历史文化名城规划的编制也有明确要求，如“历史文化名城保护规划必须分析城市的历史、社会、经济背景和现状，体现名城的历史价值、科学价值、艺术价值和文化内涵”，“历史文化名城保护规划应建立历史文化名城、历史文化街区与文物保护单位三个层次的保护体系”等。

2008年，国务院《历史文化名城名镇名村保护条例》正式施行，规范了历史文化名城、名镇、名村的申报与批准的程序与方法，其中，明确申报国家历史文化名城必须达到五项条件：（1）保存文物特别丰富；（2）历史建筑集中成片；（3）保留着传统格局和历史风貌；（4）历史上曾经作为政治、经济、文化、交通中心或军事要地，或发生过重要历史事件，或其传统产业、历史上建设的重大工程对本地区的发展产生过重要影响，或能够集中反映本地区建筑的文化特色、民族特色；（5）在所申报的历史文化名城保护范围内还应当有2个以上的历史文化街区。具有2个及以上的历史文化街区是申报历史文化名城的必备条件之一，说明历史文化街区保护是内在于历史文化名城保护之中的。《历史文化名城名镇名村保护条例》对历史文化街区的内涵和指向也进行了明确：“历史文化街区，是指经省、自治区、直辖市人民政府核定公布的保存文物特别丰富、历史建筑集中成片、能够较完整和真实地体现传统格局和历史风貌，并具有一定规模的区域。”2014年，住房和城乡建设部、国家文物局共同发布《关于开展中国历史文化街区认定工作的通知》，2015年第一批30个“中国历史文化街区”名单公布，各地也陆续组织省级、市级等不同层级的历史文化街区评选工作，历史文化街区的保护成为文化空间保护的重要构成。

2019年，住房和城乡建设部在《历史文化名城保护规划规范》（2005）的基础上，修订和发布《历史文化名城保护规划标准》，在总则部分，明确

“本标准适用于历史文化名城、历史文化街区、文物保护单位及历史建筑的保护规划，以及非历史文化名城的历史城区、历史地段、文物古迹等的保护规划”。可见，该标准事实上并不限定于历史文化名城这一单一的对象，而是新时期我国在文化空间整体性保护上施行的总体性要求。在原则上，除了强调“保护历史真实载体的原则”（即真实性原则）和“保护历史环境的原则”（即整体性原则）之外，该标准还明确了“合理利用、永续发展的原则”及“统筹规划、建设、管理的原则”，它所提出的是历史文化城市的现代性问题，即历史文化城市如何在保存历史价值、科学价值、艺术价值和文化内涵的同时与现代城市发展的新需求之间相适应和平衡的问题。该标准提出：“保护规划应在有效保护历史文化遗产的基础上，改善城市环境，适应现代社会的物质和精神需求，提升城市文化特色与活力，增强人民群众的获得感，促进城市经济社会全面协调可持续发展”，标准还强调：“历史文化名城保护规划应纳入城市总体规划，历史文化名城保护规划的规划范围和期限应与城市（县城）总体规划相一致。历史文化名城的保护应成为城市公共政策的组成部分。城市产业的选择、空间发展方向的确定、用地布局的调整、道路与市政工程设施的选线选址应有利于历史文化名城的保护，并应符合历史文化名城保护规划的要求。”此外，在历史文化名城保护的内在要素构成上，除了既有的历史街区、文物遗产等内容，也增加了文化线路、文化景观、工业遗产等新类型的遗产内容。

“中国历史文化名镇名村”的评选始于2003年，由建设部和国家文物局组织开展，评选要求是保存文物特别丰富且具有重大历史价值或纪念意义的、能较完整地反映一些历史时期传统风貌和地方民族特色的镇和村。截至2018年，我国共评选了7批共计312个中国历史文化名镇、487个中国历史文化名村，这些村镇反映了我国不同地域历史文化村镇的传统风貌。国务院《历史文化名城名镇名村保护条例》施行以来，各地大力推进历史文化名镇名村基础设施改造和环境整治工作，极大地促进了历史文化名镇名村建筑遗产及其环境的改善，许多地方编制了名镇名村保护发展的专项意见与相关条例法规，如《江苏省历史文化名城和名镇保护条例》《云南省历史文化名城名镇名村名街保护条例》《湘西土家族苗族自治州里耶历史文化名镇保护条例》等。安徽省于2019年发布的《关于进一步加强历史文化名城名镇名村街区及历史建筑保护工作的意见》提出，加强古城、古镇、古村等资源调查评估，建立城乡一体的保护机制，统筹保护历史文化名城名镇名村的山水环境、历史格局，促进历史文化名城名镇名村街区、传统村落、历史建筑和文物古迹等串点成线、连线成网，科学编制保护规划，强化历史建筑保护利用，系统构建名城名镇名村等文化空间的保护体系。在这种自上而下的政策引导和规划部署下，我国对历史建筑文化空间的保护取得了规模性的、高效率的成就，在快速的城市化、城镇化浪潮中有力地保护了一批古建筑群、传统生活街区、特色文化空间，抢救了一批沉淀了民族文化记忆、承载着民族精神智慧的建筑文化遗产。

在历史文化名城、历史文化街区、历史文化名镇名村的评选序列之外，随着新型城镇化运动的深入推进，更多传统村落面临"建设性破坏"的危机，2012年，住房和城乡建设部、文化部、财政部共同发布《关于开展传统村落调查的通知》《关于加强传统村落保护发展工作的指导意见》和《传统村落评价认定指标体系（试行）》等多份文件，要求充分认识传统村落保护发展的重要性和必要性，要求不断完善传统村落调查，建立国家和地方的传统村落名录，制定保护发展规划和保护发展政策措施，建立保护发展管理制度和技术支撑体系等。其中，《关于加强传统村落保护发展工作的指导意见》对传统村落的定义是："传统村落是指拥有物质形态和非物质形态文化遗产，具有较高的历史、文化、科学、艺术、社会、经济价值的村落。"2012—2019年，住房和城乡建设部、文化部、财政部等七部委将5批共计6819个具有重要保护价值的村落列入"中国传统村落名录"。丰富的文化历史遗存是传统村落保护的核心价值所在，保护传承文化遗产是传统村落保护的核心工作，《关于加强传统村落保护发展工作的指导意见》明确要求："传统村落保护应保持文化遗产的真实性、完整性和可持续性。尊重传统建筑风貌，不改变传统建筑形式，对确定保护的濒危建筑物、构筑物应及时抢救修缮，对于影响传统村落整体风貌的建筑应予以整治。尊重传统选址格局及与周边景观环境的依存关系，注重整体保护，禁止各类破坏活动和行为，已构成破坏的，应予以恢复。尊重村民作为文化遗产所有者的主体地位，鼓励村民按照传统习惯开展乡社文化活动，并保护与之相关的空间场所、物质载体以及生产生活资料。因重大原因确需迁并的传统村落，须经省级住房城乡建设、文化、财政部门同意，并报中央三部门备案。"

——非物质文化遗产空间整体性保护。对非物质文化遗产区域集聚地带实行整体性保护，是国际遗产保护领域的重要理念。由于大多数的非物质文化遗产所依托的文化空间是传统的农业社会形态和农村生活文化，当下它所遭遇的最严峻的挑战来自城镇化。新一轮的城市化、城镇化浪潮则将更迅速地增加这一方面的困难，非物质文化遗产依存的社会环境和文化生态正在被迅速地改写。非物质文化遗产是特定的文化生态环境的产物，是一个有机的文化生命体，非物质文化遗产的保护与发展，不能停留于对某种具体文化形式的孤立保护，而必须基于一种总体性的规划与设计原则，建构非物质文化遗产的文化生态系统，包括其与民众生活的不可分割的联系。因此，对文化空间的注重与活化是保障非物质文化遗产生态性保护的重要手段。联合国教科文组织在《人类口头和非物质遗产代表作申报书编写指南》中指出："宣布人类口头和非物质遗产代表作针对的是非物质文化遗产的两种表现形式：一种表现于有规可循的文化表现形式，如音乐或戏剧表演，传统习俗或各类节庆仪式；另一种表现于一种文化空间，这种空间可确定为民间或传统文化活动的集中地域，但也可确定为具有周期性或事件性的特定时间；这种具有时间和实体的空间之所以能存在，是因为它是文化表现活动的传统表现场所。"在首批人类口头和非物质文化遗产的19个代表作名录中，就包括乌兹别克斯坦的博恩逊文化空间、几内亚尼亚加索"苏苏—巴拉"文化空间等在内的5个"文化空间"入选，将"文化空间"作为遗产申报类型，体现了非物质遗产保护和发展的宏观眼界与长远战略，即将生态性保护、总体性保护的意识与原则纳入世界非物质文化遗产保护与发展事业中。

《中华人民共和国非物质文化遗产法》第二十六条提出："对非物质文化遗产代表性项目集中、特色鲜明、形式和内涵保持完整的特定区域，当地文化主管部门可以制定专项保护规划，报经本级人民政府批准后，实行区域性整体保护。确定对非物质文化遗产实行区域性整体保护，应当尊重当地居民的意愿，并保护属于非物质文化遗产组成部分的实物和场所，避免遭受破坏。实行区域性整体保护涉及非物质文化遗产集中地村镇或者街区空间规划的，应当由当地城乡规划主管部门依据相关法规制定专项保护规划。"对非物质遗产的区域性保护，在我国主要表现为生态博物馆和文化生态保护区的创建。

生态博物馆实践的兴起源于20世纪70年代的"新博物馆运动"。与旧的博物馆理论及实践方式强调文物在特定空间内的收藏、静态化的陈列、单向性的展示不同，新博物馆运动旨在突显其“围墙之外的博物馆”，强调开放的空间、与地方的互动和对社会教育的促进、动态的呈现与发展的轨迹，强调博物馆对所处环境、社会生活的融入。这种理念催生了诸如邻里博物馆、社区博物馆、人类博物馆、生态博物馆等新形式的博物馆实践。生态博物馆这一概念于1971年在巴黎举行的国际博物馆协会大会上得到认可，被认为新博物馆运动与生态博物馆理论实践首创者之一的乔治·亨利·里维埃在《生态博物馆——一个进化的定义》一文中提出：“生态博物馆是由公共权力机构和当地人民共同设想、共同修建、共同经营管理的一种工具。公共机构的参与是通过有关专家、设施及机构所提供的资源来实现的；当地人民的参与则靠的是他们的志向、知识和个人的途径。”[①]从这个定义出发，生态博物馆主要突显的是社区、地方居民对其所处的自然与文化空间的理解以及对这一空间的介入性参与，概而言之，生态博物馆概念及其实践旨在探讨人、文化与自然环境三者之间的紧密联系。国际博物馆协会于2010年出版的《博物馆学大辞典》中，对生态博物馆概念给出了进一步的描述：“生态博物馆，是一个致力于社区发展的博物馆化的机构。它融合了对该社区所拥有的文化和自然遗产的保存、展现和诠释功能，并反映某特定区域内一种活态的和运转之中的（人文和自然）环境，同时从事与之相关的研究。”[②]这个概念的开放性实际上也突显了生态博物馆主要体现为理念上的同一性，而在具体的实践形态上则具有极大的包容性和差异性，这种包容性、差异性正是生态博物馆理念的内核，即尊重地方精神，尊重文化的多样性。同时，生态博物馆一方面体现了对自然与文化遗产地进行“现场”保护的内涵，另一方面体现了与对自然与文化环境的“整体”保护的内涵，这与我们今天所说的“见人见物见生活”在精神上是相通的。

从20世纪90年代起，我国开始生态博物馆建设实践。1998年，由中国和挪威合作在贵州梭嘎兴建起了中国第一座生态博物馆——梭嘎生态博物馆。此后，多地探索多样化的生态博物馆建设模式，以此切入文化遗产活化、传统村落保护、地方文化旅游产业发展等领域。贵州地区除梭戛苗族生态博物馆之外，还有镇山布依族生态博物馆、隆里古城汉族生态博物馆、堂

① 乔治·亨利·里维埃：《生态博物馆——一个进化的定义》，《中国博物馆》1986年第12期。

② 王婷：《浅谈生态博物馆》，《文物世界》2012年第6期。

安侗族生态博物馆。广西地区创建了南丹里湖白裤瑶生态博物馆、三江侗族生态博物馆、靖西旧州壮族生态博物馆、贺州客家围屋生态博物馆、长岗岭商道古村生态博物馆、融水安太苗族生态博物馆、那坡达文黑衣壮生态博物馆、金秀坳瑶生态博物馆、龙胜龙脊壮族生态博物馆、东兴京族生态博物馆的生态博物馆群模式。云南地区创建了云南西双版纳布朗族生态博物馆，内蒙古创建了敖伦苏木蒙古族生态博物馆。2008年，被誉为第三代生态博物馆的浙江安吉生态博物馆群开始建设，于2012年10月开馆。由1个中心馆、12个专题生态博物馆和26个村落文化展示馆组成的安吉生态博物馆群，覆盖全县1886平方公里的面积。我国的生态博物馆建设，除了发扬国际生态博物馆建设所突显的社区居民对环境生态与社区生活建设的共同参与精神之外，也形成了显著的中国特色，即对乡村振兴战略的密切呼应——注重美丽乡村生态建设，突出包括传统村落、非物质文化遗产等在内的优秀传统文化的保护传承，强调农业文化遗产活化与乡村发展活力重建，主张生态环境与人文环境的和谐共生。

我国在文化生态保护区建设上的探索也取得了显著成果。早在十多年前，我国就提出了文化生态保护区建设的相关思路。2007年，文化部批准成立我国第一个国家级文化生态保护实验区——闽南文化生态保护实验区，文化生态保护区的概念开始扩展开来。闽南文化生态保护实验区的地理范围，包括了泉州、厦门、漳州三个地级市及所辖的十二区、四市（县级市）、十三县（含金门县）。从2007年到2018年，我国共批准成立了21个国家级文化生态保护实验区。这段时期是我国文化生态保护区建设的探索阶段，具有试验性，因而名为“实验区”。在此基础上，通过科学严谨的验收、评估与论证，2019年12月，文化和旅游部发布《文化和旅游部关于公布国家级文化生态保护区名单的通知》，正式公布了包括闽南文化生态保护区、徽州文化生态保护区、热贡文化生态保护区、羌族文化生态保护区、武陵山区（湘西）土家族苗族文化生态保护区、海洋渔文化（象山）生态保护区、齐鲁文化（潍坊）生态保护区共7家国家级文化生态保护区名单，这不仅是对遗产文化实施整体性保护理念的肯定，也为我国未来更具可持续意义的遗产保护提供了重要的经验借鉴，铺设了坚实的基础。

2019年初，文化和旅游部发布《国家级文化生态保护区管理办法》，该办法提出，实施文化生态保护区建设是加强非物质文化遗产区域性整体保护、维护和培育文化生态、传承弘扬中华优秀传统文化、推动中华优秀传统文化创造性转化和创新性发展的重要实践，“国家级文化生态保护区”是指“以保护非物质文化遗产为核心，对历史文化积淀丰厚、存续状态良好，具有重要价值和鲜明特色的文化形态进行整体性保护，并经文化和旅游部同意设立的特定区域”，国家级文化生态保护区建设“应坚持保护优先、整体保护、见人见物见生活的理念，既保护非物质文化遗产，也保护孕育发展非物质文化遗产的人文环境和自然环境，实现‘遗产丰富、氛围浓厚、特色鲜明、民众受益’的目标。”文化生态保护区要实行整体性保护，涉及所在区域经济社会和民生发展的方方面面的平衡与协调，因此，国家对文化生态保护区的申报、管理和评估具有严格的条件和要求，如考查文化生态区域性整体保护的政策举措、文化生态保护区规划纲要的编制等，而获评的国家级文化生态保护区则要求与区域所在省（区、市）国民经济与社会发展总体规划相融合，与相关的生态保护、环境治理、土地利用、旅游发展、文化产业等专门性规划以及国家公园、国家文化公园、自然保护区等专项规划相衔接，切实有效采取各类举措促进区域内非物质文化遗产资源的保护传承和展示传播，推进遗产文化的社会教育和引导，形成非物质文化遗产保护的社会主体力量，等等。

《国家级文化生态保护区管理办法》也明确了申报国家级文化生态保护区的条件：（1）传统文化历史积淀丰厚，具有鲜明的地域或民族特色，文化生态保持良好；（2）非物质文化遗产资源丰富，是当地生产生活的重要组成部分；（3）非物质文化遗产传承有序，传承实践富有活力、氛围浓厚，当地民众广泛参与，认同感强；（4）与非物质文化遗产密切相关的实物、场所保存利用良好，其周边的自然生态环境能为非物质文化遗产提供良性的发展空间；（5）所在地人民政府重视文化生态保护，对非物质文化遗产项目集中、自然生态环境基本良好、传统文化生态保持较为完整的乡镇、村落、街区等重点区域以及开展非物质文化遗产传承所依存的重要场所开列清单，并已经制定实施保护办法和措施；（6）有文化生态保护区建设管理机构和工作人员；（7）在省（区、市）内已实行文化生态区域性整体保护两年以上，成效明显。

2019年3月，文化和旅游部办公厅出台《关于贯彻落实〈国家级文化生态保护区管理办法〉的通知》，进一步明确了文化生态保护区建设的核心问题与主要举措，其中，有三个方面的精神值得强调。一是该通知要求，要进一步做好国家级文化生态保护区总体规划实施和衔接，增强国家级文化生态保护区总体规划的前瞻性和科学性；推动国家级文化生态保护区建设与服务精准扶贫、乡村振兴战略相衔接，促进地方经济社会文化协调发展，探索文化生态保护区与乡村旅游、全域旅游发展相结合的路径等。二是该通知要求，要进一步深化对文化生态区域性整体保护的认识，要维护和改善非物质文化遗产的传承条件和实践环境，保护和培育非物质文化遗产传承的文化生态；要尊重当地居民传承非物质文化遗产的主体地位，增强其参与感、获得感和自豪感，切实改变高比例迁出居民、切断文化传承脉络的做法。三是该通知要求，要构建科学、合理的评价指标体系，对遗产资源生存状态、社会价值、经济价值及保护效果进行准确评价，合理区分保护层次，要处理好整体保护与重点保护、文化生态保护与自然生态保护、非物质文化遗产与物质文化遗产保护之间的关系，保持重点区域和重要场所的历史风貌；要科学地确定原真性保护与可持续发展、创新性利用之间的界限与联系。这三个方面的精神或要求，切实体现了国家在文化生态保护区建设上所秉持的科学态度和长远眼光，也折射出十余年来我国在文化生态保护区建设上的摸索以及所取得的在认识上更加深化、在实践上更加科学的积极进步。

文化生态保护区与生态博物馆的理念一脉相承，比较完整地保留了社会的自然风貌、生产生活用品、风俗习惯等文化因素，注重自然环境与人文环境之间、物质遗产与非物质文化遗产之间、社区与居民之间相互依存、共生共荣、有机融合的关系，体现了人类文化多样性保护与总体性认知的发展理念。但是，文化生态保护区与生态博物馆也面临着同一个问题，即回归生活文化是否可能？在一种现代的工业化的社会发展语境中，划出一个非物质文化遗产依存的传统文化空间进行保存固然是可能的，但这种做法仍然是一种静态的博物馆化的概念，而关系非物质文化遗产能否长远持续的关键则在于，它是否拥有自我存续的文化生态环境以及获得一种自力更生的内在发展机制，这也是我们在文化生态保护区与生态博物馆的实践中必须思考与解决的重要部分。

非物质文化遗产作为一种扎根于日常生活的遗产形态，对其进行整体性保护不仅意味着对构成遗产的各个部分、各个元素进行全面的保护，还意味着对涵养这一遗产的社会空间、物质实践、文化形态与价值结构等所有关涉到人的活动的一切领域、一切对象进行整体性的理解与保护，这在我国急剧现代化的今天是一项极其艰巨的任务，因此一种完全的、根本意义上的文化生态保护区是否有实践的可行性，一直是集聚各种质疑与争议的问题。这些问题不仅关乎对遗产及其存在形式的不同理解，关系文化保护与经济社会发展如何协调、平衡的问题，更重要的是关系文化保护中伦理尺度的设计与理解。且不说一种复原式的传统文化空间如何可能存在于已经被现代性和全球化所完全重构了的现代生活世界，当前遗产整体性保护遭遇的突出的现实矛盾即是遗产区域整体性保护与所在区域居民之间利益诉求的分野乃至对峙。基于遗产保护的目标与需要，必然对区域内的空间整治、房屋建筑和民众的生活风貌有所规制，居民出于改善个人或家庭生活居住条件而进行的改造与这种规制发生冲突的案例和现象并不鲜见。在今天，我国面临两个“一百年”的冲刺阶段，满足人民对美好生活的需要是当前的主要工作，妥善和高效地弥合传统文化保护与地区经济社会发展、国家与个人之间的这些缝隙，是相当考验政府发展视野与工作效能的方面。

第八章　工匠精神的时代转换

2017年，中共中央办公厅、国务院办公厅发布《关于实施中华优秀传统文化传承发展工程的意见》，其中，提出“实施非物质文化遗产传承发展工程，进一步完善非物质文化遗产保护制度。实施传统工艺振兴计划”。同年，国务院发布《中国传统工艺振兴计划》，要求推进传统工艺在当代的发展创新，提高传统工艺产品的设计、制作水平和整体品质。强化质量意识、精品意识、品牌意识和市场意识，提高传统工艺产品的整体品质和市场竞争力。同时，要求加强文化生态环境的整体保护，将地方工艺传承发展与传统村落、少数民族特色村镇和历史文化街区保护等相结合，推进传统工艺相关的文化空间和特定的自然人文环境的整体性保护。两份文件对传统工艺在当代的发展创新明确了方向、确立了精神，具有重要的指导意义。我国工艺文化历史悠久，文化内涵博大精深，工艺产业是文化创意产业的重要构成，推进工匠精神的时代创新对于文化传承和壮大产业，具有重要意义。

一、工艺产业的现实局限与变革挑战

工艺产业是文化创意产业的重要构成。我国是工艺产业大国，工艺产业在文化产业结构中占有重要地位，据国家统计局相关资料统计，2016年全国工艺美术行业规模以上企业共5306个，规模以上企业主营业务收入约10874亿元，约占2016年全国规模以上文化及相关产业主营业务收入的八分之一。①在我国经济社会发展面临“新常态”的结构性环境下，工艺产业为推动和保障文化创意产业成为国民经济社会新增长点贡献了重要力量，在文化创意产业成为国民经济社会“支柱性产业”的发展进程中，工艺产业所发

①《2016年全国工艺美术行业经济运行情况》，http://www.fjcgls.cn/jt/newsmain/News_View.asp? NewsID=2129.

挥的作用也将是十分显著的。但与此同时，我们也必须正视当前工艺产业发展的问题，一方面，是传统工艺文化的失落和技艺传承的断裂所带来的当代工艺文化涵养的不足，另一方面，是规模化发展中重量不重质、重产值轻文化的浮躁态度所造成的对产业创新性的忽视。这两方面造成了当代工艺产品的文化附加值不高、品牌影响力疲弱、产业市场开拓缓慢乃至停滞的普遍现象。如果不能尽快和有效地扭转这种局面，工艺产业的未来发展空间就必然是有限的，文化传承的中断、文化涵养的不足、创新精神与开拓意识的欠缺，将会使工艺产业遭受全面重创，日积月累，积重难返，以至于陷入可持续发展的泥淖，更遑论胜任文化创意产业排头兵的使命与担当了。

从另一个角度来看，工艺产业的重要性还在于，在创意设计全面渗透社会发展各领域的今天，工艺产业是涵化创意创新精神的重要土壤。我国工艺发展的历史十分悠久，按《周礼·考工记》记载，在奴隶社会时期的周朝，就已有“百工之事”。《周礼·考工记》高度肯定了工艺生产的重要性：“知者创物，巧者述之守之，世谓之工，百工之事，皆圣人之作也，铄金以为刃，凝土以为器……”，工艺是“制造器物的精巧技艺”，工艺生产是古代社会生活的重要内容，具有很高的社会地位。可以说，正是一代代的能工巧匠创造了中华民族辉煌灿烂的物质文明，也孕育、涵养了中华民族求新求变、不懈创造的文化品格。这种创造性、创新性的民族精神在今天具有了更加迫切的现实意义。进入21世纪以来，我国经济社会与文化发展取得飞跃性、跨越式的发展，其典型的表现可以从两个方面来看：文化方面，是文化创意产业发展的推进和社会文化创造力的激发；实业方面，是从“中国制造”向“中国智造”的转型升级。创新发展、融合发展乃是当今时代的主流，传统产业的转型升级、新型工业化的发展、节能环保型社会的构建、经济社会发展与人民福祉的可持续性，都有赖于创新发展、融合发展这一发展理念的全面深化和强力有效的社会实践。从“中国制造”到“中国智造”的国家发展战略，强调“互联网+”的发展创新思维，强调工匠精神的社会发展理念，发展以新技术、新业态、新产业为核心的新经济，这些都体现了我国发展意识的更趋成熟和更加鲜明的时代特色。工艺产业既是文化创意产业，也是制造业的一部分，通过文化创意的加持、材料技术的创新、产业理念和发展思维的转变，加入“中国智造”的大军，显然是意义非凡的。如果说，传统的“百工”看重“如切如磋”“如雕如琢”的精进态度，那么，今天的工艺产业从业者，更应该将这一传统精神发扬光大，将创造、创新视为立业之本，建构富于现代意义的工匠精神，使工艺产业成为社会创新发展的重要范本，成为文化创新、产业创新的重要推力。

当前，工艺产业还迎来了另一个重要的发展机遇，即国家“一带一路”建设的推进。随着国家“一带一路”总体框架的搭建和规划布局的出台，可以预见的是，我国与“一带一路”周边国家、地区间互联互通伙伴关系的建设将更加深入，经济、文化领域的全面合作也将展开更大空间。历史上，正是以丝绸、陶瓷为代表的传统工艺开辟了陆上丝绸之路和海上丝绸之路，工艺不仅推动了我国与其他国家、地区最早的具有国际意义的经济贸易关系的建立，工艺更是成为中国文化的重要使节，是世界了解中国的文化窗口。今天，工艺产业要借助这一时代机遇，再次绽放其所曾经拥有的历史光芒。一方面，是利用好“一带一路”建设的政策、资源、渠道等方面的力量，在与其他国家、地区的更广泛、更深入的产业交流与合作中，开辟出广阔的市场空间，扩大工艺产业的出口规模，从技术和文化创意两方面提升工艺产业的国际竞争力，成为我国文化产业“走出去”的先行军。另一方面，工艺产业要成为弘扬中国传统文化，讲述当代中国故事，标举民族精神与时代品格，展示人民美学趣味、创造才华的文化使者；也要从与其他国家、民族的文化艺术的交流碰撞中，不断学习和反思，勇于对照和借鉴，既要有充分的文化自信，又要有“他山之石，可以攻玉”的谦虚心态，虚怀若谷，方能更胜一筹。同时，我们还要认识到，“一带一路”建设对于我们自己来说既是机遇也是挑战，“一带一路”建设是国家主动适应全球化经济合作、文化交流的重要举措，它所倡导的是双向、多边的交流合作，是互惠互利、共享共赢的世界主义，而非垄断与国家、地方保护主义。打开国门，放眼世界，平等竞争，力争上游，工艺产业首先要主动、自觉地将自己纳入全球经济与文化发展的轨道，在保有文化传统和维护国家文化安全的前提下，建立现代化性的、国际化的创作观与产业观，尽快融入全球市场和抢占中国文化品牌的高地。

二、传统工艺文化的时代性再造

当代工艺产业发展的主要问题表现为文化涵养的不足和对产业创新性的忽视，材料技术的创新、创意设计能力的增强、产业理念和发展思维的转变，是决定当代工艺生产转型升级的关键，而其核心则是通过对当代生活的融入实现工艺文化在现代社会的全面振兴。因此，彰显工艺生产的时代性，构建工艺文化与产业发展的当代性是十分必要与重要的。

时代性是一个历史主义的概念，它反对超越历史与时代的抽象化与绝对化，时代性同时还隐含着进步主义的理念，它坚信每一时代存在的合理性，同时坚信历史性的积累可以带来后一时代对前一时代的跨越。工艺生产是社会物质生产的一部分，社会生产是具有时代性的。随着包括社会关系在内的生产要素的变化，社会生产的形式、形态、结构都相应地发生质变。在传统社会中，生产要素变化的速度较为缓慢，而在当今时代，日新月异的科学技术、信息网络社会软环境的发达、人才与资本的全球流通等，都从结构上重新塑造着社会生产的形态与内外部关系。另外，工艺生产还是文化生产的一部分，文化生产同样是具有时代性的。社会学家、艺术批评家丹纳在《艺术哲学》一书中提出了影响文学艺术生产的三因素说：种族、环境与时代，这三大因素构成了不同时代文化不同的精神样貌。工艺既是生活应用艺术的表现形式，又是审美情感的物化形态，同样受到不同时代文化风气、美学趣味的驱动或制约。《周礼·考工记》以“天有时、地有气、材有美、工有巧，合此四者，然后可以为良”，来概括工艺形成的要素及特质，它也说明了工艺不单纯是制作器物的巧妙技艺，而且是自然风土、社会人文、物质材料演变的产物，是人类沉淀生活经验、累积生活智慧和因应时代需求的结果和反映。无论是宗教情感的寄托，还是人类生活经验与智慧的物化，工艺都承载着人类历史每一时期的文化特质，是人类文化在不同时代的重要表征，因而也是我们观察人类历史与文明发展变迁的重要窗口。

可以说，时代性是工艺生产在漫长历史中得以留存且不断丰富、精进的重要原因，相比之下，许多传统的艺术形式随着社会更迭而中断、流失乃至消亡了。显然，工艺生产的时代性是寄寓在社会生活的时代性之中的，借助社会生活这一载体，工艺生产在因应历史变迁中传承下来。然而，18 世纪以来的工业革命和现代化、城市化运动改变了社会生活的要素与结构：在传统时代，生活用品纯粹以手工生产，所以称“手工艺”（Handcraft）、手工业；但工业革命之后，人类社会生活发生了根本性的变化，机器替代了手工，机械化、新材料和新技术推翻了传统的“手作”时代而进入“工业”（Industrial）时代，量化生产取消了每件产品经由日雕月琢而产生的唯一性。

工业化生产对工艺生产最大的冲击在于它取代了工艺生产与社会生活的依托关系，传统的工艺产业在社会结构中的位置已经被迅猛发展的机械化、现代化的制造业所占据，无论是物质层面还是文化层面，工艺生产的地位被迅速削弱了。继工业化、现代化之后，城市化运动再次加剧了工艺生产在社会生活中的结构性溃退，城市化带来了地理物质空间与文化空间的重构，随着传统乡村在地理版图上的萎缩，传统的生活形态也在逐渐解体，依托于传统社会生活的工艺生产失去了赖以生存的载体与环境。农村人口向城市的流动、传统民俗生活的解体、工艺师徒制度的瓦解和技艺传承体系的断裂，是传统工艺文化在今天流失、中断的直接原因。

工业化、城市化有力地冲击了工艺生产并造成工艺文化“合法化”的危机，正是基于这一体认，早在19世纪后半期，英国的威廉·莫里斯等人曾发起一场影响深远的工艺美术运动，这场运动对于机械产品的粗制滥造和传统文化的失落质变，提出了抗议与超越的意见。英国的工艺美术运动影响了随后的世界性的设计运动，包括德国包豪斯学校、法国新艺术，以及20世纪20年代由柳宗悦等人发起的日本民艺运动，等等，形成了世界性的文化潮流。在这股文化潮流中，工艺、民艺以工业制度及伦理的反抗者的身份被标举出来，并因此被赋予了精英文化的色彩——与工业生产奠定在机械化复制基础上的世俗化相对抗。

但是，不容置疑的是，工业化、现代化与城市化是不可逆的历史发展潮流。今天，我们更有必要思考的是，作为人类物质文明重要承载的传统工艺，是否天然地就是与工业化、现代化和城市化形成对抗、矛盾的关系？这时，重新强调工艺的时代性内涵就具有重要的现实意义，如果说传统工艺所依托的传统社会生活载体正在逐步消亡，那么工艺生产就要寻求与新的现代的社会生活载体相适应。工艺的时代性要求其不仅适应现代工业浪潮的冲击，还应寻求与现代工业的对话，从现代工业的成就中借力，譬如工艺技术的创新。和其他传统制造业向自动化、智能化、信息化生产进军一样，工艺生产也必须找到自身产业优化、转型升级的道路。工艺的时代性也要求其不仅适应工业化、城市化运动带来的生活形态的质变，还应寻求与工业化、城市化所重构的现代生活空间的互动，理解和适应现代社会与城市生活的空间结构与生活理念，融合现代社会个体的设计意识、美学态度和消费主张，找到文化创新和美学加值的道路。

当前，重建传统工艺文化的一系列举措包括：工艺文化遗产的整理、保存，利用现代科技进行数字化、信息化建设；技艺传承人制度的设计、实践，“非遗”进校园活动的开展和工艺文化教育的普及，艺术院校和职业教育中的工艺专业教育建设；文化生态保护区的建立与运营，等等。这些举措从文化资产、文化教育、文化生态等方面出发，旨在解决传统工艺文化失落的现状和培植当代工艺再生的文化土壤，这当然是极其重要的。但我们也必须意识到，这些举措还远远未能从根本上解决工艺生产的现实困境，工艺生产不同于一般的艺术生产，后者可以相对地游离在社会日常生活的边缘，而工艺生产则对现实社会生活有很高的依存度，一旦与现实社会生活相脱离，工艺生产就很难再有立足之地。因此，更为重要的是工艺文化在当代日常生活中的活化与复兴，是推动工艺成为当代社会现实生活的重要构成。当代社会现实生活与传统社会生活最根本的不同在于它的现代消费主义的精神维度，换言之，我们当前所处的时代是一个以消费主义进行定义的时代。在鲍德里亚看来，消费社会最突出的特点是“消费者与物的关系”出现了变化：“他不会再从特别用途上去看这个物，而是从它的全部意义上去看全套的物”[①]，曾经作为“劳动产品”的物，不再显现为某种单独、具体的用途，而是显现为“意义”，商品变成了一种符号，一种文化：“无论是在符号逻辑里还是象征逻辑里，物品都彻底地与某种明确的需求或功能失去了联系。确切地说这是因为它们对应的是另一种完全不同的东西——可以是社会逻辑。也可以是欲望逻辑——那些逻辑把它们当成了既无意识且变幻莫定的含义范畴。”[②]消费社会的这种符号逻辑或象征逻辑体现并渗透在日常生活的各种肌理之中，具体表现为商品的符号化和符号的商品化，在美学形态上，消费社会呈现为沃尔夫冈·韦尔施所说的“日常生活的美学化”。所谓“日常生活的美学化”，即“审美因素对日常生活的包装”，它包括了日常生活表层的审美化，技术、传媒对物质、社会现实的审美化，人类生活实践态度和道德方向的审美化，认识论的审美化四个层面。[③] 可以说，现代消费社会是建立

①［法］鲍德里亚：《消费社会》，刘成富、全志钢译，南京大学出版社2000年版，第4页。

②［法］鲍德里亚：《消费社会》，刘成富、全志钢译，南京大学出版社2000年版，第67页。

③［德］沃尔夫冈·韦尔施：《重构美学》，陆扬、张岩冰译，上海译文出版社2002年版，第10、42、43页。

在日常生活美学基础上的，而这也是文化创意产业在当代大举兴起的内在动力。

具体到工艺生产领域，我们必须重新认识工艺产品这一对象在现实社会生活中所被期待的角色，即消费者希望从工艺产品中获得什么。传统的工艺生产向两极发展，一是实用性，二是装饰性，强调实用功能的往往美感不足，强调装饰功能的实用性又不足，前者因缺乏美感而难以进入当代社会的消费结构，且容易为工业化的其他制品所取代，后者因实用性不足而难以广泛进入日常生活的物质消费市场。生活功能与审美功能的脱离显然并不符合现代消费社会的精神，消费者购买一件工艺产品，是建立在营造美感生活的预期这一基础上的，他期待这一产品在实用与审美上都符合自己的需求或想象。这就意味着，现代的工艺生产不仅仅是单纯的物的生产，还是审美的生产（消费），工艺文化要在当代社会复兴，就必须站在打造美感社会的高度上，努力去构建现代社会生活的审美的器物文明体系，通过工艺美学对日常生活的渗透，来重构工艺生产在现代社会的“合法性”，并且在此基础上形成影响、重塑现代社会生活的力量。

三、工艺美学与产业思维的当代重构

强调工艺生产的时代性，即是要求工艺产业的当代性。如前所述，当代的工艺生产要适应现代消费社会物质生产与文化生产的规律与特性，换言之，工艺生产要自觉地启动产业与美学的双重转型。在今天，工艺产业被作为文化创意产业的重要一支，但不可否认的是，在工艺产业所贡献的各种显赫的产值数据中，文化创意的成分并不高，准确地说，当代工艺产业更大程度上仍然归属在文化制造业的范畴之下，甚至一些工艺生产是建立在破坏生态环境和可持续发展基础之上的。同时，尽管企业化管理、规模化扩张已经取代了多数家庭作坊式的传统生产经营形态，但是当代工艺产业在产业思维上的创新性和开拓意识仍然严重不足。随着社会文化创意氛围的日渐浓厚和国家对“大众创业，万众创新”的鼓励、推动，近年来各种工艺创意设计工作室如雨后春笋般纷纷萌芽兴起——这从历年参与各种文化创意产业展的民间工艺家、创意手工铺即可见一斑，但是在日常社会生活中，工艺仍然是边缘化的，工艺并未全面、深刻地介入生活美学的创造。在当前，我们仍然面临着生活工艺美学的严重匮乏，我们的工艺生产亟待通过当代性的建构来开拓产业与美学的巨大空间。

工艺产业的当代性包含了四个方面：一是材料与工艺技术的当代性，二是文化内涵的当代性，三是艺术形态的当代性，四是产业思维的当代性。

材料与工艺技术的当代性，即工艺生产要重视和转向新材料、新工艺与新技术的研发，促进新工艺、新材料、新设备和新模式的运用。当前，全球范围内自然资源消耗持续增长，对人类社会发展与自然生态平衡带来了严重的威胁，而传统的工艺生产恰恰建立在资源消耗的基础上，陶瓷、木作、竹编、石雕、根艺、纺织、玻璃制品等工艺品类的发展皆以对自然资源的索取与破坏为代价。这不仅与现代社会发展理念相违背，与我国建设资源节约型、环境友好型社会的目标相冲突，就其产业自身而言也不具有发展的可持续性。新材料是通过在材料加工、物理研究方面的创新，进行人工合成的品类，比传统材料具有更加优异的性能，广泛运用于传统制造业的改造升级。工艺产业应该在产品设计中大力借助新型材料的研发成果，譬如石墨烯、碳纤维、泡沫玻璃等。同时，在工艺技术研发中广泛借鉴纳米技术、3D打印、丝网印刷等科技创造成果，推进工艺制造业的技术升级和创意设计竞争力的提升。

文化内涵的当代性，即工艺产品要传递现代社会个体对生活的体验、感受与认知，包括对人与自然、人与社会、人与时代关系的思考与建设，要表达现代社会的人文关怀和精神深度。工艺生产既是物的生产，又是文化的生产，如同其他艺术创作一样，一件工艺作品同样隐含着一个意义系统。就传统工艺而言，“百工”从事者的社会底层身份和工艺生产所寄寓的乡土社会，决定了工艺生产首先是“常民文化”的重要构成，因而表现出浓烈活跃的民间信仰色彩和民俗特色，在内容上主要表现为对神佛的信仰崇拜，或是传统伦理价值观念的教化，或是百姓大众趋吉避邪、讨喜纳福的心理诉求。这种传统的文化意义体系在今天的工艺创作中仍然有显著的表现，这是因为崇福向善是中华民族传统的意识与心理，但当代工艺创作在借鉴、传承传统精粹的同时，要能够跳脱传统的庙宇文化中心、传统乡土观念，构建更丰富、更现代的文化内涵和意义网络，推进与当代社会生活的对话和与当代文化艺术的互动，最终形成当代工艺文化表达的独特的意义体系。这个意义体系是否契合现代社会的发展理念，是否传递了真善美的道德情操，是否关注现代个体的精神世界，是否关心人类命运的未来……这些都是检验当代工艺是否具有当代性的标准。工艺文化内涵的当代性还包含了一个很重要的方面，即民族精神和国家形象的表达，当代工艺要自觉地成为中华民族优秀文化的表征，成为当代中国文化走出去和价值输出的重要力量。

艺术形态的当代性，即工艺产品的艺术形式与造型美学要符合现代人的审美情趣。每个时代对工"美"技"巧"的审美追求是不一样的，从而形成了具有时代性的工艺美学风格。如果说，民间世俗文化规约了传统工艺自成一统的视觉美学和艺术形式体系，形成了约定俗成的美学规范，那么，城市空间的扩张、大众文化的崛起、现代艺术教育的普及、创意设计理念的风行等，则培植出了现代社会对工艺产品的新的美学品位。而且，当代文化的多样性和美学的多元主义诉求，同样也要求工艺产品在审美趣味上的多元化，以满足现代社会个性化的文化消费需求。因此，工艺创作者要在传统与现代之间融会贯通，既能够传承传统工艺表现语言的精华，又要能够超越传统工艺的表现手段，在创作中注入现代艺术的语汇，通过技术、材质、造型等视觉美学元素，建构起深刻的美学品位，塑造工艺的现代精神，并于传统与现代、技术与设计、技术与观念、形式与人文间找到独特的对话关系。

产业思维的当代性，即遵循现代消费市场的规律与逻辑，把握文化创意产业经济的独特性，贯彻创新发展、融合发展的理念，大力开拓产业空间的广度和深度。一是推进工艺产业的国际化布局，在全球化时代，世界经济与文化的高速流通是主要趋势，有实力、上规模的工艺企业要通过资本运作开拓国内国际两个市场，提升自身在全球的竞争力并带动整个行业的国际化发展，输出中国当代社会主流价值和树立中国文化形象。二是要提高工艺产业的品牌创造力，工艺创作者、工艺企业要秉持工匠精神，积极精进工艺技艺水平，提高创意设计能力，以多元的文化内涵和开放的国际视野及对当代人文精神的形塑，打造富有文化影响力和产业竞争力的工艺品牌。三是要增强工艺产业的跨界衍生力，打破产业樊篱、促进跨界合作是当代创新发展的重要形式，工艺产业要注重与旅游、动漫影视、时尚设计、休闲娱乐等产业的跨界合作，结合文化旅游发展体验经济，开发以工艺作品形象为IP的动漫影视内容产业，促进工艺创意与珠宝设计、服装设计等时尚产业相结合，等等。四是要激活工艺产业的空间型构力，加大工艺向社会生活空间延伸的力度，特别是利用国家发展城市化、推进新型城镇化建设的机遇，经营一批工艺美术特色小镇和双创平台示范项目，规划大师工作室、创意工坊在城市空间的散布和形成工艺观光体验路线，鼓励一些历史悠久、有文化积累与人文特色的企业转型为集生产、销售、观光、体验与教学于一体的工艺文化创意基地，等等。除了上述举措，工艺产业的思维创新还有非常多样化的路径可供选择和试验，无论哪一种举措，产业思维的当代性都旨在从经济与文化、产值与价值两方面重构工艺产业发展的布局与格局。

第九章　古典美学的现代演绎

创立于1973年的“云门舞集”，在国际上享有“亚洲第一当代舞团”和“世界一流现代舞团”的殊荣，是国际艺术节的宠儿。作为现代舞蹈界的一棵常青树，它的影响力已经从舞蹈界蔓延到整个现代文化场域。2013年，林怀民获得美国舞蹈节“终身成就奖”，跻身马莎·葛兰姆、模斯·康宁汉、碧娜·鲍许等国际舞蹈大师的阵列。作为首位获奖的亚洲编舞家，林怀民和云门舞集成为华人社会的“文化英雄”（2005年的《时代》周刊称林怀民为“亚洲英雄人物”）。云门舞集近五十年的传奇履历已经成为当代最重要的文化现象之一，在时下的文化产业浪潮中也就自然而然地成为焦点。但作为一个以舞蹈创作为核心工作的舞蹈团体，云门舞集所建立的文化品格和美学特质显然不是文化创意产业范畴所能涵括的。作为一个携带着鲜明的美学风格与强烈的创作者理念的现代舞蹈团，作品才是云门舞集的核心，也是我们理解云门舞集的重要入口。四十多年来，云门舞集的成长既伴随着各种探索与转折，也不断持续地明晰和强化着某些独特的美学品格。在现代中彰显传统，这种美学探索与文化定位，是云门舞集能够在西方现代舞团主导的国际现代舞蹈格局中脱颖而出，并迅速引发国际舞蹈界和文创产业界关注与褒奖的重要原因。在“文化的全球化”日益成为现代社会最重要的文化语境中，对云门舞集舞蹈创作的结构与风格进行细致的梳理与总结，可以提供对当下文化发展相关思考的一些线索与路径 。

一、抒情与叙事的关系结构

林怀民认为，舞近于诗，长于抒情，而拙于叙事，云门舞集舞蹈创作的发展经历了从“叙事”到“抒情”的转变。按他的划分，《红楼梦》《白蛇传》《薪传》《家族合唱》是叙事性的，而此后包括《九歌》《流浪者之歌》

《行草》在内的中后期作品则是抒情的，这个转变以云门舞集创团二十年为界。作为云门舞集的灵魂人物，林怀民的这种回顾性的总结带有盖棺定论式的色彩，但如果我们抛弃所谓“作者意图”式的先入为主，或许能够在更开阔的视野中发现更好的观察视角与提供更好的观察深度。

事实上，叙事并没有真正地撤退，甚至，叙事可以说贯穿了云门舞集近五十年的创作历程，只不过，叙事从“外显”变为“内隐”，身体成为叙事的题材和结构，而不是寄生于叙事的手段。当然，作为一种明显区别于文学叙事或历史叙事的艺术形式，舞蹈的叙事媒介是身体，叙事语言是动作，身体的表达构成叙事的结构与风格，但这并非意味着在所有的舞蹈中，身体就是独立的表达主体，或是表达的唯一对象。云门舞集早期的舞作，即在被林怀民判定为“叙事”的作品中，身体尚未独立，作品更多地依赖或者借助于身体之外的资源，譬如《白蛇传》所依托的民间故事的文化背景，《红楼梦》所依托的古典文学名著《红楼梦》的人物性格和情节框架，《薪传》所依托的先民“过台湾”的历史形象与心路历程。历史和文化的资源是舞蹈意欲表达的对象，身体很大程度上被束缚在这一文化资源设定的框架里，譬如《薪传》中对身体动作的开发呈现的是人对自然与灾难的对抗，这种身体表达仍然服膺于先民漂洋过海这一拓荒者的史诗形象。由于这些历史与文化的资源带有强烈的既定性与预设性，身体表达的议题就变得清晰和明确，这同时也局限了身体表达的丰富的可能性。我们可以谓之为“主题先行”，《白蛇传》与《红楼梦》是一种，《薪传》与《家族合唱》是另一种，表面的差异只是题材的差异，但它们的共同点在于，身体只是历史和文化的载体，后者就如同艾略特所说的强大的“传统”，舞者和观众都很难摆脱它所带来的钳制，身体的动作成为历史叙事和文化叙事的一种象征。

《九歌》（1993）和《流浪者之歌》（1994）则带来了意味深长的转折。当然，这两个舞作的过渡性色彩也非常明显，二者都附带着另一个同样传统强大的文本：舞作《九歌》与屈原的《九歌》，从题名、故事到结构都有所本，特别是后者所创造的楚地文化的深厚背景；《流浪者之歌》则脱胎于赫尔曼·黑塞的文学文本《悉达多》，而又尤其是佛祖释迦牟尼修身悟道的宗教文化内涵。这些貌似“潜隐”的文本，同时也是两出舞作的“表面”的文本，它所提供的“互文”的参照作用难以完全抹除，这甚至还可以从两出舞作对文化与宗教两个主题的明显设计中看出来。

但是，《九歌》和《流浪者之歌》毕竟开始了身体自身的叙事，身体的表达开始成为舞作叙事的核心。对此，林怀民将之称为身体的“解严”：“我那时候开始变成一个自由的人，我再也没有什么话要说。所以后面的作品就变得很简单，只有动作，只有人的身体，我不大喜欢把它叫作抽象舞蹈，人怎么会抽象呢？只不过是比较纯粹的舞蹈。”[①]所谓纯粹的舞蹈，即是回到身体，回到舞蹈的形式本身。舞者不再服务于角色，编舞者不再服务于情节，更不必服务于某种主义，剩下的只有人，只有身体，只有挣脱文化与历史束缚的身体对自由的倾诉与追求。在《九歌》中，刻意营造的朦胧、混沌与神秘，更像是生命原初的写照；舞者屈张的身体，或扭曲或舒展，或压抑或热情，是生命内在力量的表现，众生对“神祇”（戴着面具的神）的呼唤指向了身体的内在的解放。身体被置于舞台的前景和中心，单人舞被加以突出，身体动作的细节得到了呈现，舞者身体的扭动与呼吸构成舞作规律性的节奏。独舞的“山鬼”始终张大了嘴巴，似乎对生命充满了惊奇与诧异；站在现代青年肩上的“云中君”，似乎始终悠闲漫步于云中，抬手提足，缓慢而自在，庄严且富有力量，作为众生渴望与仰慕的“神祇”，他始终带着的面具指向一个混沌而庞大的久远，众生在世间的旅行更像是一场对自我的身体和生命的认知。舞作中的“红衣”舞者则贯穿全场，在浓黑、素灰、淡白渲染的背景色调中，她是跳跃的生命的精灵，她的压抑与渴望，她的喘息与挣扎，她的被奴役与抗争，就在一个个身体的细节中展现与塑造。在这里，身体被“放大”了，对欲望的抗争与和解，对自我的压抑与认同，构成了身体内在的力量，也构成了《九歌》的结构与主题。

相比于《九歌》结构的复杂与叙事层次的丰富，《流浪者之歌》则相对地简洁与明晰，舞作按照“顺叙”的时间，表达了身体（生命）的三种状态与层次，从身体的扭曲与纠缠透视生命的压抑，从身体的不满与挣扎显现生命的探索，从身体的舒展与跳跃彰显生命的自由。舞作的趣味在于设置了静定入禅的求道（悟道）者的形象，自始至终的“不动”更像是来自彼岸的观察者，目睹众生生命的起伏，这同时暗喻了生命的自由与解放寻得的不易，既要入世的肉身经受磨难与成长，又须有跳脱世间的慧心，才能有领悟肉身的智慧，在其中，身体既是自我，亦是他者，肉身的成长（成熟）唯有在自

① 林怀民：《做自己：云门舞集之路——林怀民在北京大学的讲演》，《北京舞蹈学院学报》2007年第2期。

我与他者、此岸与彼岸的交织与碰撞中才能实现。因而，《流浪者之歌》与其说是作者和舞者对佛祖悟道的阐释，不如说是对身体与生命的一种理解，并最终呈现为身体自身的运动。

无论《九歌》，抑或《流浪者之歌》，演绎的都是一出身体和生命自我的叙事，关注的是身体和生命自我的成长。这可以从《九歌》与《流浪者之歌》中刻意营造的细节和形象加以佐证：在《九歌》的开始与结束，红衣女舞者蹲伏在莲花池边，手掬清水，洗面，点额；在《流浪者之歌》中，经历痛苦挣扎的舞者们头顶火焰燃烧的火盆，身体安宁而不再乖张，表情平和而不再纠结。水的"清洁"与火的"涅槃"是身体和生命成长的不可缺少的仪式，它们是蜕变与新生的号角，它们共同指向了身体的升华与生命的自由。《九歌》抑或《流浪者之歌》，通过身体的压抑与挣扎，欲望的舒张与克制，表达了对生命和身体的救赎：身体（肉身）经受欲望的折磨，于挣扎中解放和升华。因此，《九歌》和《流浪者之歌》终归是一曲以身体和生命为旨归的赞歌，两出舞作所本的文学、文化、历史与宗教的意涵，退隐为指向性的线索，从而发展出了超越历史、文化与宗教的身体自身的叙事。当然，诚如梅洛·庞蒂所指出的那样：身体是我们拥有世界的媒介。肉身不是纯粹的"自然"，它是历史和文化的肉身，《九歌》和《流浪者之歌》不是对历史、文化、宗教（作为一种客观的表现对象，或谓之本体）的重现或描绘，探讨的是被历史、文化乃至宗教所凌驾的肉身，是肉身与历史、文化、宗教的挣扎、纠缠与和解。

二、古典与现代的辩证美学

使身体成为叙事的主体和客体，使身体内在的故事性支撑起整个舞作的结构，使身体内在的律动演绎成舞作波涛起伏的节奏，这标志了云门舞集的成熟。从《九歌》和《流浪者之歌》开始，这个具有转折性的自我发现，逐渐在后续的舞作中扎根下来。从身体动作的局部与细节出发，回归贯通内与外的身体整体，使身与心的表达在形式上同步和一致，并最大限度地寻求身体所具有的创造性，这种探索逐渐演绎成云门舞集鲜明的结构与风格。其中，《水月》《竹梦》是《九歌》与《流浪者之歌》的一种延续，而"行草三部曲"等作品则又开启了云门舞集身体叙事的新的突破性的阶段。

《竹梦》（2001）的形式感很强，也很清晰，结构与布局都显得唯美、干净，乃至梦幻，这与舞台元素中“竹”的意象关系密切。但是，如果把这一意象的功能局限在中国文化的审美传统中，譬如，“竹”所隐喻的“君子”，或者中国山水、田园诗中对竹林所惯常描绘与蕴意的“清幽”之境，就很可能陷于牵强附会。《竹梦》作为一出舞作的意义，并不在于通过不同的表现手段，复活与再现诗歌与绘画中的竹林意境，《竹梦》固然提供了譬如晨昏、夏至、冬临等关于时序与节令等指向的意象转换，但是，回到身体这个原点上，《竹梦》讲述的仍然是关于身体的故事。红衣女舞者与男舞者的双人舞，表达了身体与身体的试探与纠缠，因此可见明显的停顿、挣脱与收束，身体的分离与聚合成为几段双人舞的基本动作。相反，群舞的部分则显得奔放与舒展，其中的一段群舞则尤其展现了大胆的想象力，夸张的肢体动作演绎出一种类似于“蛙”的形体形象：肢体的硕壮、丰满与活力，身体的颤动（颤栗）似乎包裹不住发自身体内部的力量，动作的夸张与戏剧化在同样富有戏剧性色彩的音乐中被强化和烘托出来，从而召唤出那种原始的、生机勃勃的活力——这部分群舞被置于竹林的前部，即舞台的前沿，竹林在黑暗中隐没。另一段群舞则表现出另一种意境：舞者在竹林中穿梭、跳跃，但肢体动作不再明快，而是显得滞涩，扭曲的身体掩映在竹林间，而通过被置于前景的竹林观察舞者，竹林就犹如禁锢：舞者的身体被锁在竹林中，扭曲的身体动作呈现了失去或者尚未寻得自由的身体的挣扎与困境。舞作最后的红衣女舞者在竹林前的一段独舞，狂放、欢快甚至透露出身体独立的自信与霸气，身体不再依赖和借助于另一个身体，解除禁锢的身体显得张扬、美好，而这种独立的力量显然来自身体的内部，来自对身体的认同——就如同那些表情鲜活、动作肆意的群舞者所展示的那样，身体的美来自身体内在的力量。

在《九歌》和《流浪者之歌》中，身体还有太多的挣扎，而在《竹梦》中，身体的挣扎与禁锢已经演变成一种铺垫，它所对比与烘托而出的是身体的解放与自由，以及由此而来的力量与生机，表达的是对身体的认同。但是，即便在《竹梦》中，云门舞集仍然通过对身体的矛盾性的认识，来创造对身体认同的前提。身体叙事真正的转折发生在数年间陆续推出的“行草三部曲”中，即《行草》（2001）、《行草二》（2003）、《狂草》（2005），身体的矛盾与对立不再成为表达的焦点，身体的矛盾性开始隐退乃至消匿，身体的演绎进入了更高的阶段。或者说，身体已经逾越了这一个阶段，身体得到了自由与力量，而进入一个开放的创造期——“行草三部曲”似乎就是为了说明：自由与解放的身体的创造性可以达到何种可能？

“行草三部曲”既有内部的连续性，又有彼此间的风格差异。从差异来讲，《行草》的动作线条更显遒劲利落，空间结构上更显凝重庄严，从而将草书的古朴、醇厚发挥至极致；《行草二》则着意通过“黑”与“白”两种色彩与力量的交互与映衬，突显草书的空灵之境与蕴藉之美；《狂草》的动作奔放恣肆，身体线条百转千回，巡回往复，依势运形，动作的情绪十分饱满，而又于接近溢出之时及时收束，了然无痕。这些区别使得三部作品各有生机，而非流于重复。另外，三部作品在身体动作的风格上则又具有一定的连续性。譬如，动作的线条时而狂放，时而收敛，于行进中变幻无形，而收身则如落笔，清晰、准确、简洁、有力；动作的节奏则在连绵起伏中张弛有度、跳跃有序，于一张一弛间雕刻时间的演进与气韵的冲合；而在舞作时间结构与空间结构的经营上，则十分强调与突显整体的起伏变化与跌宕婉转。如果说，独舞、双人舞、群舞的交互、穿插与变化，是舞蹈结构的基本组合，“行草三部曲”在舞蹈结构的设计上则更强调这些组合内在的情绪与韵律：在单人舞中，光束下的舞者屏息敛气，身体如龙蛇，一动一静，动作流丽，转换自然，虽然是独舞，但动作的结构与情绪并不显单薄与孤立，相反，它随着身体运动的轨迹浮动，时而显现，时而遁匿，似有内生的力量；在双人舞中，舞者的身体有着对立式的分工，一起，则一落，一紧，则一松，相互依托，相互应和，互为主次，彼此间不是对抗与钳制，而是在起承转合中实现阴与阳、刚与柔的转化与调和，从而保持着适当的张力；在群舞中，舞者于整个空间的角色是不断变化的，每个舞者都是临时的主角，身份的转换调整出了空间整体的重心变化，从而使空间时时呈现出不同的关系组合，并使空间的情绪在流动中时时保持饱和的状态。无论从动作的线条、舞作的结构、空间的经营，还是舞作所呈现的气势、神采与文韵，三部作品有着连贯的内在肌理。

“行草三部曲”的意义，显然不仅仅在于身体如何通过各种细致与丰富的表达手段，来“复制”或“再现”中国书法特别是草书之美，而是发掘身体表达的丰富的可能性，特别是在现代舞蹈与中国传统美学之间建立身体美学的通道。中国古典美学中富于辩证的部分，譬如阴与阳的互补，虚与实的配置，抑与扬的调节——在林怀民看来，这种辩证美学在书法中被发挥到了极致，他将其嫁接到舞作内在的叙事结构中，并表现出时间与空间两个叙事轴上的轨迹变化。它不仅仅是独舞、双人舞和群舞这种外在的叙事形态的结构，而是沉潜在各个舞蹈语句与舞蹈段落中，这些语句和段落在内部独立的基础上又形成彼此交会的结构关系。“行草三部曲”尝试着通过身体的呼吸与律动，通过动作的节奏与结构，对这种辩证美学再次致礼。这种尝试一直延续到了2010年的《屋漏痕》，其中书法仍是身体表现的题材，发端于书法大师颜真卿与怀素间的一段轶事与佳话，在舞蹈中被凝结为一个美学的理念——《屋漏痕》要表达的是一个“理念”的身体，而这个理念就是“自然”——以身体的自然来表达原本表现在书法中的自然。自然是书法的最高境界，林怀民将它嫁接到身体上：身体表达的境界，最可贵者，不在“发现”，不在“创造”，而在“自然”。如果说，“行草三部曲”的身体仍然是具象的，或者说是带着强大美学意味的具象，因而可以见出身体为呈现或创造“美”的努力，那么，《屋漏痕》则极力去削减这种痕迹，舞者的身体在倾斜八度的清冷通透的舞台上，或缓身起势，或动如脱兔，一如玻璃舞台下墨迹的晕染与流动，“一一自然”。

从创作时间来看，“行草三部曲”与《竹梦》《水月》大抵在相同的时间阶段，但从作品来看，《竹梦》《水月》更像是“行草三部曲”的一个前奏，这个分水岭表现了身体表达风格的转型。在《九歌》《流浪者之歌》与《竹梦》《水月》等作品中，我们可以清晰地发现，云门舞集对戏剧性的表现成为身体叙事的核心，禁锢与自由，压抑与解脱，内敛与奔放，收缩与舒张，这种结构内部的对立性蔓延到动作的细节中，这种矛盾、对立的戏剧性也构成了云门舞集清晰而独特的个人风格。这些舞作是一个身体的“发现”过程，与前期作品如《红楼梦》《薪传》等构成了云门舞集的第一个转折。“行草三部曲”则表明了一个新的转折的到来，身体从“发现”“还原”的阶段进入了“解放”“创造”的阶段，身体所彰显的美学品质不再建立于由身体内在矛盾所激发的张力上，而是建立于由身体内外浑然一体所散发的场域——林怀民借用“气”这一中国古典美学史上的重要范畴来加以阐释：“广义的东方，或许只是一种呼吸吧，无论体现为宗教或哲学，体现成武术和书法，到最后只是回到自身的呼吸，是那个在传统经典中到处出现的，最不容易了解的一个字——气。”①“气”不再缥缈于身体之外，而是发自身体

① 林怀民：《云门舞集与我》，文汇出版社2002年版，第6-7页。

的内部，从身体动作的细节中呈现、凝聚和发散，“气”的场域必须依托于身体动作的细节变化来加以塑造，也必须依托于富于张力的对比与对立来加以刻画。

三、东方与西方的“跨文化”实践

如果说，身体主体意识的苏醒与回归，标志着舞蹈作为艺术形式的自觉与成熟，那么，理念与思想的加持，美学品格的独立与自足，则又赋予舞蹈以时代的精神与文化的价值——这同样也是云门舞集不断探索与成长的文化精神与美学轨迹。

林怀民早年游学欧美，受教于玛莎·葛兰姆舞团，学习西方现代舞、芭蕾在内的舞蹈肢体训练，创团初始时期在舞蹈训练上也是因循这一套西方舞蹈语汇。马莎·葛兰姆对“身体内的声音”的专注与表现，模斯·康宁汉在结构上的大胆创新与反叛，邓肯对身体动作的线条与力量的强调，都对林怀民的创作产生了细腻而深刻的影响。西方现代舞内部也包含着各种风格与理论的分歧，但对人的关注，对身体的直视与尊重则又是其统一的和一贯的精神，让舞蹈回到身体，回到动作，解放的动作与自由的身体才可能担当起理念的重负。邓肯、葛兰姆、康宁汉等西方现代舞蹈大师对身体的解放，是通过“往上跳”，表达身体与地心的对抗，舞者的跳跃与飞腾对应于来自地心与身体内部的束缚，使有限的身体寻求“无限”。这是西方现代舞对林怀民的重要启蒙，也是云门舞集身体叙事的出发点，其早期训练舞者，是像西方现代舞那样不停跑跳、伸展，加上一堆经典的地板动作：“西洋舞蹈的训练使我随时提气，肌肉紧张。葛兰姆要我们打败地心引力，抗拒四周的空间，让‘自我’挺现。”然而，观看日本雅乐会演出的《兰陵王》则又带给林怀民另一种美学冲击：“二十分钟的舞蹈，未见‘力的表现’，缓步、低蹲、跺脚，形象上的变化极小，甚至不特别强调线条，徐徐缓缓舞出的是兰陵王的雍容大度，是‘气’。”[①]在一种更开阔的文化视野中，林怀民没有止步于对西方现代舞的模仿与复制，西方现代舞的语言难以支撑林怀民对舞蹈与身体、舞蹈与生命的思考，如何寻求一种独特的舞蹈语言从而建立自己的风

① 林怀民：《雅乐见习记》，《高处眼亮——林怀民舞蹈岁月告白》，广西师范大学出版社2011年版，第78-79页。

格，也在这个时期适时地浮出云门舞集美学探索的地表。

对林怀民来说："技巧不是一切。可抽去技巧，舞者表达能力就打了折扣。"①西方现代舞文化强调技术，这是身体表现的出发点。但云门舞集必须实现对技术的超越，进入文化与美学的层面。作为一个出色的编舞家，林怀民对西方现代舞蹈文化有着深刻的理解与敏锐的反省：舞蹈语言要自成风格，需要整个技术体系的支撑，但技术也可能成为身体表达的牢笼，西方现代舞文化发展出的语言规范与技术体系，制造的是身体的分裂与对抗，这种身体的工具论不应是舞蹈的精神。如何使技术成为身体表达的手段，使外在的技术形式服务于身体内在的表达而不陷于技术主义的陷阱，才可能使舞蹈真正成为身体的艺术，才可能使身体打破内外的隔离，达到身心的一致与和谐，使舞者对身体达成深刻的认同，这是林怀民从东方古典美学中得到的重要启示。西方现代舞的语言与美学发端于西方现代文化的传统，西方现代舞既从其文化传统中汲取养料与精神，也以富于创新与反叛的精神赋予这一文化传统新的生命力。云门舞集滥觞于西方现代舞文化，但它也必须从自己的文化传统中寻找这种创新与反叛的力量，它所传承的不应仅仅是西方现代舞蹈的语言和技术体系，而是找到自己的语言与美学，中国文化悠久而庞大的传统则是这一美学与文化实践的重要资源。

从1993年起排练《流浪者之歌》《水月》等舞作开始，云门舞集的训练课程陆续加入打坐、京剧表演、太极导引等课程，从2000年开始，冥想、书法也成了云门舞者的必修功课。这些中国古典审美表现形式的训练，其意义不仅是技术的，而且是一种身心的探索："打坐完了之后身体动的时候，有一个缓慢的动作，云门的舞者越做越喜欢，这里面有一个审美的共同集体意识在身体里。它突然间不是机械的东西，是松到极点的东西，是一种呼吸的东西。突然间将近20年之后，我们开始碰触一个以前从来没有碰触的问题。以前我们讲技术，技术是用大脑、头脑命令身体完成某些东西，叫作技术。当眼睛闭起来，开始呼吸的时候突然碰触到一个东西，那就是身体。云门舞者非常喜欢，他开始静坐、导引、拳术，他慢慢内观之后，他突然间发

① 林怀民：《从呼吸出发》，《高处眼亮——林怀民舞蹈岁月告白》，广西师范大学出版社2011年版，第15页。

现身体之内是一个非常庞大的宇宙。”[①]这种“内观”注重的是身体的呼吸与节奏，舞者专注于身体内在的运动，带来了身体的真正的自由，身体外在的动作与内在的意念开始融为一体，舞蹈开始变得诚实，并由此开启了云门舞集创建另一套差异性的舞蹈语汇和技术体系的新的美学时期。

林肯曾说：“最自由的身体包涵最高的智慧！”[②]这既是肇始于邓肯的西方现代舞的灵魂，也是一切舞蹈最根本的精神。以玛莎·葛莱姆为代表的西方现代舞的身体训练，使身体在跳跃与束缚间打开了身体动作的空间，彰显的是身体的力度、速度与动作的准确；而中国文化色彩浓厚的京剧动作、太极导引、内家拳、静坐的训练，则在快与慢、动与静、浓与淡、力量与柔美、紧张与松弛、程序与变化之间的制衡中，感受身体力量的自然转化与此起彼伏的张力。欧美现代舞的身体训练使身体的戏剧性一目了然，而浸润中国古典美学的身体修养，却使得这种戏剧性于倏忽万变中了无痕迹，前者的戏剧性是动态的，后者的戏剧性是静态的，但同时，前者的戏剧性是凝滞的，后者的戏剧性又是流动的，就在这种看似矛盾的组合与变化中，在这种身体美学的综合性中，身体动作的丰富性也召唤出来，身体表达的空间开始不断地延伸扩展——林怀民所谓“不中不西”的美学理念，使云门舞集的身体表达具有了丰富的弹性和无限的空间。

从1993年首演、取材于屈原楚辞骚赋的祭奠式舞作《九歌》开始，云门舞集别开一面，尝试中国传统文化中的京剧动作、太极导引、静坐与内家拳等形体训练，寻求中国传统文化的“气韵”，从而使肢体的表演跳脱技术的层面，而上升至文化哲学的高度。西方现代舞团在肢体训练上所强调的身体与自然的对抗（譬如，让身体克服地心引力的作用，实现身体的自由与解放），在云门舞集得到了一种创造性的扭转，云门舞集强调身体与自然的美学辩证，身体对自然的反抗只是一个辅助性的阶段，最终的目的是“重返”自然，寻求身体与自然的认同与合一，这很显然是中国古典哲学精神的重要一支，在云门舞作中我们不难发现道家思想、周易与太极学说的浓厚色彩。云门舞集日渐注重对中国传统文化题材的舞蹈演绎，通过身体的创造性表演，呈现中国古典文化意象崭新的视觉意境。1998年推出的《水月》，由佛

① 林怀民:《做自己:云门舞集之路——林怀民在北京大学的讲演》,《北京舞蹈学院学报》2007年第2期。

② 参见刘青弋:《西方现代舞史纲》,上海音乐出版社2004年版,第67页。

经偈语“镜花水月毕竟总成空”寻得创作灵感，与“太极导引”的身体表达极其匀称协调，肢体的柔韧度与丰富性诠释了生命之河的起伏绵延、婉转丰富。2001年推出的《竹梦》，舞者身体的屈张制造了一个如幻如梦的竹林意境，通过自然四季的流转，感悟身体深处摇曳的生命律动。2001年陆续推出的“行草三部曲”是呈现云门舞集中国美学建构的富有代表性的作品，它以中国书法典故为题材和形象意境，通过舞者“运气”的身体训练与肢体表达，呈现了中国书法之美，更呈现了身体之美：在柔和与力量、流畅与停顿、奔放与内敛中冲突、对抗而后融会、同一的张力，我们同时可以感悟到对生命的礼赞。

舞评家安得列·勒沛奇在评价《九歌》时，指其为“后殖民”文化语境下的一个成功的“跨文化”实践。他指出，之所以用“跨文化”（intercultural）而不是“多元文化”（multicultural），在于“多元文化”是一种本体论的描述方式，“跨文化”指涉的则是一种剧场和理论的应用。[①]“跨文化”这一概念显然并不是舞蹈或剧场表演艺术的专有词语，作为一种文化交流与学习的方式，“跨文化”是人类社会交往中重要的行为和传统。但在“文化全球化”的现代语境中，“跨文化”这一概念的确表达了与“多元文化”不同的视角与空间，也表达了对文化权力关系的不同理解。“多元文化”虽然强调了对文化的差异性与独立性的尊重，作为一个全球化语境下诞生的概念，认为这个概念没有就文化之间的权力关系有所认识显然也不够客观。一个细微而重要的区别在于，“多元文化”的表述容易将强势文化对弱势文化的权力与侵占，即通常所说的“文化霸权”加以掩饰，在弱势文化群体内部也更容易造成一种文化自主性的幻觉，这种幻觉的一个经典表述就是：“越是民族的，越是世界的”，但实际上这一表述只享有逻辑上的合法性，在文化关系的现实境遇中这一问题显然更为复杂。

相形之下，“跨文化”作为一个实践的概念，或者说，是一个在文化交往实践中产生的概念——这也是它因此被广泛运用于人类学、社会学、管理学等学科的重要原因——将会遭遇更清晰的文化权力关系，对这种文化权力

① 安得列·勒沛奇（Andre Lepecki）：《后殖民主义、跨文化主义——台湾编舞家林怀民找到了一种舞蹈的新声》，原载于1996年国际芭蕾杂志英文版，转引自云门舞集官网，http://www.cloudgate.org.tw/cg/works/statement.php？ id=113，阅读日期：2013年8月16日。

关系的应对也更具主动性。在“文化的全球化”这一语境下，文化的差异与冲突是文化交际中无法回避的问题，对其间文化权力关系的反应，主要呈现为三个向度：定型与偏见，认同与认知，适应与涵化。这三种向度中的每组关系，既发生在对文化客体（他者）的关系认知中，也发生在对文化主体的自我认知中。由于全球化的历史作用力，各种文化偏见与文化傲慢的状况得到了很大的缓解，消极态度的文化隔阂与文化自闭已经被更积极、开放的文化交往所取代。相比之下，文化的自我认同（认知）与对其他文化的适应（涵化）通常发生在弱势文化与强势文化的交往中。一方面，对全球化语境的体认和文化权力关系的察觉，渴望独立与自主的文化认同（认知）的意识会更加强烈；另一方面，为在全球范围内寻求更大的文化话语权，弱势文化也积极地自我调整以适应（涵化）更强势的文化势力。这种文化的重新塑造的局面，是通过文化认同（认知）与文化适应（涵化）两种相反相成的作用力，建立一个拥有内在肌理的新的文化整体，不过大多数的情况并不乐观。但无论如何，“跨文化”强调的文化的交互作用，的确打开了文化交往的更广阔的空间。

云门舞集提供了新的文化语境下“跨文化”实践的形象——这正如美国《纽约时报》的评价：“林怀民辉煌成功地融合东西舞蹈技巧与剧场观念。”又或如美国舞蹈节评委会给予林怀民“终身成就奖”的颁奖辞：“从亚洲传统美学与文化中汲取材料，与西方舞蹈融合为一，造就惊人的绝色舞作。”在舞蹈语言的创作和作品风格的树立上，林怀民既追随着他所仰慕的一个个大师，却不愿在他们的身后亦步亦趋；同时，他有意识地融合中国古典美学的丰厚传统，却又时时不愿屈服于传统，更不愿在仍然是西方主导的现代舞蹈国际舞台上，卖弄“他者”的文化风情和玩味民族性、本土性的噱头。概言之，它既不是对中国情调的复制，也不是对西方审美的迎合，而是打通两种文化资源和美学经验的壁垒，从而获得开阔的文化胸怀与美学空间，奠定了其“当代最富活力与创意的编舞家”的厚实基础。抛开成规，没有定见，从语言到结构到风格，亦中亦西，但又不是后现代式的拼贴。最重要的是，打破规范，打破限制——无论它来自传统或是现代，来自东方或是西方——从而寻求一种真正的跨文化的对话，有破，也有立。

第十章　当代寿山石雕的艺术创新

人类最早的雕刻工艺当属旧石器时代的石斧、石铲、石矛、石镰、石锛……人类祖先从自然中取材制成各式生活器具，自此开启了人类文明的长河。经过数十万年的茹毛饮血、筚路蓝缕之后，人类祖先对石头的雕琢就不再局限于物质生存的层面，而是进入了审美的精神境界。当钻孔、刮削、磨光、刻纹等日趋精细的雕刻技术与自然界中纹理细密、色泽晶莹的“美石”相互遭遇时，激发了人类热爱美、创造美的天性。我国北部地区红山文化遗址出土的大玉龙，线条流畅，造型简洁，气势生动，令人喟叹，可见新石器时期的玉石雕刻工艺已然十分发达，人类祖先取材于自然，或模仿，或想象，创造出了龙、虎、龟、鱼、鸟、蝉等原始的动物肖像与纹理，而这些原始的美学母题在此后中华文明数千年的雕刻工艺中不断地丰富、开拓并延续至今。雕刻在上古时代名为“刮磨之工”，著于春秋末期的《考工记》记载了六门工艺的三十个工种：“攻木之工七，攻金之工六，攻皮之工五，设色之工五，刮磨之工五，抟埴之工二。”同时，《考工记》概括地提出了工艺制造的四大要素：“天有时，地有气，材有美，工有巧，合此四者然后为良。”其中，“材美”“工巧”一说即表明此一时期古人对工艺实践层面的总体认知。寿山石雕是中华传统石雕工艺中的一朵璀璨之花，从题材的丰富、技艺的精湛到内涵的深厚、美学韵味的深长，寿山石雕都大大地超越了传统玉石雕刻的表现能力，加之寿山石自身石性的温厚、色彩的奇美、质地的细腻润泽，更使得“美石”与“精技”相得益彰。

一、常民文化与世俗情怀的传统基因

寿山石雕生长于民间，与常民生活共呼吸，带有强烈的世俗色彩和丰富的民族文化蕴涵。祈福避邪是世间众生具有的普遍性的心理与情感，也是我国民间工艺美术共同的文化特质，寿山石雕中亦不乏民间百姓所喜闻乐见的世俗生活题材，表现出浓厚的常民文化色彩，充分地映射出民间社会对宗教信仰与世俗生活理想的交汇合流。

寿山石与佛教文化渊源深刻，汉代以来印度佛教文化经由古代丝绸之路进入中华大地并广泛流播，寿山石的雕刻历史同样与佛教信仰有深刻的关联。从雕刻题材来看，寿山石雕深受佛教石窟艺术的影响，其表现对象主要有佛陀、菩萨、达摩、罗汉等佛界人物的造像及相关宗教故事情节、情境的表现。在造像上由于寿山石稀有珍贵，采得的石头体积普遍较小，因而其佛界人物造像主要以小型圆雕摆件为主，其早先用途是作为瞻仰、祭祀、朝拜的“佛供”，后来逐渐成为贵族阶层或文人士子赏玩的“清供”，以彰显其趣味，或二者兼而有之。佛教题材在当代寿山石雕中十分突出，很大原因在于此类题材契合了民间百姓避邪祈福的文化心理，尤其是以布袋和尚为原型的欢喜大肚弥勒（寓意知足常乐）、送子观音（寓意子孙绵延）、降龙伏虎罗汉（寓意镇邪去秽）、济公（寓意欢喜自在）等题材和形象更加受到民间百姓的喜爱。

除了佛教题材，根植于中华民族传统神话和民间故事、寓意吉祥的题材在寿山石雕中也占有重要分量。譬如，通过花鸟鱼虫形象表现吉祥之意，就有太平有象、双龙戏珠、松鹤延年、梅雀争春、年年有鱼（余）、群狮戏球、鲤跃龙门、百鸟朝凤、马上封侯、三羊开泰、耄耋富贵等作品类型；通过神话人物形象寄寓美好愿望的，就有华封三祝、善财童子、八仙过海、麻姑献寿、刘福戏蟾、钟馗嫁妹等作品类型，这些皆是民间百姓在世俗生活中所喜闻乐见的题材。此外，与其他民间工艺相似，寿山石雕也常常采纳一些民间文化中约定俗成的文化范式，譬如，以喜鹊形象喻指喜事临门，以仙鹤喻指益寿延年、仕途有成，以雄鹰表示鹏程万里，以金蟾表示财源茂盛，以石榴表示儿孙满堂、多子多福，以寿桃表示长寿健康，以佛手表示如意平安，同时，还运用汉字谐音的转义，如以蝙蝠指喻“福”（蝠、福同音），以葫芦表示“福”“禄”，以“猴”通“侯”（猴、侯同音），以“猫”“蝶”通耄耋（猫、蝶与耄耋同音），等等。这些独特的题材与形象带有鲜明浓厚的民间文化色彩，延续的是源远流长的常民文化传统。

这种常民文化也表现为朴素深沉的图腾崇拜。中华民族灿烂辉煌的文化长河是从神话开启的，神话证明了上古先民瑰丽的想象力和丰富的创造力。

随着人类观察、思考能力的进步，绚丽多姿的神话世界逐渐退出人类精神创造的舞台，然而，上古神话以另一种更为厚重深远的形式牢牢地镌入了中华民族的文化谱系——图腾崇拜与图腾文化。在许多原始氏族的图腾神话中，人类总是与某种神秘的动物或植物有着密切的亲缘关系，动物图腾在上古时代广泛地存在于民族传说与神话世界中，先秦古籍《山海经》可谓是人类祖先以丰富想象力理解、诠释原初世界的说明。《山海经》记载、描绘了上古神话流传下来的各种神兽，如穷奇、蠃鱼、狰、蛊雕、旋龟、梼杌、饕餮、鲲鹏、应龙、凤凰、九尾狐，其中不乏凶恶惧人者，也有不少祥灵瑞兽。其中，最蔚为大观的是关于龙的各种变异形象——相传龙生九子，分别为囚牛、睚眦、嘲风、蒲牢、狻猊、赑屃、狴犴、负屃、螭吻，各个龙子形象相别，性格悬殊，各有所长。在世代流传中，民间百姓根据这些神兽的形象特征不断赋予其特殊的文化寓含，那些寓意吉祥、象征美好的“瑞兽”则最受人喜爱，如“五大瑞兽”——龙、凤、龟、麒麟、貔貅（貔貅又有天禄、辟邪之名）；又如“四大神兽”——青龙、白虎、朱雀、玄武（龟蛇合体）。这些古兽图腾最早在以陶器、青铜器、石雕为主体的早期器物文明中得以留存和传承下来，丰富多彩的神兽造型、纹样是中华民族传统工艺的审美之源，它对两千多年来工艺文化的发展具有深刻的影响。

古兽雕刻是寿山石雕中的题材大类，主要见于印章。自汉代开始以虎、龟、驼、马、象等不同动物形象来制作印钮以示等级，这也开辟了印章文化中“兽钮”雕刻的传统，从螭、狮、龙、凤、虎、辟邪、饕餮、麒麟、驼、龟、熊、蝙蝠到今天的各种生肖动物，兽钮雕刻已经成为寿山印章文化中不可分离的部分，其功能也从早先的阶层、等级象征转为与民间祈福避邪的世俗文化密切融合，演变出更加丰富多元的文化寓涵。

古兽雕刻是最能显现寿山石雕技艺高低的门类。首先，准确、精细地把握和呈现古兽的形体皮毛等细节是一个难点。多数关乎古兽形象的描绘见于神话传说等古籍文献，当代人对这些古籍文献的理解本身就是一个不小的挑战。尤其是对于华夏民族丰富深厚的古兽题材谱系及其造型文化来说，每一种古兽都联系着独特而丰富的文化寓涵，从古兽的神态姿容到与其相呼应的道具器物，往往都各有所指，自成一脉。许多石雕艺人主要是参照前辈、同行的作品或借鉴其他传统工艺中的古兽形象，结合自己的想象、理解进行再创造，这时候考验的不仅仅是雕工的精细水平，还考验到石雕艺人对历史文化的理解与积累。其次，古兽雕刻不仅要追求形似，还要讲究神韵，俗话说肖形容易传神难，把古兽刻得“像”，考验的是细致入微的观察力和精雕细琢的功夫，而能否把古兽刻“活”，考验的则是石雕艺人的美学功底与艺术积淀。古兽雕刻上，一般认为明清古兽雕刻重“形体”，汉唐古兽雕刻重“神韵”，这种看法未必客观，但也说明形体与神韵皆是古兽雕刻的重点，或精雕细描，不失分毫，或生气勃勃，气势盎然，能够神形毕肖者为妙。

二、士人文化与风骨雅趣的艺术内涵

在扎根常民文化之外，寿山石雕也发展出与其他传统民间工艺迥异的别径与洞天。寿山石雕自一开始就与欣赏、把玩、收藏的文化需求密切相关，因而其装饰性、形式性更强，更注重审美形式的雕琢与文化蕴含的提炼，从而与其他民间工艺美术品种的实用性相区别开来。尤其重要的是，寿山石雕与中国传统书画结下了深刻情缘，它的骨子里流淌着文人士子阶层的文化血脉，在各种传统民间工艺门类中，寿山石雕可以说是最具有文人化色彩的。

中国有深厚悠远的士人文化，其传统中既有学而优则仕、文以载道、“身无半亩，心忧天下”的积极入世精神，又有“采菊东篱下，悠然见南山”“明月松间照，清泉石上流”这种寄情山水、徜徉自然的隐逸情怀。吹箫抚琴、吟诗作画、登高远游、对酒当歌，谈禅论道，是古代文人士大夫生活的生动写照，留下诸多佳话美谈，譬如，伯牙与子期以琴音相知交，高山流水与名士风范相映生辉；再如，魏晋时期社会动荡，竹林七贤远离庙堂，放浪山水，直追性灵，以山水风月为寄寓，抒发与世无争的隐逸之思。相比于积极入世的传统，这一脉山水性灵的文化脉络似乎更为艺术创造所钟情，在诗、书、画等艺术形态中多有表现。随着两宋以来文人士子阶层的壮大和传统书画艺术的发展，“诗”“书”“画”“印”逐渐构筑起壮观华丽的中国文化艺术传统殿堂，文人士子身兼数职，书家工于丹青，又善于治印者，不乏其人，更以此为风尚，印章文化也从商周以来王室诸侯彰明权力的帝玺、官印这一脉络之外，新开一路文人风雅的传统。古人治印，以青铜等金属和玉石为主，元代画家王冕以花乳石为印材，始开印石雕刻之风。在寿山石雕艺术取得长足发展的晚明时期，社会思想开放，士人既纵议天下，热心社会政治，也秉承魏晋风气，倡导性灵之说，这种文化氛围也影响了寿山石雕艺术的审美趣味，虽然多数雕刻艺人出身乡野，但他们与文人士子多有交集，受文人文化熏染颇深，从而培养了其艺术创作中典雅清丽的文化气质。另外，“诗书画印”蔚为传统，文人墨客工于书画、精于金石者并不鲜见，由于不再假手于工匠，自制印石犹如为文人再造一个艺术天地，书家兼属印人，诗、书、画、印由此并重，书品、画风、印格一脉相通。文人自制印石的风气带动了印石材料的开掘，内蒙古的巴林石和浙江的青田石、昌化石，以及福州的寿山石，皆以其色彩绚丽、质地细腻而受文人喜爱，并称为“四大印石”。寿山石柔而易攻，石质纯净温润，更为切合文人“兰心蕙质”的趣味，因而更受文人艺术家推崇。文人画家积极介入寿山石雕作品的艺术创造过程，更加注重作品文化内涵的锻造，带动了寿山石雕艺术的文人化的转型和提升。

清以来，寿山石之美为众所推崇，官府与民间大肆开掘，能工巧匠奉召进京，寿山石印章在清皇室受到追捧，一时风光无两。而文人墨客趋之若鹜，竞相延聘寿山石雕名家到私人宅第专职创作，从而形成独特的“秀工制”，相互带动，蔚为风气。晚清至近代，经营寿山石雕的商号十分繁荣，形成福州“总督后”寿山石印章商号集聚的风气，以“青芝田”为代表的商号竞相以援引名家驻店雕刻或收藏名家精品为荣，这对寿山石雕行业起到了推波助澜的作用。这种文化环境也使得寿山石雕中的佼佼者更加注重技艺的精湛和建立个人的艺术风格及声名，从而促成自身超越传统民间工艺中“艺匠”的角色，转型成为以个性、风格立足的艺术家。从清朝到近代，寿山石雕名家辈出，从康熙年间的杨玉旋、周尚均，到光绪年间的潘玉茂、林谦培，再到近代福州两大寿山石雕流派东门、西门并肩崛起，各自形成其体系与承传脉络。立基于扎实、深厚的艺术传统，寿山石雕在文化视野、艺术内涵与技艺美学等各个层面的发展、积淀，已然超越其他类别的传统民间工艺。

寿山石作为印材之品质卓越，这也是促成寿山石雕繁荣的重要原因。寿山石具有非凡的质地、色彩、纹理，古人称道寿山石之精品田黄石，以“细、结、润、腻、温、凝”六德称田黄，又以“雍容”形容芙蓉石（寿山石中的一个品种，产于月洋加良山，属高山石），以“朴实”描摹善伯石（产于寿山都成坑，属高山石），以“灵捷”赞美都成石（产于寿山都成坑，属高山石），以“刚健”称道旗降石（产于寿山村旗降山，属高山石），等等，这些人格化的描述都指向了寿山石灵性天然的卓越品格。寿山石品种繁多，不同品种的寿山石其石性亦有不同，但各有特色，且硬度大致处于2.32至3.05，具有“柔而易攻”的特质。与玉石相比，寿山石质地脂润，有玉石的灵气，却没有玉石的冷色寒意；寿山石色彩丰富，或异彩斑斓，或纯洁干净，同一块石头不同色彩天然造就、俨然如画，玉石品种虽多，但色彩相对单一、平淡；寿山石性坚而韧，硬度适中，奏刀流利，可气势昂然，也可婉转周折，而玉石质硬易碎，作为雕刻赏玩的把件尚可，雕刻繁复的篆隶字体则十分吃力，即使成品，雕工也难免生硬有余、生动不足。文人喜好风雅，寄情于山水，以书画抒发胸臆，寿山石印章以其独一无二的品质成为寄寓文人情怀、彰显个人性灵的载体。因由文人士子的爱好推崇，寿山石雕工艺没有如同其他民间工艺一般留滞于世俗烟火，也因此超越玉石雕刻而领衔石雕艺术进入中国古典艺术的谱系。

历代寿山石雕艺人以开放探索的姿态，热切汲取如木雕、玉雕、贝雕等其他传统民间雕刻工艺的艺术精华，寿山石独一无二的质地、色彩、纹理等“美石”品格，也激发了寿山石雕艺人创新探索的热情，使他们不断精进技艺，追求“工料双绝”的境界，并因此推动了圆雕、镂雕、浮雕、镶嵌雕、链雕、微雕等传统雕刻工艺技术的丰富和提升，并且在这些传统雕刻工艺技术品种之外，发展出了薄意雕刻这种寿山石雕文化所专属的雕刻技艺。薄意雕刻能够成为寿山石雕中最为经典的雕刻技法之一，很大程度上还是在于薄意雕刻所表现出来的不同于其他雕刻技法的审美趣味与美学内涵——“意”者，是指作品的意涵和意境，是“画”与“意”的统一，是思想与情感的交汇，是形象与理念的对话。寿山石雕业界曾将薄意之“意”解释为“画意”，认为薄意即是通过浅而薄的雕刻技法在石材上呈现风景人物等画面，这种通俗化的理解并不能准确地表达薄意雕刻的精髓，因为画面的呈现如同线条一样，仍然只是薄意雕刻的一种介质而非其目的。准确地说，薄意雕刻是中国传统的诗书画艺术在寿山石材雕刻上的延续与创新，艺术家以刀代笔，以石代纸，以画传意，使形象（画面）与意涵（心境）相生相兴，寻求“意存笔先”“画尽意在”（张彦远《历代名画记》）的艺术境界。简言之，薄意雕刻所遵循、彰显的是中国传统诗歌与书画艺术的精神脉络——“意境”的美学。

尤其值得强调的是，寿山薄意雕刻与南宋时期发端的小品文人画之间，在题材、对象和场景、布局的选择与提炼上，有着深刻的联系。小品文人画是中国山水画的一个分支，在题材上不以场景的恢宏取胜，而是以高度提炼的意象入画，桃红橘绿、枯树寒鸦、清泉鸣涧、残雪垂钓、鸟入花间，皆可入画；在布局上则注重留白，讲究景物层次的空间感。总体来说，小品画以“刻画精微，气势生动”为要，追求出乎天然、平淡率真的情趣，将其谓为“逸品”“逸格”。寿山石材一般体量较小，难于表现大开大阖的山水，却宜于雕刻小情小景。将寿山石薄意雕刻与小品文人画进行比较，我们可以发现二者具有许多相似性，甚至可以说，寿山石薄意雕刻的题材与立意是直接承传自小品文人画的。寿山石雕薄意艺术的奠基者林清卿早年曾专门拜师学习国画，我们可以从其留存下来的画稿和林清卿薄意作品的拓片中，清晰地看到文人小品画的踪迹。可以说，文人小品画直接影响了林清卿的薄意雕刻艺术，而鉴于林清卿在寿山石雕薄意一脉中的重要地位，我们也可以得出这一结论，即传统文人画特别是文人小品画对薄意雕刻这一门艺术形式的形成和发展，其影响是非常深刻的。

从艺术史的角度来看，薄意雕刻为寿山石雕带来了题材、技法与美学理念的巨大变革，并推动寿山石雕超越了传统民间雕刻工艺的范畴。无论是薄意雕刻中对“意境”的经营，还是人物、动物雕刻中对“气韵”的追求，无论是如同传统工笔花鸟画一般的精雕细琢，还是如泼墨写意画一般的大刀阔斧，寿山石雕在很多方面借鉴、传承了中国传统书画的艺术精神，与中国传统书画艺术的审美文化传统建立起了密切的纽带，从此别开新路，天地渐广。

寿山石雕发源于民间，扎根于世俗生活，又与佛教文化缔结因缘，受庙堂之推崇，为文人士子所倾心。既与“传统”“民间”这些维度所突显的地域性、民俗性与常民生活紧密联系，又与中国传统书画艺术一脉相承，在这样肥沃的文化土壤中，寿山石雕自然生长出了丰富多样的文化脉络，在文化内涵上既有深厚的历史文化底蕴，又有与时俱进的时代特色。在技巧上不断精进和创新，既承传了其他雕刻工艺技术的精华，又发展出了寿山石雕独特的工艺特色，而且自成体系。深厚的文化内涵与精湛的工艺技术相映生辉，共同缔造了寿山石雕所独有的文化美学。

三、从传统向现代转换的美学自觉

从寿山石雕的内部来看，一方面，寿山石雕的创作无论是就内涵或是技法，都可以从中清晰地找到对传统的继承，特别是民间工艺“师傅带徒弟”这种传承体系对寿山石雕艺术美学的发展所形成的总体影响，从过去的“东门”“西门”两大流派的分庭抗礼，到今天在寿山石雕业界仍然被一再关注的各种“师出”，都说明了寿山石雕作为一种民间工艺其内在的文化结构，仍然在当代发挥着或隐或显的影响。另一方面，由于寿山石雕的观赏性及收藏用途，特别是它所流通的文化艺术场域，都决定了寿山石雕工艺美学的开放性——不仅是各种“师出”之间的相互借鉴，也包括对传统的创新、对其他艺术形式的学习。传统民间工艺的发展历程本身就是“传承”和“创新”两种力量不断博弈与相互作用的过程，寿山石雕同样如是。

当代的寿山石雕如何在发扬传统的同时超越传统、突破成规，为这项传统技艺注入时代性的精神，显然关系到当代寿山石雕能否塑造出其现代性的美学品格这一问题。代代相因的传统技艺和文化观念显然需要传承，也显然更需要变革、开拓和创新，所谓不破不立，因循守旧只能走向衰落。以周宝庭、王雷霆、王祖光、冯久和、林亨云等为代表的老一辈艺术家的创作，就已经开辟了超越门派、超越传统、勇于开放创新的路子。今天的寿山石雕艺术家则更得益于开放的文化发展语境，拥有更充分的文化交流、文化学习的机会与条件，有更自觉的美学意识和更成熟的艺术发展理念，对艺术创新的探索和建立个人艺术语言的追求也更加强烈，这种主客观环境的因应与对话，势必推动当代寿山石雕在艺术美学上的不断拓展。寿山石雕的当代创新是必然趋势，也是可喜的走向，这其中，年轻一辈寿山石雕艺术家的探索是十分重要的。

（一）现代雕塑美学理念的引入

人物题材的圆雕是寿山石雕的大类，传统的寿山石雕侧重于对古典人物的表现，并形成了一套成熟的美学范式，譬如“罗汉工”，这是寿山石雕艺术发展中积累下来的宝贵遗产。将现代人物雕刻的艺术范式、造型理念与美学风格带进寿山石雕这种传统的技艺中来，林飞当属始作俑者。林飞出身传统寿山石雕世家，长期受到闽地寿山石雕艺术语言与文化传统的浸染熏陶，也创作了许多优秀的传统题材作品，但能标举其创作个性与创作者艺术符号的，则主要是他的一系列现代雕刻风格的作品。他的《亚当夏娃》《海的女儿》《蚌女》《贵妃出浴》等作品大胆引入了西方雕塑与绘画艺术中人体表现的传统。众所周知，从古希腊文明起，裸体在西方就是美感与知识的对象，断臂的维纳斯、阿佛洛狄特、阿波罗等诸神就时常以裸体的形象出现在西方古典建筑与古典文学的艺术语言中。反之，人体尤其是裸体的表现一直是中国传统文化的禁区，即使直至现代艺术在中国发展已经逾一个世纪的今天，对裸体的艺术表现仍然引起许多争议。传统寿山石雕中的裸体表现仅限于神佛题材，传统佛教造像中对如来佛、弥勒佛等常以半袒上身的形式表现，与相应的服饰款式如通肩式袈裟、半袒式袈裟、褒衣博带式袈裟等配合。五代以后，以“布袋和尚”为原型的弥勒佛则以袒胸露肚的形象出现，以其“大腹便便”寓意知足常乐、欢喜自在，也就是说，这种裸露的身体已经超越肉体的层次进入文化象征的语境。此外，传统寿山石雕中几乎再无对裸体的表现。林飞以寿山石雕这种极其传统的材料、媒介，以女性裸体作为美的表现对象，将西方雕塑的语言、造型的美学与传统寿山石雕强调的依形造势和巧色、俏色美学进行综合，这种探索可以说是极富于胆量的，但正是这种开辟性的艺术探索显示出了其可贵之处。

在林飞的作品中可以清晰地看到西方古典雕塑、绘画在人体表现上的语言和风格，特别是对人体比例的强调和对“力”的美学的强调，这种美学以突显骨骼的强健、肌肉的壮硕、身体的丰腴为主旨。这种人体表现语言是西方的，是古典主义的，而非现代主义的。有趣的是，如果说夸张、变形是现代主义人体表现的重要形式，那么，中国乃至东方的人体造型美学则是以夸张、变形为传统的，不管是《山海经》中的各种异形神兽，还是从印度延续到中国的佛教造像文化，夸张、变形普遍地出现在各种形体的艺术表现中。与西方古典主义强调的摹仿、写实不同，东方的古典主义强调的并非写实，而是写意，夸张、变形是达成写意的途径。佛教造像中，与硕大的头部、健壮的上身相对应的是被刻意遮掩的身体下半部，我们最常看到的即是佛陀盘膝而坐的形象。同样，许多传统民间工艺对人体的表现，其身体的下半部也往往处于蛰伏或遮掩的状态，这种语言形式可以理解为出于彰显人体面部神态的需要，譬如佛陀的庄严肃穆相，再如观音的慈爱、关公的威严、刘海的福态，等等。在东方古典美学中，面部神态的刻画可以起到画龙点睛的作用，这也是民间工艺人物雕刻重视“开脸”的原因，脸相开得好不好是非常关键的。寿山石雕材料珍贵，多数石头体积较小，基于“审曲面势”“掩拙扬俏”的美学理念而对对象进行夸张、变形以达到最好的艺术效果，是非常普遍的创作方式。艺术家也在实践中探索、积累了丰富的艺术语言，来尽量避免或减少由于夸张、变形带来的形体比例失调的状况，如借助衣物将躯干、下肢的刻画进行简单处理，或是借用其他物象起到前景遮盖、掩饰的作用。在这种脉络中来观察林飞的人体雕刻便可以看出明显的差异，他对人体表现的形式感的追求更多遵循的是西方古典主义的美学传统，虽然他也借用了寿山石雕传统中对俏色的处理以及寿山石雕在技法、刀法上的运用，但其创作美学的主流仍然异于寿山石雕的传统格调。林飞出身于传统工艺世家，其父林亨云以雕刻北极熊而知名，或许可以说，早在林亨云这一代就已经非常注重对形体的表现，虽然题材不同，但这种言传身教的影响仍然是可以想见的，而其在从艺生涯中所接受的西方美学的训练和熏陶，可以说是直接促成了其艺术语言的独特性，从而为寿山石雕这种传统的艺术语言开辟了一条新道路。

在人体的表现上，黄丽娟也是当代寿山石雕艺术家中一个独特的符号，黄丽娟师从林飞，毕业于工艺美术专业院校，接受过较为系统的现代艺术特别是雕塑语言、造型美学的训练。寿山石雕中的女性雕刻家并不多，陈爱国、刘爱珠、黄丽娟是其中的佼佼者，相比于前两位，黄丽娟的创作充满了现代的气息，从选取的题材到雕刻的语言，黄丽娟创造了自己的风格。从《兰姑妈》《妯娌》《惠安女》《畲家嫂子》，到《苗家小姑娘》《两小无猜》《嘎妞妞》《童趣》，再到《红妆》《淡淡妆》等，黄丽娟所热衷表现的是这些邻家大姐身上的质朴之美和童稚少女的美好纯真。很显然，学院派的现代雕塑教育对黄丽娟有深刻的影响，与传统寿山石雕讲究俏色、精工不同，黄丽娟的作品突显的是西方现代雕塑对块面、结构的处理，即使是表现古典仕女的《西施》《仕女》等作品，其造型、雕刻的语言都表现出了与传统寿山石雕处理古典题材时迥然不同的美学理路。无论是对地域性、民族性元素的结合，还是对现代性的彰显，黄丽娟非常注重形式的装饰性，在这一点上似乎又与传统寿山石雕的美学趣味暗中相和了。

（二）传统意象与形式技法的活化

陈达在寿山石雕创作上所表现出来的丰富性、复杂性使人们很难将其进行归类，但是他的作品所具有的高辨识度则说明陈达在寿山石雕上已经建立起自己的艺术符号。陈达有自己钟爱的文化元素和意象，譬如青铜器上的纹饰、铭文，各种博古、清供图饰，以及传统文化中所常见的梅兰竹菊、青蛙喜鹊，他甚至在印章上雕刻一簇鲜嫩的蘑菇作为印钮，或者刻上一对嬉戏的仙鹤……陈达的寿山石雕显然是富于想象力和富于变化的，尽管寿山石雕艺术界和收藏家喜欢以“传统”“古典”“文人化”来定位陈达，但事实上陈达的作品表达的却是创作的自由，无论是古典与现代的拼贴，或是典雅意象与生活气息的杂糅，不同艺术脉络的元素、意象的组合多少显得随心所欲、出人意料。

陈达在20世纪90年代就以竹刻而知名，曾师从谢义耕、陈子奋、潘主兰、冯力远等人，工于书法篆刻，精研上古文字和青铜器文化艺术。这种知识背景与艺术训练使其能够触类旁通，糅合多元的文化美学、艺术理念于寿山石雕创作中。除了将古文字学、青铜器纹饰和铭文等艺术元素引入寿山石雕外，陈达在技法创新上的重要探索即是将竹雕技法与寿山石雕技法进行结合，创造了“砂地阳文”这种独特的石雕技法。

所谓砂地阳文，包含两个形式要素，一是阳文，二是砂地。阳文即阳刻，与阴刻相对，阳刻、阴刻是书法篆刻的两种主要表现形式。阳刻的形式是白底朱文，文字以类似浮雕的形式凸显，其余部分则以剔地技法清除，阳刻文字笔画较为纤细流利，风格清丽雅致；阴刻即朱底白文，文字内陷，笔画粗犷苍劲，风格内敛浑厚。上古时期青铜器上的纹饰、铭文和多数碑铭石刻多采取阴刻形式，整体格调古朴大气，富有历史感。阳刻、阴刻技法也广泛出现于剪纸、玉雕、木雕、竹雕等传统民间工艺中，不同技法的使用呈现出不同的美学风格，使用阴刻技法的作品，其形式上往往具有造型概括、刀法简练的特点，更近写意；使用阳刻技法的作品，往往线条细腻精致，更近工笔。传统竹雕工艺中的“留青”技法，即是用竹子表面一层青皮雕刻图案，把图案之外的青皮铲去，露出竹肌，实际上就是阳刻技法的使用。陈达在寿山石雕上所开创的“砂地阳文”，即是在寿山石材上以凸起的线条刻画甲骨文、篆隶和上古图案、纹饰等，并对传统的“剔地”进行创新，将传统中平滑柔顺的底地改为粗粝、富于质感的“砂地”，从而创造了独特的视觉效果：既有凸起物象的细腻精致，又回避了阳刻底地苍白无奇的局限，主体与背景既独立又相应和，有朴茂隽永的韵味。通过“砂地阳文”技法，陈达将各种传统的、历史的形式和元素进行组合嫁接，发展出了寿山石印章雕刻的新的风格，而且由于他不拘泥于传统地将这些元素、技法自由运用，也开辟了寿山石雕在造型、规制上的新气象。

陈达也是一位优秀的薄意大师。他的薄意雕刻既继承了自林清卿以来薄意雕刻艺术的精粹，又充分显示了雕刻家的独立创新意识，形成别具一格的薄意艺术理路。陈达的寿山石薄意雕刻以印章为主，以花鸟虫竹等为题材，与林清卿及其后的西门流派薄意传统不同，陈达的薄意并不以画面意境的经营为职志，而是拎取单独的意象进行表现，或是通过意象的组合来表达，更接近于宋代工笔花卉的美学理路：没有繁复交错的构图，没有层层推进的景深，一簇竹枝，一枝腊梅，一朵牡丹，一只八哥，一只蚂蚱，一双红雁，皆可以独立为一景。这种薄意工笔花卉使人联想到郭子伯的薄意风格。这些意象或孑然遗立，或肆意张扬地铺满石头，前者带着清冷、孤傲，后者则带着一种铺张的繁华，而无论哪一种，都透着清新雅致的气息。在技法上，陈达的薄意雕刻也更接近于浅浮雕，如果与他的竹刻作品进行比较，我们可以发现二者之间的相似性，即对线条质感的强调和彰显：以凸起的形象、意象块面来达到突出、显赫的视觉效果，并营造出典雅、精致的美学形式。在这一点上，陈达的薄意雕刻与他的“砂地阳文”之间有着形式、美学上的延续性和内在的统一。

（三）重返精工与写实主义的极致

不论是传统还是当代，寿山石印章的兽钮雕刻一直都是寿山石雕最为显著的品类，它是寿山石雕中最具有普遍性的题材，也形成了最具有类型化特点的美学。如果说，“周派”和“郭家工”分别形成了寿山石兽钮雕刻技艺的独特的风格，那么其众多的模仿者在造型和刀法语言上并未有能出其右者，更可悲的是在“重材轻质”的风气下，兽钮雕刻几乎成为粗制滥造的代名词：最传统的题材、最传统的造型更多地迎合了收藏界、玩家和一般看客的保守观念，再配上品质较好的石材，其在市场上的估价基本上是可以得到保障的，而无论技艺和审美上的优劣。在这种语境下，潘惊石的探索是富于挑战性的。一方面，他刻意地回避兽钮雕刻既有的造型范式和刀法语言，他不仅越过“周派”“郭家工”这些当代的前辈，大量地学习和临摹“清工”，而且往前回溯至汉唐气象，再从上古时期的神话传说中寻找灵感，在这个过程中，他的兽钮雕刻在结构、体量上有了更清晰的脉络：从“清工”的清丽奇绝，走向汉唐的雍容大气和上古时期的古朴浑厚。另一方面，潘惊石也更加重视细节的表现，从对整体的强调走向对细节的强调，在兽钮雕刻领域重新树立“精工”的理念，这尤其表现在他对“拉丝”技艺的研磨和将其开拓性地运用在水波纹的表现上。

“拉丝”是寿山石兽钮雕刻中的重要技艺，多运用于对古兽的鬃发、尾毛等局部的表现，也运用于对水波的表现。在清代，寿山石雕中的拉丝工艺已经比较成熟，潘玉茂的《龙马负图》(又名《麒麟与海潮》即是对“拉丝”技艺精湛使用的典范。东门派的林元珠、林元水皆擅长以尖刀拉丝技法精雕细刻人物、动物的须发及海浪波涛，拉丝流畅连贯，巧妙绝伦。

拉丝手法的创作过程对艺术家的专注力和刀法的稳定性有极高的要求，需要艺术家具有精工细作的精神和专注忘我的创作状态。拉丝技艺是否精到，可以从每根拉丝的粗细是否均匀，线条的走势是否流畅，以及能否表现出整饬、生动的气韵来判断。潘惊石在改革创新拉丝雕刻刀具的基础上不断研磨精进拉丝技艺，工艺更见细腻精微，刀法流畅婉转，线条连绵起伏，有如浑然天成。

拉丝技艺原本仅仅用于对人物和古兽动物的须毛、鬃发的表现，潘惊石的创新在于他将这种原本辅助性的雕刻技艺演化为雕刻的主体对象，从创作对象局部的拉丝技法发展为“水纹图”这种新的艺术形式，在其中，波涛的翻涌、水线的起伏、浪花的跃没，宛如天然，极富于动感与韵律，既整饬而又生机勃勃。如果将其与马远的《水图》对比着看，不难看出两种不同介质、不同形态的创作之间内在的呼应。马远的《水图》描绘了水波的不同形态，或如细雨微澜、秋水荡漾，或如风起云涌、大舒大卷，潘惊石显然更为钟爱后者，其刀下的水流层波叠浪、涛声震荡，有一种摄人心魄的威力与气势。苍茫海域，波涛万顷，旭日喷薄，蛟龙出没，这显然是艺术家更为心仪的气象。

对精工的追求同样表现在潘惊石的爬虫类题材的雕刻。潘惊石雕刻的各类爬虫，如蜥蜴、蛇、蜗牛，其风格迥异于多数寿山石雕同仁。潘惊石雕刻爬虫，妙在其构思创意能够别出心裁，敢于跳脱寿山石雕的传统文化视野，大胆发掘新的题材类型，自他之后，箭蛙、蜗牛、蜥蜴、蟒蛇、锹甲、鸣蝉等各式动物才成为寿山石雕的审美对象，可以说是开风气之先。而且，我们可以从潘惊石对爬虫、昆虫的雕刻中看到一种对写实主义的执迷：对形体、肤色、皮甲、动作、姿态、神态的雕刻，都已经不是“逼真”所能形容，这些自然界的精灵在他的刀下栩栩如生。潘惊石追求的不是模仿，而是创造一个石头上的动物家园，因为当写实做到了极致，那么雕刻出来的就不只是物质形体的精准，而是同时激活了对象的精神气韵。潘惊石雕刻的这些动物犹如跳出了寿山石的躯体，是一个生动、真实的生命，这也是人们从潘惊石的作品中可以感受到心灵震撼的原因。

写实来源于对巧色、巧形的极致主义的追求。巧色、巧形是传统寿山石雕的重要美学形式，是寿山石雕在“审形度势”“掩拙扬俏”这种美学理念下追求“巧工”的重要表现形态。寿山石雕尤其注重对巧色的利用，从冯久和的瓜果篮、林亨云的北极熊到对各种神佛、历史人物的表现，巧色用得好可以起到画龙点睛的作用，使表现对象神采跃然、气韵生动。潘惊石对巧形、巧色的使用近乎偏执，而非仅仅停留、满足于写实主义的“逼真”，而是追求一种极致的纯粹的表现形式，这些作品，主体与背景的边界清晰透彻，没有拖泥带水或者含混犹疑之处。这是他与寿山石雕“巧工”传统最大的区别，如果说，传统的巧工只是一种单纯的技艺形式，那么，潘惊石的巧工就带有强烈的“风格”色彩。

摹形拟态，巧色天然，是寿山石雕的传统美学，潘惊石的创新是重返精工，将这种写实主义推向极致。潘惊石的水纹图同样脱胎于传统的拉丝技法，但他却创造了一种崭新的艺术形态。这种探索对寿山石雕艺术的发展是一种巨大的推动，也说明了创新与传统之间的辩证关系。寿山石雕是一种传统技艺，是泥古不化、固守成规，还是全盘推翻、从头再来？潘惊石的艺术探索是从传统中发现创新的火种，以独特的艺术个性和艺术符号刷新传统工艺的表达形态与美学境界，这种路径或许可以为当今时代探讨传统工艺（包括更广泛的传统文化）的传承与发展这一课题，提供富有启发性的视野。

（四）文化理念与艺术思维的变革

人们对一件寿山石雕艺术精品给予最高评价，往往以“工料双绝”称之。的确，大多数寿山石色彩绚烂，质地纯净，品性温厚，石材本身即是大自然的杰作。艺术家精雕巧琢，以巧色随形谋篇布局，赋之以诗情画意，韵味无穷，美石与精技相得益彰，相互辉映，焕发出灿烂的艺术光彩，这是寿山石雕艺术的魅力所在。今天许多寿山石雕艺术家仍以“工料双绝”为其艺术理想，即追求石头之精美与工艺之精巧的相映生辉。这固然是一种值得尊重的精神，但是，美石本不多得，寿山石产地狭小，经年累月的过度采掘已经造成石材资源的极度匮乏，材料匮乏、美石难求已经成为寿山石雕业界的突出问题。这意味着，“工料双绝”的艺术理想将面临困境，雕刻家如果非“美石”不作，实际上是一种自我设限。而且，随着寿山石雕交易收藏的火热，市场投资意识更青睐趋向于寿山石中的名贵品种，田黄自不用多说，质地纯美的芙蓉石与各类结晶、老性冻石，被认为具有较大的价值增值空间而成为交易收藏的热点，寿山石材价格炒作之风日盛，这种氛围又促生了“重材轻工”的观念，石质好但工艺粗糙简陋的作品可以大行其道。可以想见，这种风气的愈演愈烈将对寿山石雕艺术的发展造成巨大的伤害，乃至危及这项传统工艺的生命。

扭转“重材轻工”的观念，摆脱材料的局限，重回寿山石雕作为工艺艺术的本体，挖掘、拓展寿山石雕艺术表现的空间，追求艺术创造的格局与层次，这应是寿山石雕艺术家更要重视的方面。在这个意义上，当代寿山石雕艺术家陈礼忠的探索可以说是革命性的。陈礼忠师从著名工艺美术大师冯久和，以雕残荷而知名。他的一系列作品，如《秋荷孤雀》《西风鸣禽》《残荷听雨》《秋塘独鸣》等，枯涩萎败的秋荷或舒展或蜷曲，残叶败茎，犹如沧桑的老者，独有隽永的韵味。当然，陈礼忠也雕刻春华秋实的热闹景象，譬如《菡萏飘香》《映日荷花别样红》《荷香映朝辉》等，一片生机勃勃、喜气盎然。但是，在陈礼忠一系列以荷塘为审美对象的作品中，能够担纲主角的仍是这些弥漫着浓浓秋意的残荷，这是陈礼忠作品中最富有人文意蕴的部分，也是最好地展示出艺术家的创作个性的部分。残荷是唐诗宋词中的经典意象，秋风冷冽，残荷萧瑟，孤雀啾鸣，一派枯寂而凄清的景象，这种氛围与心境是寿山石雕鲜于表达的方面。在寿山石雕的传统文化脉络中，或者吉祥喜乐，或者富丽庄严，即使是寄寓归隐雅逸的作品，也有陶然自乐、自在其中的平静心态。对比之下，陈礼忠的一系列残荷更显得孑然独立，或许是为了缓解秋意的萧瑟，在残叶枯茎之外的一朵花苞、一支莲蓬，或者一只孤鸟、一只青蟹，这些意象的组合将观者引入唐诗宋词的意境。显然，陈礼忠跟随的仍然是文人艺术的脉络，这种脉络在薄意雕刻中更为普遍，但陈礼忠的创作仍然别具一格，原因就在于他没有沿袭寿山石文人文化传统的主流，他所表现的不是寿山石的清丽或壮美，而是寿山石沧桑、劲道的另一种性格，陈礼忠的残荷即是这种性格的意象化的存在，而它也成为艺术家最富有个性、最具有感染力的艺术符号。

除了立意上的蹈越常规，陈礼忠的创新还在于他敢于大量起用并不被看好的石材品种，譬如焓红石、老岭石、山秀园石等高山石种。寿山石按产地分田坑、水坑、山坑三个类别，总体而言，以石材品质论，田坑优于水坑，水坑优于山坑，田坑温润，水坑纯净，或透明或半透明，色彩丰富绚烂，纹理纯净细腻，因而为雕刻家和市场所钟爱。高山石的子属品种众多，其中亦不乏品质卓越者，相对而言，焓红石、老岭石、山秀园石在石质上较为粗劣。焓红石产于寿山地区的旗降山，属旗降石的外围矿脉，颜色以赭黄、土红为多，且常杂以白、紫等色，多有杂点；石头质地粗糙、坚硬易脆。山秀园石属于寿山黄巢矿脉，出产于黄巢山脉山秀园村，多数山秀园石质地坚硬，黄、白、棕褐、黑色相间，不透明，砂粒较多。老岭石又名“柳岭石”，产于寿山乡北端的柳岭深山，质地坚脆，微透明，颇具光泽，色以绿、黄最为普遍。这些石种的共同特点就是石质粗糙，石性坚脆，色彩枯黄暗褐，砂粒驳杂，因而为许多雕刻家所冷落。而恰恰是在这些粗糙顽劣的石头中，陈礼忠找到了富有创造性的艺术灵感。

寿山石雕艺术传统中很重要的一点即是讲究“因材施艺”，石头是静态的物质，艺术创造却是思想和创意的运动，如何以好的创意、以深刻的思想激活静态的石头，赋予其鲜活的生命和灵动的精神，才是对艺术家的真正考验。而且，“工料双绝”不应局限性地理解为“美石”与“巧工”的简单相加，事实上，材料与工艺之间更应强调的是“匹配”的问题，也就是说，石性、纹理、色彩等材料元素，和艺术家欲以表现的题材、主题、内涵、意境等艺术元素，要达到相互呼应、相互映衬、相互匹配的关系，才能取得相得益彰、相映生辉的美学效果。精美的田黄、多彩的芙蓉、粗粝的老岭石、斑驳的花坑石，从艺术创作的角度来看，这些石材本身并无高低，石材之外，雕工水平的高低也不是决定作品艺术品质的唯一要素。以粗粝的老岭石来雕刻粗犷、沧桑的达摩、罗汉，比之于色泽绚烂的芙蓉石而言，显然更能够贴合人物的风采；以纯净、细腻的冻石来雕刻慈善、亲和的观音，比之于粗陋的老岭石，也同样更能够突显人物的神韵。我们在陈礼忠以焓红石雕刻的《听风戏荷》《秋塘独鸣》，以老岭石雕刻的《秋荷孤雀》《荷叶枯时秋甸甸》《别有池塘一种幽》《残荷听雨》，以旗降石雕刻的《探花蜻蜓》等作品中，体验到的正是艺术家如何“化腐朽为神奇”的力量，没有什么比这些粗粝顽劣的石头可以更好地表现秋荷的形态、纹理、色彩，除了雕刻家高超的技艺之外，秋荷的沧桑、坚执与隽永的神韵也得力于石材本身的质地与性格。“工料双绝”首先应追求的是材料与作品表达对象的“相适”，一味追求美石、精工，认为将二者叠加就一定可以成为上乘之作，这种理解不免狭隘，在一定程度上也暴露了雕刻者在审美文化涵养上的欠缺。

庄子强调，能够不为物所役，才能达到自由的精神境界，艺术创作同样如此。陈礼忠在这些作品中展现出来的，即是这种珍贵的精神。这也说明了当代寿山石雕艺术要创新发展，首先需要变革的即是文化观念和艺术思维，一面是传承传统，一面是超越艺术成规；一面是技艺的创新，一面是审美理念的创新——才是永葆艺术生命力的关键所在。

第十一章　区域文化发展路径探索

改革开放40多年，我国的社会生产力得到了极大的解放和发展，国民经济快速健康发展，综合国力不断增强，人民生活持续改善，科技、教育、文化等社会事业全面进步，为我国文化发展奠定了扎实的经济基础。在深化改革、扩大开放、加快转变经济发展方式的背景下，文化的作用日益凸显，越来越成为民族凝聚力和创造力的重要源泉，成为综合国力竞争的重要因素和经济社会发展的重要支撑。中央文化体制改革领导小组、中宣部做出一系列重要部署，积极推进文化体制机制创新，极大地解放和发展了文化生产力，文化产业发展迅速，成为推动经济发展的重要增长点、促进经济结构调整的重要支撑点、扩大内需促进文化消费的重要着力点，是中国经济发展的重要构成和新引擎。推进文化体制改革和大力发展文化产业，是我国全力推进“战略转型”和“产业升级”的重要内容和重要文化实践，是“文化强国”国家战略的重要构成。福建的文化体制改革和文化产业发展，是这一伟大实践的一部分。

一、深化改革，夯实创新发展基础

福建省委、省政府高度重视文化体制改革，把文化体制改革发展作为转变经济发展方式的重要途径、提升地区综合实力的重要抓手和改善民生的重要内容，摆在全局工作的突出位置，纳入全省经济社会发展的总体规划。在目标任务上，福建确立了文化体制改革的三项重点任务，即：推进国有经营性文化单位转企改制，培育合格的市场主体；推进文化市场综合执法改革，完善文化市场管理体制；推进广电网络整合，健全促进信息网络系统。

2003年，厦门广电被列为全国首批文化体制改革试点单位，由此拉开了全省文化体制改革的序幕。2012年年中，福建国有经营性文化单位转企改制进入收尾阶段，这一时期，通过资源重组，推动文化资源向优势文化单位集中，先后组建了福建日报报业集团、福建广播影视集团、海峡出版发行集团、海峡世纪（福建）影视文化有限公司等。成立于2002年的福建日报报业集团整合了报、刊、网三大平台，构建了包括11报、11刊、多网站的立体化媒体格局，形成下辖40多个经济实体的较大型产业集群。成立于2004年的福建广播影视集团由福建人民广播电台、福建省电影制片厂、福建电视台及其他所属单位整合而成，以管办分离、精简高效为改革原则，实行扁平式管理。2004年成立的福建新华发行集团，通过整合全省各市县新华书店资源，组建了大型国有文化企业集团，切实改变了长期以来全省各地新华书店各自为政、分散经营的局面，以独立、新兴的市场主体名列全国书业分销第一军团。成立于2009年的海峡出版发行集团，由福建人民出版社等12家出版单位转制后与新华发行集团整合组建。成立于2012年的福建广电网络集团，按照党中央、国务院和省委、省政府关于深化文化体制改革和加快推进“三网融合”的部署和要求，对全省广电网络单位进行资产重组，对全省广电网络资源进行整合优化，福建省文化产业发展和社会信息化建设进程得到有效推进。

文化产业体制改革旨在释放企业发展能动性，激发企业创造力，但企业竞争力的增强还需要强有力的产业政策提供引导和支持。2011年出台的《中共福建省委关于贯彻落实党的十七届六中全会精神推动文化大发展大繁荣的实施意见》，进一步确定了福建文化产业发展的具体目标：围绕打造全国重要文化产业基地，加快建立区域布局合理、产业结构优化、主导产业突出、企业实力雄厚、市场繁荣有序、福建特色彰显的现代文化产业发展体系。2012年的《关于进一步推动福建省文化产业发展若干政策》，进一步将福建文化产业的发展目标细化为培育壮大骨干企业、推动文化产业集聚、鼓励原创内容生产、促进文化产业与科技相融合、加强人才队伍建设、拓宽投融资渠道、加大政策扶持、健全工作机制八项具体内容。在这些宏观设计框架指导下，一系列微观政策的出台为发展提供了重要着力点，各种具体文化产业门类中短期发展规划和相关政策密集出台，广播影视业、演艺娱乐业、广告业、工艺美术产业、文化旅游业、动漫游戏产业、文化会展业等出台专项发展规划。同时，福建省发布一系列推动和加快相关产业发展的实施意见和管理办法，为全面推进文化产业发展创设有利环境和建立保障机制。如，在创新发展方式、促进产业融合发展的战略指导下，福建着力实施“文化+科技”“互联网+”等工程，出台了《加快推进文化和旅游融合发展的实施意见》（2013）、《关于加快推进文化和科技融合发展的实施意见》（2013）、《福建省人民政府关于推进文化创意和设计服务与相关产业融合发展八条措施的通知》（2014）、《福建省人民政府关于加快互联网经济发展十条措施的通知》（2015）、《福建推进“互联网+文化产业”行动实施方案》（2016）、《传统媒体和新兴媒体融合发展重点扶持项目管理办法》（2016）等文件。

除了政策体系的建构，一些具体的发展措施也陆续推出，尤为重要的是2012年启动的“310行动计划”——该计划通过培育10个重点文化产业园区、打造10个骨干文化企业、推进10个重点文化项目建设，旨在全面提升福建文化产业规模化、集约化和专业化发展的总体水平，驱动文化产业快速高效发展。对入选“310行动计划”的园区、企业和项目，政府给予资金、用地、税收等方面的重点支持。与“310行动计划”相配套的政策措施和管理指导意见也相继出台，如《全省文化产业重点项目管理办法》《福建省“文化企业十强”评选管理办法》《福建省文化产业重点园区认定管理办法》等，对获得支持的“310行动计划”对象，进行动态的跟踪考察和年度绩效考评，加强监督管理，强化政策的引导性与政府在发展中的指导作用。富于战略性的政策体系与完善的产业发展配套机制，保障了福建文化产业规模平稳快速增长。从统计数据看，福建文化产业发展速度连续保持两位数增长，增长速度明显快于全省GDP的增长速度，形成了比较完备的包括演艺、娱乐、音像、艺术品、网络、动漫等在内的文化产业门类体系和资本、产权、人才、信息、技术等文化生产要素市场在内的文化市场体系，工艺美术产业和动漫游戏产业形成了全国影响力。

福建拥有众多区域“名片”：21世纪海上丝绸之路核心区、全国生态文明示范区、中国福建自由贸易试验区、福厦泉国家自主创新示范区、平潭综合实验区和福州新区，“六区叠加”为福建文化产业发展带来新机遇。《福建文化改革与发展“十三五”规划》提出，“十三五”期间福建将建成我国重要文化产业基地——基本形成布局合理、结构优化、特色鲜明的现代文化产业体系，文化产业增加值占地区生产总值比重超过6%，成为国民经济支柱性产业。实现这一目标的具体举措，包括：（1）着力推进科技创新和文化科技深度融合，实施“互联网+文创媒体”行动计划，推动传统媒体与新兴媒体融合发展；（2）着力构建新闻出版业、广播影视业、工艺美术业、文化旅游与演艺娱乐业、动漫游戏业、创意设计与会展业六大重点文化产业集群；（3）着力提升文化产业园区集聚集约发展水平，加快特色文化产业集聚；（4）着力加快建立现代企业制度，深化经营管理方式创新和商业模式创新，培育壮大骨干文化企业；（5）着力建立健全统一开放、竞争有序的多层次文化消费市场；（6）着力发展对外文化贸易和投资，提高对外文化贸易占对外贸易总额的比重，等等。凭借福建丰富多样、独具特色的文化资源，借助“六区叠加”的发展机遇，通过更加科学、完善的文化产业发展部署，福建文化产业发展有望取得更好更快的发展，从而为建设文化强省和“机制活、产业优、百姓富、生态美”的新福建发挥重要作用。

二、聚焦问题，找准创新发展方向

福建历史文化资源十分丰富，拥有海丝文化、朱子文化、妈祖文化、闽南文化、船政文化、客家文化、红色文化等一批地域特色鲜明、文化内涵丰富的文化品牌，自然物质文化遗产和非物质文化遗产众多，高甲戏、莆仙戏、闽剧、歌仔戏、梨园戏等曲艺品种丰富多样，木雕、根雕、石雕、漆艺等传统工艺美术品牌在全国赫然有名。福建“十三五”文化发展规划提出，要重点发展工业设计、数字内容产业、文化创意、时尚设计及咨询服务创意四大领域，促进技术创新、业态创新、内容创新、模式创新和管理创新，从而切实提高福建省文化创意和设计服务的整体质量水平和核心竞争力。然而，从当前的发展实际来看，我们距离这一目标还有很大空间。福建历史文化资源的产品开发和产业建设还很不发达，影视文艺创作表现乏力，文化旅游形态还比较原始，传统工艺美术向创意设计转型的道路有待拓展，文化创意设计服务能力总体上还比较贫弱，工业设计、服装设计、平面设计、建筑设计等设计服务行业的发展乏善可陈，现代设计理念和设计能力对文化产品的塑造能力急需增强，文化创意和设计服务与高端制造业、建筑业、商务服务业、信息业、旅游业、农业和体育产业等重点领域的融合发展尚需深入开拓，文化科技的双向融合与产业升级也有待进一步深入发展。

在既有基础上，福建的文化产业与文化创新发展，需要聚焦于六大关键词：（1）内容——要注重创意创新，全力推进内容产业发展；（2）集聚——

要提升平台集聚功能，促进产业区域性集聚；（3）融合——要推动文化科技创新，促进产业融合发展；（4）品牌——要以品牌创造高附加值，以品牌促进文化输出；（5）合作——要借力“海丝”核心区建设和自贸区等平台开拓国际发展空间；（6）生态——要培育良好的文化发展生态，促进文化产业的可持续发展和深层次发展。这六大面向的驱动将有助于全面促进福建文化产业转型升级和文化创新发展。

——大力开发原创内容产业，强化创意创新意识。第一，着力提升原创内容产业创造活力。“文创”产业的本质是内容产业，内容产业的核心是创造性与创新力，原创性的内容生产是产业价值的源头与驱动器，是产业转型升级的需要，是文化核心竞争力的体现，是可持续发展的保障。要大力推动原创内容生产，全面激发原创内容生产开发的创新能力和创造活力，注重本土重点历史文化题材的开掘、历史文化内涵的表现和文化元素的转化利用；要依托本土自然人文资源、历史文化积淀，特别是要发挥福州作为省会中心城市和厦门作为开放特区的人才集聚优势，全面推进原创影视精品、原创演艺剧目、原创文艺创作（包括长篇小说、戏剧戏曲、美术、工艺等）、原创广告创意、原创动漫制作（包括动画电影）、原创现代设计等门类和领域的发展。第二，着力开发数字内容产业。要利用三网融合、云计算、无线网络等新兴技术及平台，促进数字游戏、互动娱乐、影视动漫、立体影像、数字学习、数字出版、数字典藏、数字表演、网络服务、内容软件等新兴产业形态的研发运用，推动福建广电网络集团、福建网龙等一批文化科技企业做大做强，使数字内容产业、信息服务产业成为文化产业发展的新增长点和重要支撑。第三，着力促进创意设计能力提升。要把发展创意设计放在重要位置，以提升创意设计力、促进文化创意设计对传统文化产业的渗透融合作为文化产业发展的核心目标与重点任务。要结合福建传统制造业的发展基础，在推动先进制造业发展过程中积极引入文化因素，通过文化创意提升产品文化含量，强化工业设计能力，打造创意设计旗舰型产业主体，培育创意设计品牌。

——提升平台集聚功能，促进产业区域集聚发展。第一，着力提升园区集聚效能。要结合本地产业基础和产业优势，加强各地市文化产业园区规划的科学性和针对性，突出重点产业，强化对产业资源的整合与集聚能力，促进园区产业的创新性整合和跨业态融合，促进规模化发展，形成龙头主导效应和带动作用。要强化省级重点文化产业园区在文化产业集聚发展中的引领作用，全面优化闽台（福州）文化产业园核心区、惠安雕艺文化创意产业园、厦门龙山文化创意产业园、南靖海峡印刷产业园等十大省级重点文化产业园区的产业结构，重点提升园区产业配置能力，完善产业链体系，形成主导产业明确、延伸产业关联度高、专业性强的产业布局。要增强文化产业园区的人文环境建设，着力提升创意园区的创意氛围与创新能力，提高园区企业结构中科技与创意设计企业的比重，发挥园区创业孵化、产业育成的功能，重点扶持和推动中小微原创企业的成长。第二，着力促进产业区域性集聚。要加强全省文化产业区域性布局，从区域自然、文化和产业等资源的基础和实际出发，积极利用和转化区域资源，将既有的文化产业要素价值最大化，制定地区差异化发展策略，提升区域特色产业、优势产业的集聚能力和辐射作用，通过集聚做大特色产业规模，打造区域文化产业品牌。要挖掘文化产业发展空间，培育城市文化产业经济带，以福州、厦门、泉州为中心，挖掘城市文化资源，拓展文化产业路径，做大做强城市文化产业。要培育乡村文化产业经济带，依托福建自然乡土与历史人文资源，大力开发乡村生态经济和文化体验经济，创造农村文化发展与产业发展的新气象。

——创新发展思维，促进融合发展。第一，着力推动文化科技融合发展。要实施科技创新推动战略，以文化创新和科技创新为双翼，创新文化生产方式，强化融合发展思维，培育新兴文化产业和文化业态。要重视现代信息技术、数字化技术、智能终端等现代科技与文化的融合，提升文化科技企业创新能力，以科技创新推动文化产业行业间跨界融合、协同发展，支持发展移动多媒体、手机出版、数字印刷、动漫网游等新兴文化创意产业，拓展新型文化产品和服务，形成一批具有独立知识产权和市场竞争力的文化科技产品，形成一大批拥有自主知识产权和核心技术的创新型文化企业。第二，着力实施“互联网+文化”融合计划。要充分发挥互联网平台功能和技术支撑作用，推动文化资源、项目、品牌与互联网技术平台和现代信息技术的全面合作，形成互联网与文化产业结合、文化产业与其他产业跨界融合的发展格局，促进传统产业利用互联网平台和技术打通文化领域产业链，全面开发文化产品需求市场，全面促进文化创意生产力的解放。要构建“平台+内容”现代产业模式，坚持技术与内容双轮驱动，以内容产业支撑平台产业，以平台产业促进内容产业，大力开发包括网络游戏、网络动漫、网络音乐、网络视频等在内的新兴内容产业和网络社交与生活服务、网络物流等在内的新兴文化服务产业，培育文化经济发展新增长极。要充分运用新技术、新应用推动媒体传播方式创新发展，加快制定和实施传统媒体和新兴媒体融合发展战略，鼓励有实力的文化企业开发新媒体平台，构建多媒体、全媒体产业体系，全面提升媒体舆论平台的影响力和媒体产业的发展活力。要积极利用互联网为平台，开发众筹、股权投资等金融模式，创新文化金融合作模式，拓宽文化产业融资渠道，鼓励和促进小微文化创意企业利用互联网平台开辟发展空间、做大做强。第三，着力促进产业融合发展。要推动文化创意与旅游业、制造业、建筑业、农业等相关产业融合发展，以创意设计为驱动力，透过文化内涵的植入、现代设计的革新与高新技术的推动，推进创意工业、创意旅游、创意手工业、创意农业等新型产业形态的发展。

——以品牌创造高附加值，以品牌促进文化输出。第一，着力打响一批文化品牌。要保护与发扬福建文化生态特质与活力优势，对全省文化资源、文化品牌进行宏观架构与高端整合，进一步推动文化资源、文化品牌的结构优化，推动更高层次、更加立体多维的文化资源开发，提升朱子文化、闽南文化、客家文化、妈祖文化、海丝文化、船政文化、红色文化等文化品牌的影响力。第二，着力实施文化精品工程。要加大新闻出版、广播影视的策划、制作、组织、营销能力，培育一批优秀的新闻出版物品牌，培育一批在全国具有影响力的节目、专题、频道，提升新闻出版、广播影视的品牌影响力。要鼓励文学创作、艺术创作、影视创作、创意设计等依托福建文化元素与文化资源，创作出一批融合福建文化元素、体现福建文化品格的优秀作品，打造“闽派”文艺。要鼓励研发具有自主知识产权的应用软件、网络游戏、动漫产品及相关衍生品，重点培育形成一批软件、动漫、游戏项目品牌。要促进文化创意和设计服务与工艺美术产业高度融合发展，重点推动传统工艺产业向现代艺术设计产业转型升级，打造一批具有福建风格和国内外影响力的工艺美术创意品牌。第三，着力打造一批企业品牌。要以改革促活力，鼓励文化企业规模化经营和专业化协作，促进文化企业资产、人才、技术等要素的合理组合，形成以优秀人才、高新技术、名牌产品、高效益经营单位为龙头，以资产为纽带，运用兼并、重组、联合等现代企业资本运作方式，跨地区、跨部门、跨所有制乃至跨国经营的大型文化企业集团。要重点推进国有或国有控股文化企业、企业集团、示范基地加快完善现代公司治理结构、推进股份制改造，实施管理股份制度，激发企业内部发展潜力。要培育壮大一批骨干文化企业，加强资源整合，提升自主知识产权技术和自主品牌建设能力，探索“文化+科技”“文化+金融”“文化+旅游”等跨界跨业融合发展新渠道，实现战略转型和发展模式创新。要放宽市场准入政策，积极引导民间资本、社会资本和外资进入文化产业领域，激发全社会的文化创造力，构建健康有序、共存共荣、互利互惠的文化产业生态。第四，着力打造一批产业平台品牌。要进一步提升闽台国家文化产业试验园、国家动画产业基地、国家影视动漫实验园、福建海西国家广告业示范园区、国家数字出版产业基地等国家级文化产业实验园、产业基地的规模化、集约化和专业化水平，将它们打造成为全国性的文化产业园区品牌。要提升海峡两岸文化产业博览交易会、海峡工艺博览会、海峡版权（创意）产业精品博览交易会等文化会展平台的品牌度与影响力。要推进福州、厦门、平潭自贸区建设，健全对外文化贸易发展机制。第五，着力打造一批城市品牌。要将文化发展与城市发展有机融合、紧密联动起来，开掘八闽大地独特的山水人文景观，推进历史文化资源、城市文化空间和文化遗产风貌的保护传承，激发城市在文化发展、艺术创造方面的生机活力，塑造“人文福建”整体形象。

——强化交流合作，提升福建文化价值传播力。要利用朱子文化、客家文化、闽南文化、妈祖文化等在国际华人华侨社会、东南亚各国的广泛影响，进一步完善与拓展泉州“东亚文化之都”的国际文化发展平台，深化福建文化在东南亚地区的影响。要借助“自贸区”平台，加大全国文化资源向福建集中并辐射全球，使福建成为中国文化对外传播的重要中转站，强化福建文化产业在国际布局和“文化走出去”战略中的地位，积极拓展与国际城市之间文化交流合作的空间与层次，输出内涵深厚、形态多样、品质优秀的福建文化创意品牌，加快融入世界文化产业市场，形成大区域、大合作的文化产业发展格局。

——培育良好文化生态，促进可持续深层次发展。第一，着力于政策生态建设。不断完善政策体系，以政策为引领，注重顶层战略设计，政策制定要兼顾综合性、系统性，突出针对性、操作性，产业宏观政策与行业微观政策要相互统一、相互协调，实现高效联动。第二，着力于文化资源生态建设。要优化文化资源保护开发机制，完善文化遗产保护传承体系，坚持保护传承、合理利用、创新发展有机结合。第三，着力于人才生态建设。要实施人才资源战略，构建文化产业人才智库，大力引进、培育高精尖文化创意产业人才，创新文化产业人才培养、考评、激励、保障机制，全面激发文化产业人才尤其是智力型和技术型人才的创新精神和创新能力，推动文化产业形成人力资源创造高附加价值的产业形态。第四，着力于文化法制生态建设。文化产业发展将在更宽领域、更深层次、更高水平的开放市场的环境下进行，要实现文化产业成长为国民经济支柱性产业的目标，需要更为开放的文化产业市场，建立更完善的文化产业市场秩序，就要加强文化知识产权保护，完善文化知识产权认定、登记、转让、开发制度，加强版权立法与执法体制机制建设，加强网络知识产权保护。要加快文化产业发展立法进程，从政策、资金、人才、保障等方面全方位推动和保障文化产业又快又好发展。

三、打造“海丝”文化IP品牌

2013年，《中共中央关于全面深化改革若干重大问题的决定》明确提出“推进丝绸之路经济带、海上丝绸之路建设”的发展构想与战略部署。福建是古代海上丝绸之路的起点，拥有深厚的历史文化资源、丰富的海洋资源和广泛的华人华侨文化资源。大力推进福建“海丝核心区”建设，是国家“一带一路”建设部署的重要构成。积极融入国家建设21世纪“海上丝绸之路”的发展蓝图，是福建经济社会文化发展的重要任务。

根据《福建省21世纪海上丝绸之路核心区建设方案》，“海丝核心区”将承担21世纪海上丝绸之路互联互通建设的重要枢纽、经贸合作的前沿平台、体制机制创新的先行区域和人文交流的重要纽带等重要功能。随着“海丝核心区”建设各项工作的有序推进，“海丝核心区”和自贸区、福州新区建设等各个平台的政策叠加效应也会进一步显现和深化，“海丝核心区”在国家“一带一路”建设中也将承担起更为重要的角色使命。文化建设是“海丝核心区”建设的重要构成，当前我们不仅要借助“海丝核心区”建设的历史机遇，推进福建文化创新发展和进一步“走出去”，更要将文化建设有机融入“海丝核心区”建设大局，要以文化为纽带深化闽台交流合作，提升福建在海外华人华侨社会中的凝聚力、号召力，要以文化为使者增进福建与“一带一路”沿线国家、地区的交流合作。要建立福建文化对外交流合作的创新机制，以文化为核心讲好福建故事，使文化成为“海丝核心区”建设的重要路径和精神驱动力，推动“海丝核心区”建设更快、更好进行。

——推进“海丝”历史文化脉络梳理，构建福建“海丝”文化记忆库。第一，着力于海丝历史文化资源普查研究工作。要推进海上丝绸之路文化遗产专项普查和海丝文物、涉台文物、传统村落保护的各项文化工程，着力于“海丝”文化资源的发掘、保护和传承，加强对“海丝”文物和文献的发掘、整理和展示、传播工作，以此为基础梳理和构建福建在“海丝”发展中的历史文化脉络，打造内容丰富、历史厚重的“海丝”文化记忆库，为“海丝”文化交流合作夯实文化基础、强化情感纽带。第二，着力于“海丝”物质文化遗产和平台建设。要推进平潭海坛海峡水下遗址、泉州古建筑群、漳州龙海月港遗址、平和南胜窑遗址、华安和南靖东溪窑遗址、平潭壳丘头文化考古公园等“海丝”历史文化地理空间的发掘、整理和保护工作，也包括泉州中国海上丝绸之路博物馆等文化平台的建设。第三，着力于“海丝”遗产文化的保护与发展。加大对包括南音、高甲戏、莆仙戏、芗剧、四平戏等在内的传统地方曲艺和传统民间工艺美术遗产的传承保护力度，深化福建祖地文化和民间信仰信俗在海外的传播，提升闽南文化生态保护区、客家文化生态保护实验区等文化空间的保护与建设水平。第四，着力强化“海丝”历史文化的学术研究。要推进“海丝”历史文化相关文献的整理、出版工作，强化“海丝”文化遗产当代保护和利用的学术研究，特别是以数字技术为手段搭建“海丝”文化资源库框架，推进包括“海丝”文化资源数据库、“海丝”文化资源服务终端等在内的“海丝”文化长廊的建设，讲好网络时代的福建“海丝”文化故事。

——推进“海丝”文化遗产资源产业转化，打造“海丝”文化产品体系。第一，着力推进“海丝”文化遗产资源产业转化。要将“海丝”文化建设有机纳入福建文化产业发展框架，充分依托21世纪海上丝绸之路核心区、全国生态文明示范区、中国福建自由贸易试验区、福厦泉国家自主创新示范区、平潭综合试验区和福州新区六区叠加的发展机遇，创新文化发展机制，进一步激发和提升人才、资本、信息、技术等创新要素的活力，打造门类丰富、主力突出、结构优化的海丝文化产业体系，形成一批特色鲜明、质量精良的“海丝”文化产品和服务品牌。第二，着力“海丝”文艺作品创作重点题材项目库建设。要设立“海丝”文艺创作专项资金，实施“海丝”文艺精品创作工程，促进“海丝”文化精品力作的打造和传播，包括形成一批南音、闽剧、高甲戏、梨园戏、芗剧（歌仔戏）、莆仙戏、北路戏等传统戏曲艺术和非物质文化遗产展演的精品项目，开发一批以妈祖文化、“海丝”文化、船政文化等为素材的当代精品艺术项目，创造一批富有艺术感染力的“海丝”文化艺术形象，推出一批“海丝”文化主题的文化竞赛和展览展示活动，全方位展示“海丝”文化和促进“海丝”文化的海外传播。第三，着力发展“海丝”文化创意内容产业。要成立“海丝”文化创意内容研发中心，加强对“海丝”文化历史资源、文化品牌的创意开发和产业转化，大力引进和培养文化创意人才，构建富有实力的海上丝绸之路文化产业，实施重点文化创意产业发展计划。要推进新闻出版广播影视、艺术表演单位培育“海丝”原创影视内容产业，发展“海丝”文化现代演艺娱乐产业；开发以“海丝”文化为题材的原创动漫游戏作品，打造一批有影响力的“海丝”文化动漫游戏品牌。要加强对德化陶瓷、莆田木雕、漳州窑、福州漆器、建盏工艺等非物质文化遗产的保护和产业开发，推动传统工艺向现代创意设计转型，开发“海丝”文化工艺衍生品品牌。要提升丝绸之路电影节、“海丝”文化博览会等在内的一系列大型“海丝”文化艺术节、文化创意产品展览活动的品牌效应，提升妈祖文化节、陈靖姑文化节、闽台对渡文化节暨蚶江泼水节、“三月三”畲族文化节等民间节庆活动的产业效应。要发展“海丝”文化旅游观光与文化体验服务产业，打造福州、厦门、泉州、莆田等海上丝绸之路重要旅游目的地，开发一批特色明显、主题鲜明的海上丝绸之路文化旅游产品。

——推进“海丝”文化平台载体建设，完善双向交流合作机制。第一，着力构建“海丝”文化展示推介体系，包括建设平潭国际旅游岛、中国海上丝绸之路国际文化交流展示中心、东亚文化之窗文创园、“海丝”文化生态体验园、“海丝”世博城、闽南戏曲展示中心等一批文化平台的建设，使其成为重要的“海丝”文化交流载体。第二，着力完善文化贸易平台建设。要深化海峡两岸文化产业博览交易会、“海丝”文化博览会、海峡工艺品博览会、中国（泉州）海上丝绸之路国际品牌博览会等会展平台功能，延伸“海丝”文化产业展示、贸易空间。要发挥国家海峡版权交易中心平台作用，推进“海丝”文化版权贸易，深化福建自贸区文化精品保税商店等创新性平台功能，在海外设立福建海丝文化专题馆或举办海丝文化主题系列活动，构建“海丝”文化产业交流合作的畅通渠道和多维网络。第三，着力拓展“海丝”

文化国际发展空间，推进境内外双向合作与多边往来。要支持文化企业开发“海丝”文化内容产品和在境外设立营销营运中心，提升与“海丝”文化沿线国家、地区的文化贸易合作能力；要探索以政府为主导、以企业为主体的“海丝”文化经贸合作的多边协商交流机制，探索与“海丝”沿线城市缔结友好城市的实践路径，建立“21世纪海上丝绸之路城市联盟”，通过举办年会、峰会、论坛等系列活动促进交流合作。

——推进“海丝”文化教育合作，培育“海丝”文化创新共同体。根据《福建省开展21世纪海上丝绸之路核心区创新驱动发展试验实施方案》，“海丝核心区”建设要主动融入“一带一路”国际创新合作，通过创新驱动提高发展质量，构建海丝协同创新网络，全面打造“海丝”创新共同体。创新是社会发展的驱动器，科技创新与文化创新互为助力，文化创新是科技创新的土壤和养料，文化创新为科技创新提供了强大的精神驱动力，没有文化创新的支撑，科技创新就难以厚植自觉自信力。“海丝”创新共同体建设，不仅包括科技创新共同体建设，还包括文化创新共同体建设。第一，着力推进“海丝”文化教育交流合作。要鼓励省内高校在海外联合办学或设立分校，探索建设国际性的“海丝”文化研究院，打造21世纪海上丝绸之路发展创新的智库和学术交流平台。第二，着力活跃社会科技创新氛围和创意氛围。要积极引进和培育一批有特色有影响力的众创空间、创客工作室，推进海洋事务、科技培训、创意创新合作等项目的合作开发，完善社会创新主体之间共享、合作的协调机制和保障机制，形成广泛深入、共享互联的文化创意创新合作网络，培育“海丝”文化传承、发展、创新的新生力量，提高“海丝”文化影响力。

四、培育数字人文发展高地

为顺应文化产业数字化、网络化、智能化、媒体融合的新趋势，福建将文化科技融合作为文化产业发展的一个重要方向加以推进。2012年出台的《关于进一步推动福建省文化产业发展若干政策》，将“促进文化产业与科技相融合”作为福建文化产业的发展目标之一，提出扶持发展文化创意、数字广播影视、动漫游戏、数字出版、网络传输等新兴业态，支持企业在文化产业支撑技术等领域内研发具有自主知识产权的创新技术，对创新企业给予奖励和税收减免政策。2013年发布的《关于加快推进文化和科技融合发展的实施意见》，从提升重点文化领域技术装备水平、文化和科技融合发展（园区）基地建设、文化和科技融合发展企业培育、完善文化和科技创新体系等方面，明确具体的发展目标、重点任务和示范工程项目的推进。在“文化+科技”的方向下，福建陆续出台了《关于推进文化创意和设计服务与相关产业融合发展八条措施的通知》《关于进一步加快软件产业发展的意见》《关于加快互联网经济发展十条措施的通知》《福建推进“互联网+文化产业”行动实施方案》《传统媒体和新兴媒体融合发展重点扶持项目管理办法》等，这些举措对促进文化发展方式创新和文化产业融合发展，产生了重要的推动力。

通过加快促进传统文化业态转型升级、加大文化科技企业培育力度、加强文化科技融合成果对接、建设文化科技创新示范重点工程等举措，福建有力推动了文化与科技的融合，取得了比较显著的成就，但也存在一些突出的不足。

——数字产业规模总体偏小。软件和信息服务业是福建文化科技融合发展中最突出的产业，集中了福建文化科技融合创新的前沿技术成果，软件和信息服务业所包含的动漫与网络游戏产业，也是福建在全国最具有影响力的产业门类之一，以之衡量福建文化科技融合的实际成效具有一定的代表性。2017年全国软件与信息服务收入共计55037亿元（含软件产品收入17241亿元，信息技术服务收入29318亿元，嵌入式系统软件收入8478亿元）。在地区对比上，广东高居榜首，全省软件和信息服务业收入9681.21亿元，江苏省、北京市、上海市、浙江省分别为8936.5亿元、8752亿元、7600亿元、6844.6亿元，而福建仅为2500亿元，与上述省市的差距还是比较大的。据《2017年福建省动漫游戏产业发展报告》，2017年福建动漫游戏产业总收入超过300亿元，而广东省2017年仅游戏产业一项就创造了总产值1670.5亿元、占全国游戏产业75.6%份额的显赫成绩，这也说明，福建在打造“动漫强省”的发展目标下，动漫与网络游戏产业仍然有巨大的距离要追赶。

——数字内容产业开发力度不足。福建数字出版产业正处于开拓期，尽管出版行业积极引进“互联网+”发展思维和推进新旧媒体融合，但从当前成效来看，其内部主要是通过技术改造实现期刊报纸数字化工程、推进PC和移动终端阅读、改造内容采编交互共享流程，外部则是推进多业态经营，在出版主业之外寻求多样化经营模式。这些举措的确促进了出版产业发展机制、渠道和模式的创新，增强了产业发展实力，但是，福建出版产业长期以来在优质内容上的开掘力度是远远不够的，品牌的存在度很低。即使进行数字化转型，在数字出版的核心领域如电子书出版、网络文学IP开发等内容生产方面，福建还有极大的空白要填补。缺乏开掘数字内容资源、打造数字内容品牌的战略性规划，其结果就是产品品牌度低，继而导致市场占有率低、产业链延伸力弱，对产业发展形成极大制约。此外，影视、演艺、音乐等娱乐产业也是福建省内容产业发展中的短板，福建的电影、电视剧和电视综艺节目制作在全国市场中所占的份额极小，缺乏有影响力的内容制作。当前，网络IP开发风潮席卷文化生产的各个领域，对不同地区数字内容产业的布局有巨大的影响作用，并将进一步重塑区域文化竞争力的现有格局。福建在数字内容开发力度上的薄弱，很可能使原本竞争力就不强的内容产业陷入更加不利的境地。

——传统产业融合科技创新力不强。福建是仅次于江苏、浙江、广东的全国工艺美术四大重点产区之一，是全国重要的工艺产品出口基地。福建在工艺美术产业的规模化建设、产业链构造和区域集聚上，形成了坚实的发展基础和较高的品牌影响力，总产值、出口贸易值多年来位居全国前三位，在全省文化产业结构中占有极大比重，扛下福建文化产业的半壁江山。尽管产值可观，但必须看到的是，福建工艺美术产业在生产形态和发展模式上仍然比较传统：一方面，在工艺创意和造型设计上对现代艺术设计的美学理念、表现形式、工艺技巧吸纳不多，内容生产还比较陈旧；另一方面，批量化、标准化等传统的制造业思维对整个产业发展的主导性还十分显著，整个行业对工艺产品的技术创新、文化品牌的打造和现代市场营销机制的创新都缺乏足够的重视。随着社会发展的转型创新，工艺美术产业这种传统的发展形态必将遭遇严峻的挑战。福建工艺美术产业的转型升级，首要是通过与文化创意的融合、与科技创新的融合来转变发展形态。材料与工艺是工艺产业的核心构成，在工艺产业发展中推进文化科技融合，首先是在产品研发上加大力度推进新材料、复合媒材的研发应用，在推进工艺产业同门类基础技术、关键技术、共性技术创新应用的同时，企业也要加大自主研发力度形成核心技术竞争力。技术创新关系到工艺美术产业的总体竞争力，也关系到某些具体工艺门类的可持续发展，特别是那些与环境生态关系密切的工艺行业，更应该通过技术创新加速产业转型。工艺美术产业在文化科技融合上的不足还表现在对产业市场开发机制的创新探索比较有限，特别是通过“互联网+”推进线上线下产业融合、推进分布式生产和个性化定制等运营模式创新较为不足，从而难以多维度地开拓创意消费市场和营销产品品牌。

上述问题仅是福建文化科技融合发展中比较突出的现象，总体来看，福建文化科技融合的广度、深度还十分有限，面临严峻的挑战。第一，福建多数文化创意类企业规模小、成长慢，自主投入科技创新的能力以及财政投入、人才投入方面都比较薄弱，企业自身在推动文化科技融合上很难有大的力度。第二，虽然福建不乏信息类高科技企业，有些企业在行业系统内甚至已经形成全国领军性地位，但对文化创意产业的特点和发展规律研究不够，对如何结合文化创意拓展产品、服务和市场缺少手段，多数企业亟待强化文化创意对信息产业的内容支撑、创意提升和价值挖掘的作用。第三，福建产业经济的重点是传统制造业，长期形成的传统发展思维根深蒂固，多数制造型企业尚未积极投入科技创新资源来调整产品结构和实现产业升级，在发展意识上远见不足、主动性不强，推进、利用科技创新与实体经济融合的发展观念尚待培育。这些因素进而导致了福建文化产业市场竞争力的不足。

2017年，福建发布《2017年数字福建工作要点》，将建设新一代基础设施、推动大数据建设应用、深化“互联网＋”产业、开展“物联网＋”行动、全面推广“互联网＋政务服务”等作为重点工作部署。2017年，福建启动建设首批27个数字福建大数据研究院（所），包括数字福建（长乐）产业园、数字福建（安溪）产业园和福州、厦门、泉州等地市的软件园，以及大数据和VR应用服务工程包，物联网基础设施建设等在内的数字经济重大项目，全年完成投资42.63亿元。2018年发布的《关于加快全省工业数字经济创新发展的意见》提出：以促进工业创新发展为主线，以推动工业数字化转型为主攻方向，加快构建以数据为关键要素、以数字技术创新为核心驱动力、以现代信息网络为重要载体的工业数字经济，在智能制造、物联网、大数据、人工智能等重点领域，突破一批核心技术，建立以数字技术创新为主要动能的工业新生态。可以说，这两份政策文件标志着“数字福建”发展战略的真正起步，尽管政策效应仍有待后续推进和发展实践的检验，但是方向性的明确对福建经济社会与文化领域的创新发展具有重要的指导性意义。

在“数字福建”的规划蓝图下，福建数字产业的发展应可以为文化发展带来强劲的驱动力。数字文化产业是福建数字产业发展的重要构成，上述两份文件对“文化+科技”“互联网+文化”都有相应的阐述。《2017年数字福建工作要点》提出：加强“互联网＋文创媒体”探索，支持文化企业提升创新服务供给与运营能力，支持相关单位建设VR视频应用服务频道，推动IP-TV集成播控平台升级、广电网络大数据平台和高清互动云电视平台建设，加快主流媒体多平台建设、多渠道推广，推进传统媒体与新兴媒体融合发展。针对福建报刊影视等媒体产业发展乏力的现状，以“互联网+”为方向推进新旧媒体融合，以科技创新力渗透和带动媒体产业实现机制改革、业态创新和结构升级，探索特色化、多元化、多样化发展模式，是当前福建媒体产业寻求变革、创新和发展的重点任务。动漫与网络游戏产业是福建六大重点文化产业之一，《关于加快全省工业数字经济创新发展的意见》在“创新提升软件与信息技术服务业”部分，对培育壮大动漫游戏产业也有明确举措，包括：支持福州、厦门等地动漫游戏产业集聚发展，打造动漫游戏公共技术研发中心、版权交易等公共服务平台，推进动漫内容创作、形象设计、版权交易的发展，培育有自主知识产权、有较强影响力的动漫形象及品牌等。福建的动漫与网游游戏产业在全国已经具有标杆性地位，产品数量、产品分钟数、产业规模、产业集聚度、产业出口能力等在全国都位居前沿。借助“数字福建”的发展机遇，推进动漫与网络游戏产业结合科技前沿最新成果建立新增长点，有助于进一步强化产业实力、提升产业竞争力。

福建省会城市福州承担了首届“数字中国”峰会的举办。2018年，福州发布《“数字福州”建设三年行动计划（2018—2020年）》，提出到2020年全市数字经济规模突破4000亿元，将福州打造成数字中国建设示范城市的发展目标。厦门于2014年推出《美丽厦门战略规划》，着力推进产业转型升级行动，此后《厦门市物联网产业发展规划纲要（2017—2025年）》《厦门市VR/AR产业发展规划（2017—2022年）》等陆续出台，以建设数字经济强市为中心，对软件与信息服务、大数据、物联网、人工智能、VR/AR、文化创意等重点产业明确目标任务和举措，其中也包括了当前厦门重点推进的“双千亿”发展方案，即打造12条千亿产业链群，其中多条产业链与数字产业直接关联。

根据新华三集团发布的《中国城市数字经济指数白皮书（2018）》，当前中国城市数字经济发展呈现出“3中心5热点”和8个数字经济城市生态群的发展格局，其中5个数字经济热点区域就包含了以福州、厦门为核心的闽东南热点，显示福建数字经济发展具有良好的基础，尤其是福州、厦门所集聚的软件与信息服务产业集群、动漫游戏产业集群、人工智能产业集群等，是今后“数字福建”建设拓展、深化、提升的重要基础。

强化文化科技融合，将有力培育福建文化新动能。文化创新是社会创新的基础，科技创新是社会创新的主力，文化创新与科技创新的双向融合可以创造出广阔的创新空间。文化领域各产业的转型升级、各新兴文化业态的开发培育都离不开科技创新，数字文化产业更直接以科技创新为土壤和根基。深入实施科技带动战略，以文化创新和科技创新为双翼，强化融合发展思维，创新文化生产方式，促进以数字化、网络化、智能化为方向的文化创意产业发展创新体系建设，是当前及未来一段时间文化科技创新融合发展的重点目标。

政府层面的工作重点，应着力于建立系统的政策驱动机制，打造数字文化产业发展体系，以科技创新助力工业设计、推进文化制造业升级，加强文化科技人才培育，实施知识产权发展战略，完善金融支撑促进机制等。

行业层面的工作重点，应着力加强信息技术的前沿研发与创新，重点突破数字内容、数字工具、数字通信和数字交易等领域的关键技术；全面提高出版、印刷、传媒、影视、演艺、网络、动漫等领域技术装备水平，大力促进动漫、网络游戏、数字内容、手机媒体、多媒体产品等新兴文化科技业态快速健康发展。

区域层面的工作重点，应着力于结合“数字福建”的规划蓝图，夯实福建动漫与网游游戏产业在全国的标杆性地位，提升福建动漫与网游游戏在中国文化“走出去”战略中的引领力；着力于利用福州、厦门等地已经具有较好基础的软件与信息服务产业集群，大力发展人工智能产业，运用虚拟技术、人工智能技术培育发展全省文化创意设计、文化服务领域的新热点；加强“互联网＋文创媒体”探索，推进新旧媒体融合，以科技创新力渗透和带动媒体产业实现机制改革、业态创新；积极引进人才和搭建平台，抢占VR、AI技术运用于文化创意产业全领域的发展先机。

同时，数字人文产业和数字人文科学研究是今天数字人文发展的两个重要方面，应将大力推进数字人文发展纳入国家、地区经济社会和文化发展的重要规划实践中。就福建而言，要密切贴合“数字中国”发展战略，利用好

"数字中国建设峰会"平台，抢抓数字文化经济发展机遇，加快传统文化产业的数字化转型升级，打造富于特色的数字人文发展高地。

——构建"福建文化数据库"。对福建的文化资源、文化遗产、艺术创造、文化名人、民俗节庆等具有地方特色的文化品类和文化艺术元素进行归集分类，建设开放性的文化资源共享平台。同时，以高校、科研机构、艺术机构为主体，推进福建文化艺术的文本语料库、文本分析工具等公共平台的建设，为当代福建文化创新发展提供基础载体。

——推进文化遗产数字新生。全面梳理福建文化遗产谱系，建成文化遗产数据库，强化文化遗产的数字化保存、数字化展示和数字化开发运用，大开引进人工智能、虚拟技术等科技成果，开发遗产生态虚拟场景，发展遗产旅游与文化体验产业；推进传统文化的创造性转化和创新性发展，运用前沿科技手段促进文化创意"内容活化"与"形态活化"，利用开放的遗产数据库开发遗产传承与人才培育，建设促进遗产元素创意利用与现代设计转化的公共平台，充分调动起遗产保护传承、开发利用的社会力量和市场力量。

——打造数字文化产业发展体系。要利用三网融合、云计算、无线网络等新兴技术及平台，强化福建信息服务产业的既有基础优势，全面推进数字文化工程，加快传统文化产业的数字化转型升级，全面开发数字媒体（新媒体建设）、动漫网游、数字影音、数字出版、数字展览展示、数字内容创作、数字版权保护等数字化产业领域，优化数字文化产业格局，做大数字文化产业规模。

——强化数字人文环境生态建设。推进数字人文建设，需要从政策引导、资本引流、人才引进、消费引向等多维度构建一个良好的环境生态。综合运用财政、金融、土地与税收等措施引导社会资本、金融资本进入文化科技融合行业；加大文化与科技融合资金投入，支持文化创意产业研究和文化领域新产品、新技术的研发；健全文化科技协作攻关机制，在技术研发、资源利用、创意转化、融资交易、产权保护、集成管理等领域形成密切合作；强化科普设计教育，优化创意人才、文化科技人才培养机制。

——建设数字人文研究基地，促进哲学社会科学创新。数字人文是技术与文化的交汇点，是技术思维和人文精神的碰撞点，这个新兴、前沿的交叉领域，充分体现了不同知识类型、经验结构、思维模式之间的交叉、对话与相互融合渗透。福建的高校与科研机构要积极适应和利用科技创新的成果，推进前沿性、交叉性新兴学科与研究领域的开拓，开设专业的数字人文教育体系，成立数字人文研究基地，特别是结合机器算法辅助与传统人文学科研究传统，推进闽派学术的进一步发展。

五、建设生态文化发展空间

生态文明试验区建设是我国在21世纪新时代语境下，统筹推进“五位一体”总体布局和协调推进“四个全面”战略布局的重要任务，是落实、深化“创新、协调、绿色、开放、共享”五大发展理念的重要实践。生态文明试验区建设的核心精神是建立人、自然、文化的和谐共生，是人类社会可持续发展的必然要求。当前，福建生态文明试验区建设要在建设“机制活、产业优、百姓富、生态美”的新福建总体战略下，坚持科学发展观，立足省情实际，发挥地域优势，率先推进生态文明领域治理体系和治理能力现代化建设，探索生态文明建设的“福建模式”，打响“清新福建”这一生态文化品牌。

——促进生态与发展的并轨同步。要转变经济发展观念，以可持续为准则，以绿色发展为目标，使发展为生态提供保障，使生态为发展提供助力。因此，要从资源环境经济学的发展思路转向生态经济学的发展思路，从发展资源消耗型经济转向发展资源节约型经济。要着力转变经济增长方式，重点强化科技创新的引擎作用，强化信息技术、生物技术、新材料技术、新能源技术对福建经济产业广泛、深刻的渗透，提升科研成果转化能力。要大力推进新型工业化建设，推动电子信息、智能制造、生物科技、石油化工等福建重点产业的快速发展，促进产业的一体化、基地化、集群化发展。要加快发展闽西北山区绿色农业，推进沿海地区海洋产业和蓝色经济带建设，重点发展现代农业技术，提升农产品生产加工的附加值，促进农业提质增效和可持续发展，推进生态农业、生态农庄等新型业态发展。要树立集约循环利用的资源观，加快推进资源利用方式的根本转变，将绿色理念融入资源开发、利用、治理、配置、节约、保护等各个环节，减少资源消耗，提高资源再生再利用水平，建立从绿色生产到绿色消费的全产业链，发展循环经济。

——促进自然生态保护和文化生态保护的并重并行。要深刻意识到自然生态和文化生态都是生态文明建设的重要构成，二者相辅相成，互相促进。

良好的文化生态保护可以为发展文化创意产业、开发文化消费经济提供坚实基础与强大动力，当文化产业成为国民经济支柱性产业时，就可以对社会经济结构提供良好的平衡作用，有效制约社会经济发展对自然生态资源的过度攫取，从而促进自然生态资源保护。健康、良好的文化生态保护也是延续城市文脉、建设城市特色品牌的前提，在更深的层次上，文化生态保护更可以起到革新观念、刷新发展思维的作用，引导全社会的绿色发展观念。因此，要根据福建自然生态资源保护与发展现实，规划建设一批自然生态保护区，与此同时，要结合福建历史传统、文化脉络和区域文化特色，推进闽南文化生态保护区和客家文化、朱子文化等文化生态保护实验区的建设。自然资源的保护和文化遗产的保护要并重并行，对自然资源、文化资源的开发利用要综合评估其所可能造成的对任何一方的危害，避免任何破坏自然资源或文化资源的行为，更不能以开发自然资源之名来破坏文化资源，反之亦然。只有二者兼顾，并重并行，才可能建设一个清山丽水、富有历史文化内涵的“新福建”。

——促进城市和乡村空间生态的和谐共生。要大力推进生态城市、新型城镇化和新农村建设，缩小城市和乡村的二元结构性差异，坚持城乡环境治理并重，将城市与乡村看作是一个完整、共荣共生的社会生态系统，创造和谐高效的城乡生态文明。城市规划建设要将城市生态环境的保护与发展作为重要考量，遵守节能集约、循环利用、多样性共生等原则，建设绿色宜居、集约高效、富于文化创造力的城市生态系统。福建地处改革开放的前沿阵地，沿海地区多数乡镇在历史上扮演了发达制造业的空间载体这一重要角色，为福建经济的快速发展做出了重要贡献，也承受了不少由制造业带来的环境污染的发展之痛。今天的新型城镇化建设要走集约、智能、绿色、低碳发展的道路，要根据资源环境生态承载力调节福建省城镇化发展的规模，要依托山水地貌优化城镇的形态和功能。要大力推进新农村建设，发展乡村生态农业和乡村生态旅游业，引进现代农业科技发展现代农业、特色农业，提升“一乡一品”的差异化竞争力；建立农村现代生产组织和现代营销网络，引导农民转变发展观念，实现快速致富和共同致富；要将乡村林木植被、海港、水域生态的保护放在首位，推进农村人居环境整治行动，降低农业发展的环境成本，打造美丽乡村生态品牌，将乡村生态资源优势转化为农民生活福利，提高乡村民众的生活质量和幸福指数。

——促进政府与社会的信任与合作。生态环境、生态资源涉及人民群众切身利益，是关系到全社会的公共事业。也因此，生态文明建设工作的社会关注度高，生态资源破坏特别是环境危机更加容易引发社会民众对国家、政府的信任危机。政府在全力推进生态文明建设的同时，要倡导全社会建立成熟、深刻的生态文明意识，这首先就需要政府以身作则，对关系到生态环境、社会民生的重大项目，要向社会民众广泛征求意见，倾听民声，加大力度惩处破坏生态与资源的机构、企业与个人行为，引导积极健康的社会舆论。政府要鼓励支持民间力量成立环境保护非政府组织，许多发达国家都非常重视环境保护非政府组织的发展，形成了不少著名的世界性环境保护非政府组织，如世界自然保护联盟、绿色和平组织、世界自然基金会等。我国的环境保护非政府组织在近年来也得到快速发展，涌现出中国环境保护协会、中华环境保护基金会、自然之友等一些团体机构。实践证明，建立和发展环境保护非政府组织是保护环境的一种组织形式和有效途径，许多重大的环境保护运动和环境保护工作都离不开环境保护群众组织的参与。在建设生态文明试验区的任务和机遇面前，福建应积极引入民间力量发展环境保护非政府组织，不仅要鼓励成立各种类型的环境保护非政府组织，更要尊重、支持这些组织在环境保护、生态保护方面的工作，也要积极通过这些组织开展系列生态保护活动，引导广大群众共同投入生态文明建设。探索生态文明建设的第三方评估、监督和民间力量推动机制，这应是福建推动全民共建生态文明所不可忽略的方面。

——促进生态治理体制机制的健全优化。在资源管理上，要健全自然资源资产管理体制，建立全省资源总量管理和节约制度，实施能源和水资源消耗、建设用地等总量和强度双控行动，编制全省自然资源资产负债表。在资源使用上，要建立健全体现生态环境价值、让保护者受益的资源有偿使用和生态保护补偿机制，探索建立不同发展阶段环境外部成本内部化的绿色发展机制，探索建立生态保护与修复投入和科技支撑保障机制，建立先进科学技术研究应用和推广机制等。在资源监管上，建立归属清晰、权责明确、监管有效的自然资源资产产权制度，建立统一高效、联防联控、终身追责的生态环境监管机制，地方领导干部考评机制要从“GDP挂帅”转向“环保问政”，转向“绿色政绩”，建立以生态文明为中心的目标评价、绩效考核体系和奖惩机制，实行领导干部环境保护责任和自然资源资产离任审计。要健全环境资源司法保护机制，制定出台《福建省生态文明建设促进条例》，探索成立省级生态保护法庭。体制机制的健全优化，会使资源保护和生态建设有法可依、有责可查，切实改变政府、机构或个人轻视、漠视生态保护的错误观念。

六、培育创新创意型小城市

以县域经济体为主的小城市/城镇，是我国城镇体系建设的重要构成。我国工业化、现代化起步较晚，农业文明发达，产业比重突出，自改革开放以来，依托广大乡土空间、以轻工业产业集聚形成新型的小城镇空间，是我国城镇化、城市化建设的一个重要模式和特色。早在1989年通过的《中华人民共和国城市规划法》中就明确提出："国家实行严格控制大城市规模，合理发展中等城市和小城市的方针，促进生产力和人口的合理布局。"以县域经济体为核心的小城市/城镇发展，是我国经济社会发展和民生建设的重要内容。从历史积累和现实条件来说，小城市/城镇的发展道路注定要与大中城市有显著的区别，在土地、人口、市场等各项发展要素的局限性下，小城市/城镇的发展不可能面面俱到，而是集中发力，更多倚仗于某种资源禀赋和特色产业及其集聚功能的奉献，走出一条差异性的发展道路。在当前推进新型城镇化建设的背景下，探索以县域经济体为范围的小城市/城镇结合文化创意产业风潮和创意城市建设的思路，推进产业与人文的同步发展和相互提升，实现创新型创意型新兴小城市建设，是有着重要的现实意义的。

自改革开放以来，福建在民营经济统率下的传统制造业道路上摸爬滚打，积累了中国县域经济发展道路的丰富经验。福清、晋江、石狮等都是全国著名的百强县市，以电子产业、体育产业、服装产业在全国范围建立了不可取代的全国乃至全球的生产基地与市场。德化、莆田、仙游等县市则凭借其强大的工艺产业基础为全国所知名，为全国重要的工艺美术生产区域和对外文化贸易的重点基地。武夷山则凭借世界自然文化双遗产的声誉和深厚的文化积淀、良好的旅游资源，成为重要的文化旅游城市，等等。但是，随着全球经济结构和生产要素市场的调整，以福清、晋江、石狮、德化、莆田、仙游等为代表的县域经济体正处于重要的发展拐点，面临着传统产业升级、经济结构调整和培育城市发展新驱动力的重要任务。在这一关键时期，如何将产业发展与城市发展融为一体，如何以产业创新带动城市创新，以产业转型谋求城市转型，将在很大程度上决定这些依赖于特色产业和具有鲜明主导性产业的新兴小城市的未来发展空间。从全球经济社会发展与城市发展的实际和趋势来看，只有立足于产业创新、创意与特色，拓展和深化城市文化内涵，提升城市文化竞争力，形塑城市文化形象，打造城市文化品牌，以文化立市，以文化强市，从产业城市向创意城市转型发展，才可能在日益激烈的产业竞争和城市竞争中站稳脚跟，在实现县域经济体可持续发展的同时，促进产业经济对公共社会和城市生活建设的回馈。从产业出发，回归到城市，使产业发展与城市发展高度契合，相互促进，也是这些新兴小城市的一种必然的道路选择。

整合资源，立足特色，发挥优势，以产业创新转型为驱动力，突显城市建设的现代创意与特色，是县域城市未来发展的主体思路。譬如，晋江体育产业发展的各项优势与特色，是建设晋江城市文化品牌的重要支撑。今后，如何拓宽、丰富晋江体育产业的发展形态，如何使晋江体育产业跨越传统制造业的经济形态向综合性的文化创意产业发展，提升体育产品品牌对城市文化形象的营销功能，则是晋江“体育城市”文化品牌建设的关键。而石狮市制定的“服装设计，时尚之都”的发展规划目标能否实现，则取决于石狮能否以服装设计产业为核心竞争力，和以此建构一个主次分明、优势突出、特色鲜明的城市发展战略。其中，重点是产业链的多向延伸和产业的进一步集聚：用服装设计产业统合、主导和带动其他产业，围绕服装设计产业推动会展业、印刷业、旅游业、媒体平台、网络通路的发展，形成全方位和有效的产业发展体系。这一产业体系能否形成并发挥作用，将在根本上影响石狮城市的未来发展。

对于刚刚起步探索城市转型的新兴小城市来说，一个重要的和长期的课题，是如何在创新理念、创新组织、创新机制、创新保障等层面，全力推动城市创意环境和创意氛围的营造、创意平台和创意集群的建设、创意人才和创意能力的养成，提供创意城市所必需的各项生产要素和源源不断的发展动力。

——在发展战略上从经济强市向文化强市转换。多年来，像晋江、福清、石狮、莆田、仙游、德化等已经形成产业特色与品牌效应的县域经济体，在GDP总额、财税贡献、人均生活水平及各项增长率等发展指标上一直保持着强劲的态势，经济活力有目共睹。在文化发展方面，文化软硬件也取得长足进步。但综合来看，这些地方文化发展的实力还远远落后于经济实力，文化综合发展能力亟待提高。当下，从经济强市向文化强市发展的战略转换对这些县域经济体的全面与快速发展具有重要意义。所谓文化强市发展战略，就是城市文化综合发展能力的全面提升战略。从衡量指标来看，一要有完善的公共文化服务体系和不断提升的公共文化服务能力；二要使文化产业发展成为城市的支柱性产业，并体现在富于活力的当代文化创造、优化的文化产业结构、灵活高效的文化管理机制、文化人才创造性和积极性的有效发挥等方面；三要使文化的发展渗透并带动城市其他领域的发展，切实起到推动城市产业转型和产业升级的作用；四要创建富有影响力的文化品牌，树立深入人心的城市文化形象。

——从加快文化硬件建设向提升文化软实力转换。中国社会科学院《城市竞争力蓝皮书》将城市竞争力分为文化竞争力、制度竞争力、政府管理竞争力、企业管理竞争力和开放竞争力五个方面。事实上，文化竞争力也潜在地包含了对其他四种竞争力的需求。文化竞争力包括文化硬实力和文化软实力两个部分，文化硬实力主要表现在文化硬件即文化基础设施的完善及水准、产业经济对文化发展的支持力度、信息化程度等方面。在完善文化艺术中心、博物馆、图书馆、体育馆等基础文化设施配置之后，新兴小城市应将工作重点从主抓文化硬件建设转换为主抓文化软实力的提升。所谓文化软实力，包括五个方面：一是文化管理能力，包括文化事业管理机制的灵活性与效率水平、文化硬件设施的有效和高效使用，文物保护单位与文化遗产的数量及保护能力、文化产业结构的配置与优化能力等；二是文化生产与创新能力，包括文化资源的现代转换与再生能力、文化艺术产品的生产与创新能力、文化产业占GDP比重及增长率、文化品牌的创建与营销能力；三是文化人才培养机制的创新能力；四是不同层次的文化消费能力；五是文化环境的开放性、包容度和学习能力，包括城市精神和城市凝聚力、社会核心价值观、市民综合素质等。这五个方面都是新兴小城市在未来文化发展中需要着力予以提升的。

——从全面推进城市文化建设向凸显城市文化个性转换。在全球范围内，基于产业发展和城市营销的崭新视角，文化的建设与发展再次被提到国家、地区发展的重要位置，文化资源的挖掘、文化生产力的开发、文化品牌的创建、文化形象的行销，成为全球性的文化行为，也成为全球城市建设的重要构成。全面推进城市文化建设是城市文化发展的基础阶段和必须阶段，对这个阶段的跨越与突破，则是寻求城市文化个性的彰显和城市文化形象的树立。当下，以鲜明独特的城市文化个性为支撑创建特色文化城市，越来越受到人们的关注，它对于提升广大居民的精神文化生活、展示城市风貌、提高城市品位、支撑城市发展具有越来越重要的作用。对于新兴小城市而言，城市文化的个性既是城市建设个性化的基础和核心，更是在差异化策略下寻求城市可持续发展的关键。城市文化个性的塑造和显现，应全面地反映一个地方的文化历史与现代发展的方向，传承历史文化，弘扬现代文明，发挥地域特色，塑造独特的外在文化形象，培育鲜明的内在文化气质。譬如，晋江和石狮应在“现代产业基地”的发展方向和总体定位上，加强对城市文化个性的培育和突显。一方面，要突显传统积淀的区域历史文化特色，通过闽南地域建筑风格与传统生活街区的营造，闽南民间传统信俗与节庆活动的渲染，闽南文化遗产和民间艺术（如高甲戏和南音）的发扬等，突出闽南文化特色；另一方面，要突显现代活力的区域产业文化特色：晋江是重要的体育用品产业基地，应以体育用品企业为主体，以体育场馆和赛事为平台，弘扬现代体育精神，塑造运动、健康、活力的城市文化形象；石狮和晋江地处沿海，可以利用稀缺的海岸资源与开放包容的海洋文化特色，将旅游观光、体育活动、休闲宜居有机融合，营造滨海休闲生活风，实现自然与人文的和谐发展。对于小型城市来说，文化的建设与发展更应秉持差异化策略，挖掘地方独特的文化资源，准确定位地方特色文化内涵，树立鲜明、独特的文化形象。

——依托既有产业基础，促进文化与经济融合发展。文化与经济的融合发展已成为全球范围内最突出的经济现象和文化现象。在产业基础、文化积累和总体实力上，新兴小城市都难以与大中城市竞争，多类型、多空间式发展道路并不适合小城市发展的实际，寻求内部资源的统合，强化合力发展机制，确立更具有针对性、差异性的发展战略，都更符合新兴小城市发展的实际需要。因此，要推动地方特色文化和特色产业资源整合和产业融合，文化事业与文化产业的品牌建设应相互结合、相辅相成，并汇入城市形象品牌建设的合力中。将产业发展和城市发展密切结合、有机统一，充分发挥优势推动作用，依托地方特色产业资源、产业发展实力和产业发展平台，使富有特色的城市文化内涵与文化形象有更为坚实的物质平台和发展渠道，进而推进城市文化品牌的创建与营销。从产业出发回归到城市的发展战略，不仅突破与超越了传统的倚重劳动密集型产业经济的既有路径，在文化建设与发展的意义上，产业的创意与创新将推动城市的创意与创新，并主导城市的核心精神，成为城市人文风貌的建设性力量，对城市环境的整体提升和城市品牌的创建都将发挥重要作用。要使产业与城市之间、产业竞争力与城市竞争力之间、城市经济发展环境和人文发展环境之间，产生密切的联系和高频的互动，兼顾传统文化的现代产业转换与现代优势文化产业的多向发力，寻求产业发展方向与城市文化定位的协调一致，促进文化产业发展空间与结构的布局优化，科学统筹产业发展布局，使产业发展方向与城市文化定位协调一致。

——从完善公共文化服务硬件设施向提升市民综合文化素质转换。公共文化服务硬件设施只是服务的工具，广大的市民百姓才是公共文化服务的对象，也是城市文化建设的主体力量。公共文化服务硬件设施的有效和高效使用，应以市民综合文化素质的整体提升为衡量指标。市民综合文化素质的提升是城市文化软实力的重要体现，也是城市文化发展的最终目标。从公共文化服务硬件设施的完善转向文化服务能力提升，开展丰富多样的文化活动与教育培训，以切实提升市民综合文化素质为目标。第一，要提高市民的思想道德水平，在广大市民中推进社会主义核心价值观教育，使市民追求高尚的行为准则、文明健康的生活方式；第二，要改善城市居民的知识结构，提升市民的知识学习能力，建立面向市民的终身教育体系；第三，要提升市民的文化修养，扩展大众的文化视野，提高市民群体对世界先进文化的吸纳能力，提高广大群众艺术欣赏的水平和情趣。传统文化发达，民间文化氛围浓厚，但在现代文化、创意文化的发展与市民现代文化素质的提升上需要迫切跟进，是新兴小城市的重要特点。要着力于激发大众创意和创新意识，提升市民现代文化素质，充分发挥人民群众在推动城市转型创新发展中的作用。随着文化消费时代的到来，大众对精神和文化方面的个性化内容、符号与象征元素等文化要素的消费需求不断增长，同时，市民参与创意的活动在逐渐增加，大众参与创意的热情也在持续增长。要积极推行富有当代气息的“创意生活”计划，譬如，可以通过创意生活广场、创意生活馆、创意市集等文化创意空间的营建，促进城市创意的集聚，提供市民创意熏陶的文化软空间，引导和提升市民的文化消费品位；可以通过创意文化培训、创意设计比赛、创意生活DIY等文化创意活动的开展，吸引广大市民参与到城市创意生活中，热爱创意、培育创意和保护创意。从而，逐步推动城市创意环境的营造和创意经济的开发，为向创意社会转型迈进打好坚实基础。

——从打造文化品牌向打造城市品牌转换。城市品牌建设正成为城市发展的核心理念。一个城市的吸引力，在于其城市品牌的影响力，很多城市有文化、历史和特色，但是却没有形成城市品牌，城市的影响力和竞争力就会受到制约。像经营品牌一样经营一座城市已经引起人们的关注，正如商品品牌可以赋予产品可观的附加值，城市品牌在提升城市魅力、增强城市居民凝聚力、推动城市精神文明建设，以及吸引人才、吸引外资、带动旅游业发展和增强公众对政府的信任感等方面，都可以发挥重大作用。城市品牌的凝聚力、吸引力、辐射力集结起来将大大增强城市的竞争力，对城市未来发展具有重要意义。城市品牌是城市生态环境、经济活力、文化底蕴、精神品格、价值取向等综合功能的高度集中。从类型上讲，城市品牌有政治型品牌、经济型品牌、交通型品牌、文化型品牌、旅游型品牌、人居型品牌等。新兴小城市应依托自身历史文化积淀、地域特色、产业发展实际和未来发展构想等进行城市品牌的准确定位与科学规划。在创建城市品牌的工作上，要通过文化创意的渗透对既有的产业品牌进行巩固和提升，加强传统地方文化精神与现代企业文化精神的融会，形塑城市的核心价值并形成品牌效应，要树立创意城市的发展理念。创意城市的经营不仅是文化创意产业发展的重要组成，也是城市未来发展的整体趋势，推动城市从工业制造城市向现代创意城市的理念转变和结构优化，应是其重要的战略性选择。我国是制造业大国，传统制造业为我国经济腾飞创造了重要的基础，在产业升级、结构调整成为我国当前阶段重要发展方向的今天，以传统制造业为核心产业的广大的县域经济体和新兴小型城市面临着发展转型的重要关口，如何调整发展视野、制定可持续的发展战略是极其重要的。

——实施人才支持服务战略，强化人才对城市的形塑引领。人才是城市最大的竞争力因素，人才战略是城市发展的关键。城市发展要树立人才强市的理念，推动人才工程和实施人才政策，引进外来人才与培养本土人才。城市文化的发展更需要富于创造性的文化管理人才、创意人才。高端人才的入驻将为城市带来创造力、想象力和影响力，也有助于提升城市的感召力和凝聚力。要大力引进高端人才与知名设计企业、设计师，通过人才引进更新文化理念，带动创新创意精神，增加产业的文化创意含量，推动产业创新。要加强与当地教育资源的合作，加强产学研合作，探索社会人才培育新模式，着力培养专业性、技能性、创新型的人才。要积极创设能够促进人才汇聚的创新环境与生活环境，引进人才并留住人才，真正发挥人才对城市的贡献与作用，建立健全促进各类人才公平竞争、合理流动、优化配置的体制机制。总之，要尊重人才成长、发展与流动的规律，让各类人才创业有机会、创新有条件、干事有舞台、发展有空间。

——注重城市文化行销，打造城市文化标志。要注重推行城市文化形象构建与营销整合理念，倾力打造城市文化形象。打造城市文化形象须内外兼修，对内要注重城市核心文化理念的养成和文化概念的提炼，形成完整的城市文化理念系统、行为系统；对外要注重城市独特形象与城市个性化标志系统的创建，城市的文化形象设计要能够呈现城市的历史积淀、资源特色、文化符号等，要对这些元素进行城市形象的整体设计，构建城市文化形象的视觉系统。要着力于挖掘城市特色文化，确立城市主题文化，重视对城市历史文化遗产的保护和利用，拓展城市文化空间，制定塑造城市文化形象的发展规划。要着力于提升各项文化活动的水平，使之更具品牌化和影响力。举办文化活动是加强文化载体建设、发挥先进文化引领作用的重要途径，具有鲜明特色的城市主题文化活动对传播城市文化形象和营销城市品牌具有重要作用。通过城市主题文化活动展示城市魅力与活力，是建设品牌城市的重要途径。因此，要重点打造城市文化主题性的文化节庆活动，使之成为城市名片，如北京的音乐节、上海的艺术节、大连的啤酒节、杭州的动漫节、潍坊的风筝节、吴桥的杂技节等，在国内外已经形成良好的影响力与吸引力。要着力于培养、提升公共服务部门宣传和推广城市文化形象的意识，掌握基本形象营销推广技能，形成科学的城市文化形象运营机制，城市的形象传播，包括城市广告、政府公关、旅游推广、城市博览、媒介事件等在内的传播营销工具的整合与协同至关重要，要以整合传播的理念，多层次、多方位、多形态地推介城市文化形象。

第十二章　“文旅融合”的区域实践

2018年，新成立的文化和旅游部发布《关于促进全域旅游发展的指导意见》，在统筹推进“五位一体”总体布局和协调推进“四个全面”战略布局的指导方针下，强调大融合大旅游的发展思路，提出了着力促进从门票经济向产业经济转变、从粗放低效方式向精细高效方式转变、从封闭的旅游自循环向开放的“旅游+”转变、从单一景点景区建设向综合目的地服务转变等六个转变在内的旅游业发展转型方向。这种转型呼应了我国21世纪经济社会创新发展的总体要求，其核心概念是“全域旅游”。在“全域旅游”的概念与实践创新下，文化与旅游融合发展的传统命题也被重新置于新的发展框架与创新体系下，获得了深入推进与创新拓展的新空间。

一、“全域旅游”对“文旅融合”的深化

在笔者看来，“全域旅游”的主要内涵包括三个方面：一是强调旅游产业的“体系化”发展，即将旅游产业纳入国家和地方社会发展大局，从产业规划、空间布局、业态延伸、环境建设（包括自然生态环境建设与旅游服务环境建设）等层面，对旅游产业进行产业重塑和文化提升；二是促进旅游与其他产业的大融合，包括旅游与城镇化、工业化和商贸业的融合发展，旅游与农业、林业、水利的融合发展，旅游与交通、环保、国土、海洋、气象的融合发展，旅游与科技、教育、文化、卫生、体育的融合发展四个面向，以此全面推进“旅游+”发展方式，推动旅游产业与其他产业门类的多向互动和集体协作，实现“大旅游”产业格局；三是以文化旅游促进区域经济社会发展，即“把促进全域旅游发展作为推动经济社会发展的重要抓手”，“把旅游业作为经济社会发展的重要支撑，发挥旅游‘一业兴百业’的带动作用”。

推进全域旅游，促进“旅游+”方式创新发展，显然必须结合地方实际

尤其是资源禀赋、产业基础、区域发展方向等具体情况，针对性地进行统筹规划，做到“因地制宜，绿色发展”，推行各具特色、差异化推进的全域旅游发展新方式，有序开发，实现经济效益、社会效益、生态效益相互促进、共同提升。发展全域旅游，考验的是地方政府对发展全域旅游、促进“文旅融合”的思考深度与实践能力。从“文旅融合”的角度来说，旅游业可以与文化领域的任何一种资源相结合，重点在于这种结合是否具有现实基础与加值效应。

促进“文旅融合”是推进全域旅游发展的重要构成之一。《关于促进全域旅游发展的指导意见》要求，深入挖掘历史文化、地域特色文化、民族民俗文化、传统农耕文化等资源开发旅游产业，以文化提升旅游产业素质，打造旅游品牌，实现优质发展。该意见提出了促进“文旅融合”的路径，如：促进历史文化名城名镇名村、传统村落、工业历史遗迹等资源的整合，推动“名胜名城名镇名村”的“四名一体”模式创新；利用传统村落、文物遗迹及博物馆、纪念馆、美术馆、艺术馆、世界文化遗产、非物质文化遗产展示馆等文化场所开展文化文物旅游；推动剧场、演艺、游乐、动漫等产业与旅游业融合开展文化体验旅游；实施中国传统工艺振兴计划，提升传统工艺产品品质和旅游产品文化含量；等等。“文旅融合”不仅有助于旅游产业品质提升和文化与旅游双向融合加值效应的拓展深化，有助于催化出以文化旅游业为优势产业的区域社会经济发展新模式，有助于开发区域经济发展新动能，实现地方产业转型升级和发展生态的可持续性。同时，自然生态优美、传统文化积存丰富的广大乡村为发展文化旅游提供了重要空间载体，“文旅融合”发展有助于推进乡村振兴和脱贫富民大计。

我国高度重视“文旅融合”发展。早在2009年，原文化部和国家旅游局就联合发布《关于促进文化与旅游结合发展的指导意见》，提出了“文旅融合”的十条发展措施，包括：打造文化旅游系列活动品牌，打造高品质旅游演艺产品，利用非物质文化遗产资源优势开发文化旅游产品，深度开发文化旅游工艺品（纪念品）等。其中有两条措施涉及工艺产业，在“利用非物质文化遗产资源优势，开发文化旅游产品”一项中明确提出：“对传统技艺类非物质文化遗产，通过生产性保护方式，加以合理利用，为旅游业和文化产业发展注入新鲜元素。”除了以工艺文化丰富文化旅游元素，深化文化旅游内涵外，工艺文化产业也是文化旅游融合的重要构成，该意见提出要“深度开发文化旅游工艺品（纪念品）”，并进行详细阐述：“文化行政部门鼓励创意制作符合地方文化特点的文化旅游工艺品（纪念品），挖掘旅游品牌的形象价值，拓展旅游品牌的产业链条；旅游部门积极创造条件，加强文化旅游工艺品（纪念品）的市场推广，逐步提高工艺品（纪念品）的信誉和影响力。举办全国文化旅游工艺品（纪念品）博览会和全国文化旅游工艺品（纪念品）创意设计大赛。鼓励有创新特色的文化旅游工艺品（纪念品）申请外观设计专利，加强对文化旅游工艺品（纪念品）的知识产权保护。

鉴于工艺美术产业和文化旅游产业之间具有天然的联动关系，对于地方工艺文化遗产资源丰富、具有发展文化旅游产业优势的区域，我们可以在发展全域旅游、促进文旅融合的视角下，探索工艺美术产业和文化旅游产业融合发展的路径与空间。一方面，是检验文化旅游产业是否有效地促进了工艺文化遗产资源的展示传播，是否发挥了带动地方工艺文化产业发展的积极作用；另一方面，是检验地方工艺文化产业是否增强、提升了地方文化旅游的内涵和价值，是否主动地融入、适应了文化旅游的发展而进行主动创新。

二、发展工艺文化旅游的基础与前景

福建历史悠久，文化蕴藉深厚。南音、高甲戏、莆仙戏、妈祖信俗、民间工艺等非物质文化遗产资源丰富深厚；在地理空间上，福建依山面海，武夷山、土楼、鼓浪屿等世界遗产独特秀美。闽南文化、客家文化、妈祖文化、海丝文化、红色文化、船政文化、闽越文化、朱子文化、茶文化等文化品牌特色鲜明、内涵深刻，是推进福建“文化强省”建设的重要支撑，也是福建文化旅游产业发展的坚实基础。

2009年《国务院关于支持福建省加快建设海峡西岸经济区的若干意见》明确了福建在海峡西岸经济区建设中的四个战略定位，其一就是建成“我国重要的自然和文化旅游中心”，要求“充分发挥海峡西岸经济区的自然和文化资源优势，增强武夷山、闽西南土楼、鼓浪屿等景区对两岸游客的吸引力，拓展闽南文化、客家文化、妈祖文化等两岸共同文化内涵，突出‘海峡旅游’主题，使之成为国际知名的旅游目的地和富有特色的自然文化旅游中心”。这个战略定位高度肯定和凸显了福建在全国旅游产业布局和海峡旅游中的重要地位和重大作用。福建于2009发布《关于进一步推动旅游产业发展的若干意见》，2013年发布《福建省加快推进文化和旅游融合发展的实施意见》等文件和若干个阶段性产业发展规划，要求深入挖掘独具特色的历史文化旅游资源，推进一批特色文化旅游精品建设，实施“文旅融合”的“八大示范工程”，建成一批有影响的文化旅游项目。

福建具有深厚的工艺文化传统和坚实的工艺产业基础。福建工艺美术历史悠久资源丰富。早在新石器时代晚期，福建已能制作比较精美的陶器。隋唐时期，福州寿山石雕、德化白瓷、惠安石雕、莆田木雕就负有盛名。隋唐五代福建瓷器技艺渐趋成熟，陶瓷制品开始输往国外，建窑（位于今福建省南平市建阳区水吉镇）是宋代八大窑系之一，以烧制黑釉瓷“建盏”闻名，建瓷在日本被称为“兔毫天目”，至今被视为珍宝收藏。福建是中国漆器的主要产区之一，宋代福州所作的“福犀”驰名于世，清代福州脱胎漆器独树一帜，屡获国际博览会大奖，成为“建漆”的代表。福州脱胎漆器与北京的景泰蓝、江西的景德镇瓷器并誉为中国传统工艺的“三宝”。明清时期福建工艺美术发展较快，技艺愈见精湛。寿山石雕、古典木雕、脱胎漆器、漆线雕等品种因显著的地域文化特色和独特的工艺技艺，更成为世界知名的工艺类别。

工艺美术产业发展是福建经济发展和文化建设的重要构成，是福建最具优势的文化产业类别。福建工艺美术企业单位数量、工艺美术产业从业人员、工艺产业产值、出口交货值等多年来持续居全国前四位，是全国工艺美术的重点产区和主要出口基地之一，也是全国第四大工艺美术生产和出口省份，仅次于江苏、浙江和广东。福建拥有的中国工艺美术大师、省级工艺美术大师数量居全国第5位，具有人才方面的突出优势。福建工艺产业的影响力正日益提升，“福州脱胎漆器”和“德化白瓷”是国家地理标志保护产品，而在福建省政府公布的省级非物质文化遗产名录中，工艺美术类就有37种。

福建工艺产业发展具有十分突出的集聚特色。在中国工艺美术协会评授的30个中国工艺美术特色区域中，福建就获得中国瓷都·德化（德化县）、中国石雕之都（惠安县）、中国民间工艺品之都（泉州市鲤城区）、中国古典工艺家具之都（仙游县）、中国银饰之乡（莆田市上塘）5项工艺美术行业特色区域称号。目前，福建工艺美术产业已有2个国家级文化产业示范基地和17个省级文化产业示范基地，并形成德化陶瓷工艺产业园区、惠安崇武石雕产业园区、仙游宝泉古典工艺家具产业园区、莆田上塘珠宝产业园区、泉州丰泽树脂工艺产业园区、安溪藤铁工艺产业园区、闽侯竹草编工艺产业园区、华安石雕产业园区、建瓯根雕产业园区九个工艺美术产业园区，以及莆田“中国木雕之城”、惠安“中国石雕之都”、泉州丰泽区“中国树脂工艺之乡”、德化“中国陶瓷之都”、泉州鲤城“中国民间工艺品之都”、仙游“中国古典工艺家具之都”、安溪“中国藤铁工艺之乡”、莆田“中国莆田上塘银饰之乡”八大工艺美术特色区域。

工艺美术在福建是重要的地方性支柱产业。德化和仙游是福建比较突出的两个工艺产业集群区域。德化是中国陶瓷文化发祥地和三大古瓷都之一，现已发展为全国最大的西洋工艺瓷生产和出口基地，日用工艺陶瓷产业集群被评为“中国百佳产业集群”，先后荣膺“中国陶瓷之乡”“中国民间（陶瓷）艺术之乡”“中国瓷都”等荣誉称号。德化白瓷成为国家地理标志产品，德化瓷烧制技艺列入首批国家级非物质文化遗产保护项目。仙游是中国最大的木雕生产基地和三大红木古典家具主产地之一，出现了一批工艺家具生产专业村、专业街，2006年仙游被授予“中国古典工艺家具之都”称号，2007年成功申请注册了“仙作”商标，2009年“仙作”古典工艺家具制作工艺列为福建省非物质文化遗产。

从工艺产业资源、人力优势、产业发展基础、产业发展态势来看，福建都是当之无愧的工艺产业发展大省。工艺美术产业的区域化集聚，特色工艺文化空间与会展平台，以及众多的工艺创意工作坊，都为推进工艺产业与文化旅游的融合发展创造了便利条件和良好基础。

三、一个地级市的个案调研分析

从当前福建在工艺产业与文化旅游的产业互动与发展联结的现实来看，我们尚未实现真正的双向融合与相互促进、相互提升。笔者于2018年暑假到福建省北部南平地区进行实地走访和田野调查，就工艺与文化旅游的融合问题而言，南平地区是一个比较典型的个案。

南平地区是福建文化旅游发展的重要区域，也是福建重要的工艺产业发展区域，推动工艺产业融入文化旅游产业实现协同发展，具有较好基础，可以作为当地融合发展的重要方式。南平市地处“海西绿色腹地”，自然旅游资源极其丰富，历史人文积淀十分深厚，朱子文化、建本雕版印刷、武夷山双“世遗”、大红袍制作技艺等都拥有广泛知名度，拥有武夷山、邵武、建瓯等省级历史文化名城及和平、下梅、兴田等国家级历史文化名村名镇。武夷山是国际知名的旅游胜地，除了世界文化遗产和自然遗产这个双“世遗”品牌之外，武夷山还拥有其他众多响亮的名片，如“世界生物圈保护区”“全国重点文物保护单位”“国家重点风景名胜区”“国家级自然保护区”“国家生态旅游示范区”等。旅游产业在武夷山经济社会发展中占有重要比重。同时，武夷山也是著名的茶叶产区，是中国乌龙茶和红茶的发源地，武夷岩茶（大红袍）为国家原产地保护产品，依托于发达的茶产业发展起来的茶文化产业也享有盛誉，武夷岩茶大红袍制作技艺于2006被列为国家级非物质文化遗产，每年一届的海峡两岸茶叶博览会不仅是茶叶生产行业的重要展会，也是推介茶文化的重要载体和武夷山文化旅游的重要平台。

南平地区工艺文化资源十分丰富，建阳的建盏、浦城的剪纸、松溪的“湛卢三宝”（湛卢剑、九龙窑瓷器和松溪版画）、建瓯的根雕、政和的竹工艺等各具文化魅力。建窑建盏烧制技艺于2009年被列入福建省第三批非物质文化遗产名录，于2011年被列入第三批国家级非物质文化遗产名录，“建阳建盏”为国家工商总局、国家质检总局认定的国家地理标志证明商标和国家地理标志保护产品。浦城剪纸于2014年被列入国家级非物质文化遗产扩展项目名录。此外，建瓯根雕、湛卢宝剑铸造技艺、松溪县的九龙窑青瓷烧制技艺和木拱廊桥营造技艺则是省级非物质文化遗产。丰富的工艺文化资源为南平工艺产业发展奠定了坚实基础，工艺产业已经成为南平文化产业的支柱产业，2015年工艺美术品制造和纸张等文化用品增加值在南平地区文化产业增加值中占比70%。截至2017年，全市工艺美术类规模以上企业45家，工业产值达69.5亿元；规模以下工艺美术类企业和个体工商户约有4300多家，总产值约26亿元。其中，建瓯市根雕企业数量达330多家，从业人员超过2万人，年产值达22亿元。建阳区的建窑建盏产业已经初具规模，2013年还仅有几十家企业，2016年生产企业户数达1700多家，从业人员近万人，年产值达6亿多元。建窑建盏先后于2015年、2016年获得国家工商总局、质检总局认定“建阳建盏”为国家地理标志证明商标、国家地理标志保护产品，2017年建阳区获评“中国建窑建盏之都”。政和有“中国竹具工艺城”之称，是福建省规模最大的竹具产品加工基地，全县拥有竹加工企业260多家，从业人员达5万多人，涵盖竹茶具、竹灯具、竹家具、竹工艺品等多个门类，年产值达26亿元，其中竹茶具占到全国市场份额的70%。

综上所述，可以发现，南平地区发展文化旅游产业和工艺文化产业都具有较为坚实的基础，二者也是南平着重推动的产业门类。根据《南平市七大绿色产业发展规划（2017—2025）》，南平市将强力培育现代绿色农业、旅游、健康养生、生物、数字信息、先进制造、文化等七大产业，文化产业方面，根据《南平市文化创意产业发展规划（2017—2025年）》，南平将重点推进文化旅游、工艺美术、文化会展、文化传媒、娱乐演艺五个产业门类。该规划提出：“促进以文化旅游为核心的多元业态融合，丰富旅游休闲的文化创意产业内涵。积极拓展文化旅游与生态、演艺、健康、工艺、红色、研学、体育等产业主题元素的融合空间，构建大旅游产品体系，促进旅游与一二三次产业融合。实施融合示范工程，以‘印象·大红袍’等业态融合项目为示范，不断丰富旅游资源文化内涵，提升旅游产品创意设计水平，实现多元旅游业态有机融合，促进产品升级、业态升级和营销升级。”可见，文化旅游在南平地区文化产业发展中居于主导地位，其发展重点是推动其他产业和文化元素与旅游产业实现多向融合、形成多元业态，换言之，以文化旅游为主轴，强化融合发展思维。这种定位与发展战略应该说是比较符合南平地区的实际的，考虑到了区域资源优势和既有产业基础，也符合当今社会发展的主流趋势，其对未来发展方向也有较为清晰的思路。

根据《南平市文化创意产业发展规划（2017—2025年）》对南平地区文化创意产业发展的定位与目标，考察文化旅游融合其他文化元素和产业的广度、深度，对于优化、完善南平文化的产业结构，提升融合发展、创新发展的能力，具有重要的参考意义。鉴于南平地区文化旅游产业和工艺产业在整个文化产业结构中的重要位置，考察二者的互动、融合，也更具有针对性与代表性。但现实如何呢？笔者在走访、调查中发现，尽管当地政府和有关部门在发展思路、发展战略的制定上具有较强的科学性，但在实践层面上这一规划的推进还有相当重要的工作要做，目前来看，南平地区在文化建设和文化产业发展上，还有相当的不足之处亟待改进和完善。

——旅游资源整合度较差。南平地区有多个文化旅游景区，除武夷山“双世遗”之外，延平的茫荡山、政和的佛子山、顺昌的宝山、邵武的天成奇峡，以及和平古镇、兴田、五夫、下梅等富有地域文化特色的古镇、古村、古民居群落等，都可以打造成为独具特色的文化旅游品牌，形成南平文化旅游产业链。调研中发现，目前这些文化旅游资源的开发利用还处于散落无序的状态，景区之间既没有形成联动关系，旅游线路也难以对接，基本上是各自为战，除武夷山“双世遗”形成了旅游产业规模外，其他景区的客源很不稳定，主要是少数自驾游客，而且大多来自南平当地和省内的客源，这对当地景区的发展和资源的推介上，作用十分有限。

——文化与旅游“两张皮”现象比较突出。尽管武夷山“双世遗”的品牌影响力不断带动整个旅游产业的发展，但文化与旅游“两张皮”的现象也很突出，“文化旅游”实际上还处于概念阶段，即武夷山旅游总体上还停留在观光旅游形态，深度体验形态的旅游形态还有待开发，远道而来的游客也更看重自然山水旅游，文化在自然旅游中的融入十分有限。观光游成为主要旅游形式，没有丰富的、系统的文化项目可以吸纳游客停留和参与体验，从而使旅游居留期过短，往往是车到人到，走一走，拍拍照就结束行程，其最终结果是客流量流于形式，对当地旅游消费的拉动有限。

——文化旅游衍生品开发落后。文化旅游对地方工艺文化的推介和工艺产业的拉动力不强。笔者走访了武夷山动车站、武夷山游客服务中心、景区内部的小商品贸易街区和几所比较知名的旅游酒店、茶艺馆，发现这些场所基本上没有地方工艺文化产品的展柜或陈列空间，对于旅游地来说，上述场所都是展示、传播当地文化品牌和行销文化产品的重要空间。另一方面，旅游景区销售贩卖的玩具类工艺品（主要销售对象是小龄游客）、小型功能性日用品（如防晒乘凉所用的斗笠、雨伞、折扇等），均是低端工业产品，没有发现利用南平地区丰富独特的工艺文化资源进行创意性开发的文化产品。这说明，政府部门、旅游业从业者、地方工艺企业及工艺创作者个人，都缺乏融合发展的思维，在文化生产上的创意创新精神还很不够。

——茶文化产业发展中文化元素不突出。南平是重要的岩茶产业基地，茶叶产业发展较好，“大红袍”“政和工夫”“矮脚乌龙”“北苑御茶”“碎铜茶”等形成有影响力的茶叶品牌，但是问题也比较突出，茶产业与旅游产业、养生产业、休闲产业、工艺产业的融合发展有很大不足，而且，茶产业文化内涵的充实和提升也还有很大空间，茶产业在品牌打造过程中对地方历史文化、地域特色、民俗风情的提炼、融入还很不够。

当前，南平地区要从以上实际问题出发，找到因应的对策，解决当前发展的不足与难点问题，从而使得天独厚的自然资源、文化资源相互借力，相互促进，切实现实“文旅融合”，推进南平地区文化资源全方位融入全域旅游的同时，以全域旅游带动地方文化全面整合。

——要发挥资源叠加效应，促进文化与旅游结构性融合。大力度整合资源，充分发挥资源的叠加效应，拉长资源产业链，形成大旅游、大文化发展格局，应是相关部门要重点推进的工作。除了加强旅游景区之间旅游线路的统筹和联动，也要加强各县区其他文化资源的统筹和联动。相对于自然地理资源和物质遗产的不可移动性，非物质文化遗产可以跨越空间区隔实现文化流通和互动，因此，非物质文化遗产在推进资源叠加方面具有更多优势。结合南平地区的文化资源实际，要树立地区大工艺文化的发展思维，在重点旅游景区布置地方工艺文化展示空间，开设地方工艺文化创意产品销售场所，可以使地方工艺文化及产业发展与景区旅游形成系统化的互助互惠，促进文化与旅游的结构性融合。

——增强文化互动，促进自然遗产和文化遗产相映生辉。当前的工作重点应是加大力度开发自然山水旅游中的文化体验项目，增强文化互动的深度，在每个旅游景区内开发体验性、消费性文化项目。结合当地工艺文化资源开发体验型旅游经济，是可以重点探索的方面，以此促进旅游形态从单一向多元转型，丰富旅游的文化内涵和提升旅游的文化价值，使自然遗产和文化遗产相映生辉、互相增值。举例来说，大红袍茶叶烘焙工艺制作体验、建盏工艺制作体验、建本雕版印刷工艺体验、剪纸工艺体验、版画工艺体验等，都可以简单易行地融入文化旅游项目中，从而在丰富文化旅游业态的同时推进地方文化传播，使文化与旅游表里一体。

——进一步盘活工艺文化资源，推进文化旅游衍生品多样性开发。当下，需要加大对工艺文化元素的利用转化，增强文化旅游衍生品的创意含量和提升文化旅游纪念品设计水平，推进文化旅游衍生品的多样性开发，从而既丰富文化旅游的业态形式，完善文化旅游产业的结构，又有效拉动当地工艺文化传播和工艺产品研发。举例来说，浦城剪纸、松溪版画等美术性强的地方工艺可以开发出各种武夷山水风景工艺礼品；政和竹艺可以开发出各种创意茶器，也可以开发立体的山水风景工艺品和各种实用性旅游用品；建阳的建盏工艺产业则可以与茶文化产业实现更广、更深的融合，做到有茶的地方就有建盏，好茶与美器相得益彰。

——以茶为媒，整合地方文化遗产和输入现代人文气息，培育文化旅游产业的灵魂。充分利用资源优势，显著突出区域特色，形塑地方文化品牌，是发展文化旅游、促进乡村振兴的重要路径。当前，要结合南平特色工艺，如竹木工艺、建盏技艺、根雕技艺等，开发系列茶工艺产品，扩展茶文化的产业层次和价值空间。在茶文化建设中输入富有现代人文气息的“慢活”“乐活”等生活理念，倡导绿色生态的生活方式，有机融入文化旅游发展，成为南平文化旅游的主导精神和文化旗帜。

文化和旅游部《关于促进全域旅游发展的指导意见》提出，发展“全域旅游”和促进“旅游+”发展方式的创新，是对21世纪以来我国经济社会创意发展总体要求的响应。文化旅游产业作为南平地区文化创意产业发展的主导产业，更要确立和深化全域旅游的发展意识，积极推动文化旅游与其他文化业态的多向、多元融合。以武夷山“双世遗”品牌为龙头，将国家级（省级）风景名胜区、历史文化名城（名镇、名村）、国家级（省级）非物质文化遗产（传统技艺、民俗风情）等有机结合，推动文化旅游从观光旅游形态转型为深度体验形态，使文化旅游产业既要成为发展体验经济、消费经济的核心动力，又要能够为提升地区文化影响力和推动地区文化品牌传播发挥驱动作用，为建设海峡西岸经济区“自然与文化旅游中心”贡献力量，为打造机制活、产业优、百姓富、生态美的“新福建”贡献力量。

第十三章　广电网络改革发展的福建探索[①]

随着全球信息技术创新浪潮的蓬勃发展，数字化、网络化、智能化成为引领信息时代经济社会发展的新引擎。自20世纪90年代起，我国就将信息化发展纳入国家发展战略，明确提出要大力提升国家信息化发展水平，以信息化驱动现代化，加快向信息社会转型升级。在文化发展领域，党中央和国务院相继出台一系列政策，对进一步加快文化建设、深化文化体制改革作出重要部署。为深入贯彻落实国家信息化战略和文化体制改革的部署和要求，适应信息时代文化建设新常态，推进福建广电网络信息化进程，提升广电网络产业规模化、专业化和集约化水平，2012年，福建省委、省政府将组建广电网络集团公司和推动广电网络整合作为深化文化体制改革的重点任务，要求理顺和完善广播电视管理体制，努力提升文化生产力。省域广电网络整合是广电行业转型发展面临的时代抉择。在国家宽带建设和“互联网+”“三网融合”发展战略背景下，打破广电与电信之间的部门壁垒和行业壁垒成为大势所趋。国家新闻出版广电总局提出在2010年底基本实现“一省一网”的目标，要求各省市逐步形成“一张网”的有线电视网络发展格局。全国各省市广电网络整合全面铺开，进展迅速，形势逼人。福建广电行业急需打破发展瓶颈，迎接挑战，抢抓机遇：一方面，要突破原有的行业边界，加速汇入互联网电视建设进程，在互联网经济推动下发展智慧电视、智能客厅等新兴业态；另一方面，要推进广电与电信业务双向进入，从传统的单一内容终端逐渐向移动互联网新技术下的多终端内容输出转变，推进行业发展形态和结构重塑。启动改革进程，突破行业困境，制定清晰的发展方向和战略举措，做大做强广电网络事业，成为福建广电网络整合转型的关键任务。

---

① 本文系福建“文改办”委托课题的调研报告，报告执笔人为林秀琴、刘桂茹，刘小新、管宁为课题指导。

一、改革整合的目标与方向

改革整合之前，福建广播电视网络在规模、技术及实力等方面虽然取得了长足发展，但广电网络系统作为国家意识形态宣传阵地的特殊性质，加上在文化管理方面历史形成的体制机制问题，广电网络行业内部存在着经营主体复杂、单体规模偏小、经营分散无序、监管不到位等突出问题，制约了转型创新发展的空间。具体表现在：一是事企不分，发展机制不顺畅。在改革之前，广播影视宣传事业和网络信息服务产业归属同一块“牌子”，多数省级机构事企不分，市县基层广电部门则尤其突出，“局网台合一”“以网养台”的体制特点和行业特色成为普遍现象。这种体制虽能保障宣传事业工作，但也制约了行业创新发展。二是各自为政、管理松散。早期广电网络系统采取条块分割制，市县各级广电网络部门在行政管理、人员编制、业务指导、经费划拨、财税统筹等各方面均归各地党委政府统辖，不同地区相互独立，未能形成全省广电网络的系统化、一体化工程，也未能在行业内部推进标准化建设，这些因素构成了全省信息化建设的体制性障碍。三是基层业务主体小散弱，产业聚合能力低。长期以来广播电视网络行业重事业保障、轻产业发展，服务内容单一，主要收入来自行政拨款和卫视落地费，市县等基层业务机构人员规模小、专业化人才少、吸引人才政策力度不足，导致基层机构在创新业务、挖掘市场方面能力较弱，不利于广电网络行业转型和产业集聚。总体来说，“小、散、弱”问题已经严重阻碍了福建广电网络产业的发展，在全国竞争中处于不利地位。

通过全省广电网络体系机制改革整合，进一步明晰广电网络系统内部不同构成的属性，理顺广播电视管理体制，推动网络业务与广播电视业务分离，完善网络业务发展机制，增强全省广播电视、有线网络产业整体实力，是深化文化体制机制改革、促进文化大发展大繁荣的必然要求，也是贯彻落实党中央、国务院和省委省政府推进“三网融合”“一省一网”建设的重要战略举措。2009年左右，福建开始推进全省广播电视有线网络资源整合和广电网络集团组建工作，确立了四个方面的目标：一是改变全省广电网络分散经营的状态和规模体量小、管理机制落后、创新意识薄弱等不足，使全省广电网络产业向适应“三网融合”技术发展趋势和市场需求的方向转型；二是创新广播电视业管理体制、运行机制和经营业态，培养大型文化骨干企业，提高福建省广电产业的整体实力和竞争力，推动有线网络产业跨越式发展，推进网络信息服务产业规模化、集约化、专业化发展，培育福建省新的文化产业增长点；三是构建安全快捷、覆盖广泛的广播电视传输网络，推进广电网络数字化、信息化建设，为全省广电有线网络“一省一网”“全程全网”“互联互通”信息化建设战略提供重要支撑，保障文化安全和网络信息安全，巩固和拓展党的宣传文化阵地；四是创新网络信息服务生态，丰富广电网络服务内容，提高服务质量和水平，更好地满足人民群众日益增长的精神文化和信息需求，在建设文化强省、文化强国战略中做出积极贡献。

二、改革整合的焦点与难点

文化体制机制改革涉及面广、影响大，是一个系统性工程，牵一发而动全身。要保障改革整合顺利进行和实现既定目标，必须深入梳理分析既有现实与存在问题，科学预测改革中可能出现的障碍与困难，强化问题意识，以问题为导向，以落实“三个机制”为指导，正确处理改革、发展和稳定的关系。

——组织架构问题。改革整合后的集团以什么性质、什么形式的组织架构运转，是福建广电网络改革整合这盘棋的核心与焦点，也是决定全省广电网络能否实现统一规划、统一建设、统一运营、统一管理的关键因素。福建广电网络整合工作涉及全省80家网络单位，县级广电部门长期实行局（台）网合一体制，要处理好省公司与地市公司、地市公司与县级公司的关系和权责边界，存在协调上的诸多困难。福建参考全国多数省份的做法，结合全省广电网络的实际情况，经过反复调研与征求意见，最终确定了公司组织架构，即建立“一级法人”的治理结构，实行董事会领导下的总经理负责制，在市、县（区）分别设立分公司，搭建省、市、县三级的垂直管理体系，力求在组织架构设计上做到科学公正，以保障新组建的集团做到内部关系顺畅、高效高能。

——人员安置问题。人员分流安置是整合工作中涉及面最广、矛盾最复杂的一项工作。在广电网络整合过程中，人员分流安置涉及在册人员11200多人，包括公务员、事业和企业各类编制，人员划转安置的办理程序十分繁杂。根据中央有关精神和借鉴其他省市的经验和做法，福建广电网络整合过程中以切实保障广大干部职工的合法权益、确保队伍思想稳定和业务的正常开展为要求。一是明确按照“人随事走”的原则分流安置人员，原各级广电有线网络机构在册工作人员成建制划入当地公司；二是按照“老人老办法、新人新办法”原则落实在职人员和离退休人员的各项社保政策。这些措施的实行有效化解了困难，保障了整合工作的顺利开展。

——利益协调问题。利益分配问题关系到各地广电宣传事业的长远发展。整合前广电系统长期实行条块分割的管理体制和“以网养台”的文化体制，各级广电部门均以自有积累资金建设网络，整合工作必然涉及各方利益，阻力很大。各地广电网络发展情况参差不齐，要核定各地有线电视用户数据并作为存量收入分成的依据也存在较大难度。对此，广电网络集团始终坚持“一手抓整合，一手促发展”的原则，坚持“社会效益优先”和以人为本的工作要求，明确了具体方案。一是保障股东单位权益，收益分配坚持“存量收入保障、增量收入分成”的总体原则，集团以各网络单位2010年度基本收视维护费为基数，每年按12%的比例留给市、县（区）的股东单位；坚持“同股同权、同股同利”的基本原则，每年的净利润根据股东大会通过的分红比例按股权分配。二是本着先易后难、以点带面的原则，将宁德、南平等地区广电网络资产移交作为重点突破任务，为推动其他市县广电网络资产移交提供了宝贵经验。

——功能机制问题。广电网络是党和政府的宣传阵地。广电网络改革整合之后，如何担当起党媒政网使命，强化宣传阵地功能，各级广播电视台新闻宣传和事业发展如何得到保障，又能够通过改革激发产业活力，实现社会效益和经济效益的统一，都是需要重点研究落实的问题。广电网络整合工作明确了将各股东单位所获股权分配收益优先用于支持当地广播电视新闻宣传工作，加快推进农村数字电视整体转换工作，确保导向不变调、阵地不变色，巩固拓展宣传舆论主阵地的主导精神。在提升、保障广电网络发展的社会效益的同时，按照现代企业制度要求，明确广电网络市场主体地位，大力发展广电网络新业态，加强内容创新、业态创新、技术创新，积极完善高清互动、视频点播、在线支付、网络教育、综合信息查询等双向交互业务，做大做强广电网络产业，实现社会效益与经济效益相统一。

三、改革整合的策略与原则

加快推进“一省一网”建设，是服务全国信息化发展战略，贯彻落实党中央和福建省委、省政府网络整合工作部署的重要举措。在省委、省政府的领导下，福建遵循“行政推动、市场运作、存量保值、增量分成”的原则，坚持广电网络的公益性特征，统一部署、分类指导、统筹兼顾、稳步实施，正确处理改革、发展和稳定的关系，坚持既有利于产业发展又有利于事业进步的原则，通过全面统筹、科学规划和强化落实推进机制，切实保障了全省网络整合和集团组建工作、过程的严谨有序、公正公平。

——强化组织保障，形成强有力的组织主体。为确保全省广电网络整合、集团组建任务顺利推进，根据福建省委、省政府的指示，福建成立了负责整合总体工作的组织机构——省广电有线网络整合工作办公室，办公室设在省文改办，由省委宣传部、省编办、省发改委、财政厅、人力资源和社会保障厅、国土资源厅、审计厅、公务员局、地税局、工商局和省广电局、省广播影视集团等主要职责部门组成，由各单位主要领导担任成员。办公室下设综合协调组、清产核资组和筹委会三个工作小组，全面推进网络集团人事组织架构、全省广电网络资产清算核验、公司注册与章程制定及其他各项组织协调、监督落实工作。整合工作办公室对各项具体工作制定实施方案，进一步明确任务、细化责任、推动落实，形成了多部门科学统筹、有机协作、多线并进的组织保障体系，按照《福建广电网络集团股份有限公司组建方案》排出“时间表”“路线图”，建立了清晰顺畅的管理机制和良好高效的协调机制，有力推动集团网络整合工作快速、有序步入正轨，保障工作进度与改革成效。

——强化调研论证，形成高效协调机制。全省网络整合是一项涉及面广、政策性强、任务艰巨的系统工程。广电网络整合的核心是广电体制的重大调整，程序复杂、环节众多，整合工作涉及80家网络单位，关系到多方利益格局，机构多、人员广，且资产、人员等混合、交叉的程度较高，加之长期以来局（台）网合一的既有体制机制造成的发展观念、思维方式的差异，以及地方发展水平差异造成的不平衡心态，导致各构成主体单位在利益诉求上的博弈。网络集团整合工作既要落实中央体制改革精神和产业发展战略需求，也要理顺省级集团与地方利益的关系，促进经济效益与社会效益的协调发展。改革过程中，集团整合工作办公室认真对待各方主体提出的问题，特别是清产核资、股权比例、收益分配、人员划转、资产移交等重大事项，经过反复的调研论证、磋商会谈、报告请示，针对具体问题召开各种形式的征求意见会或发布征求意见稿，与利益相关方进行充分的沟通协调。在服从省委省政府有关集团组合工作的目标设计前提下，充分考虑基层广电部门和广电网络干部职工的利益，逐步凝聚共识，弥合不同意见，形成改革发展的合力，既稳定了人心，明晰了方向，也为集团组建之后推进一体化运营和打造现代文化市场主体，奠定了良好的思想基础、群众基础和产业基础。

——强化方案科学性，以顶层设计为改革定向。全省广电网络整合工作千头万绪，做好顶层设计、制定科学合理的组建方案是推进整合工作顺利进行、达成目标的重要前提。福建广电网络整合起步于2008年，2010年、2011年形成《关于全省广电有线网络“一省一网”整合工作思路》《福建广电网络集团股份有限公司组建方案》等重要文件，至2012年广电网络集团正式成立后下发《关于全省广电网络整合工作有关事项的通知》等多项文件，对整合工作进程中出现的各类问题进行充分说明和严谨规划。时任省委书记孙春兰、省长黄小晶等多位省领导主持召开十余场会议，对整合工作进行指导批示；省改革办、宣传部和发改委、财政厅、广电局等部门与地方党委政府等职能部门全面参与、组织实施，结合全省广电网络实际、围绕改革发展目标，不断明晰工作思路，完善组建方案，优化工作机制，形成科学有序、全省一盘棋的工作格局，建立了整合工作“两加强、两促进、两提高”的指导思路。这些工作，一是明确了网络集团整合组建工作的指导思想、基本原则和工作目标，统一了整合组建广电网络集团的发展共识，为整合组建工作提供了强大的思想保障；二是对广电网络集团的发展定位、公司性质、管理架构、组建步骤、进度要求，以及整合组建工作中包括清产核资、资产评估、股权比例、收益分配、人员分流安置和社会保障等核心问题，进行改革优化，确保组建整合工作的科学性、合理性和公正公平；三是有效回应、解决了整合组建工作进程中暴露出来的各种矛盾，最大限度地平衡好整体利益与局部利益、省与市县各级广电部门主体、宣传事业与广电网络产业、社会效益与经济效益之间的关系。优化组建方案，完善顶层设计，既保障了整合组建工作的顺利推进，也为集团未来发展建立起良好的制度性框架。

——强化经验复制，不断提升工作成效。资产移交是广电网络整合和集团组建工作中的难点，主要源于清产核资过程中对局（台）网资产分离的方案和所属资产认定评估的标准有不同意见，包括：原本归属各基层机构的广电网络客户类型的划分及家庭户额折算资产的计算标准；原本归属各基层机构的房产存在权属不清、产权是否划转、房产价值转化为股权资产的计算标准；原本归属各基层机构的债权、债务评估；等等。一些基层机构对广电网络整合工作办公室通过招标委派的第三方审计机构（华兴会计事务所）的计算标准也持异议。种种原因都加大了集团与基层之间股权比例认定和资产移交的困难，资产划转移交进度缓慢，从而影响了广电网络整合工作的整体进程。这些问题关系到全省广电网络系统、基层机构和广大员工的切身利益，也关系到广电网络整合工作能否顺利推进和保质保量完成。广电网络整合工作办公室制定了《全省广播电视有线网络清产核资工作方案》，以“统一政策、统一方法、统一步骤、统一要求”的原则，切实加强组织领导和工作督导，做好工作动员、专业培训、谈判磋商等工作，以最大程度取得集团与地方的共识及相互支持。同时从成功案例中积极总结工作经验，借鉴好的工作思路和工作机制，将其比照、推广到那些移交工作困难较大的地区、对象，全力推进基层机构的清产核资审计和办理财务、资产移交工作，总体上取得了良好成效。

四、改革整合的创新与拓展

改革的目的在于调整优化，在于创新发展。集团成立后，即以改革创新和发展升级为抓手，着力布局全省广电网络转型升级，实现了全省广电网络一体化发展，从平台整合、管理改革、内容创新、技术研发、市场拓展等方面，多维度架构全省广电网络产业发展格局，不断提升集团的规模化、集约化和专业化能力，取得良好的经济效益和社会效益，为未来跨越发展打下坚实基础。

（一）围绕落实建立机制

——优化管理促进一体化运营。一是推进集团运维资源整合，建立高效的分工协作网络。集团成立运维部对全省运维工作进行统筹管理，在保证各分公司独立运维的同时密切协作互助，有效提高各分公司运维效率，提升全省统筹管控能力，为全省广电“一张网”的稳定运行提供有力支撑。二是完善资产管控体系，强化集团资本运筹能力。搭建全省“收支两条线”资金管理体系，形成全省资金统一归集管理模式；建立全省统一会计核算体系，促进资产资源调度的灵活性和成本节约、收益提高；完善预算管理机制和财务分析工作，形成与集团业务发展相适应的预算执行跟踪预警体系；建立统一物资供应保障体系，有效降低物资采购成本。三是健全项目质量管理体系，切实保障“精品网络”建设。建立工程抽查复验机制、推进设计审查专员制度、建立工程结算现场审核制度与集中采购制度，保障工程项目建设质量。四是优化薪酬绩效体系，健全人才激励保障机制。按照现代企业管理要求推进绩效管理改革、完善绩效管理体系；调整员工薪资结构，促进薪酬与经营业绩直接挂钩；推进定岗定编工作，促进人才结构优化；推行网格化管理，提升营销业绩、工作效率，充分调动员工营销积极性。

——保障项目促进发展。一是建立集成播控平台，形成安全播出制度保障体系。健全集团各类安全播出管理机构，并根据各系统平台特殊性成立专业技术小组，形成覆盖全网的安全播出管理体系。持续健全并严格执行各类安全播出管理制度，细化制定分项规章、制度、流程，形成一套行之有效的制度体系，确保安全播出管理的有效性和可行性。二是推进产业转型升级，构建新兴产业生态。积极探索差异化竞争策略，布局智慧广电产业领域，针对政务、教育、旅游等周边重点行业不断拓展各类纵向业务合作，搭建全方位信息化服务平台，构建具有创新性和开拓性、能为政商民生提供综合服务的智慧广电全产业链。三是强化业务联动，构建产业合作对接平台。建立集团与其他行业龙头企业合作的产业联盟，共同打造物联网、大数据、云计算、VR智能终端等应用平台，不断延展应用产业链，开拓多领域和全方位的业务新体系和产业新布局，以创新性业务市场和不断壮大的产业规模进一步助推企业转型升级。四是建立集客系统，拓展集客业务，完善业务管理办法、规范上线业务申报流程，加强项目核查，强化项目后期评估机制，加强业务风险防控。

（二）聚焦创新，拓展成效

——聚焦内容平台促进融合发展。促进资源化整合，实施“内容+平台”发展战略，实现协同创新发展。集团着力于文化内容服务的开拓，积极对接地方党政机关、基层组织，建立社会服务对接通道，开拓社会服务新空间，开辟党员干部现代远程教育教学平台、新时代文明实践中心云平台、数字共青团平台青春频道、八闽文化云平台等载体，摸索出一条全省广电网络地方化、行业化整合的新路径。其中，“八闽文化云平台”成为宣传八闽文化、传播福建声音的重要载体，成为促进福建省优秀传统文化信息化数字化保护和文化产业发展的重要创新工具。这些举措促进了集团与地方既有平台资源、文化资源、行业资源的对接合作，实现了多元化、多类别资源的整合传播，推动了跨区域、跨界的合作与协同创新，加快了集团全产业链布局步伐，有效推动产业聚能加值和产业结构优化。

——聚焦技术与产品创新。大力推进技术创新，实施“电视+宽带”发展战略，着力构建安全快捷、覆盖广泛的广电传输网络，包括加快建设全面覆盖省、市、县、乡、村五级的“下一代广播电视网”，全面实现福建省有线电视数字化率100%的目标，为“数字福建”和“智慧城市”信息化建设完善基础承载网。紧随云计算、大数据、人工智能、物联网等前沿技术发展步伐，创新智慧互动业务模式，推出新一代智能网关、4K超高清、智能语音遥控器、智慧家居、一云多屏的融媒体平台、“高清互动云电视+福建导视+新媒体”的融媒体宣传体系等创新产品，打通广电网络与互联网新媒体的智慧传播媒介，加速广电媒体在移动社交和智能化平台建设的进程，打造出一条日益成熟的智慧广电产业链。集团着力于基础业务、创新业务的协调发展、统筹推进，在夯实基础业务的同时，重点推进信息化业务发展和加快产业转型升级，形成电视宽带、智能信息、融媒体、资本运营四大板块业务均衡发展、相互支撑的产业生态，进一步提升了福建新型主流媒体的传播力、影响力和竞争力。

——聚焦服务机制创新。强化服务意识，实施“服务+质量”发展战略，推进精细管理、精准服务。客户体验是关系广电网络服务能否顺利开拓市场、做大规模的关键因素，集团积极践行服务社会、服务基层、服务广大民众的大服务意识，坚持以用户为导向，建立全省广电网络标准化、一体化的客服体系和服务管理管控机制，形成了科学的考核评价机制、高效的问题反馈整改机制。实施每月全渠道服务质量通报和每日全渠道客户满意率调查，打造96311“全景接触多媒体智能客服系统”，实现“一电办清”高效服务。在全省推行基层乡镇网格化管理与绩效制度，实施弹性灵活的套餐资费政策与定价营销机制等。这些探索推进了集团在智能服务、集成服务模式上的创新，切实有效地保障和提升了网络业务服务质量、服务能力。服务创新成为与技术创新、业务创新、产品创新同等重要的创新维度，对提高集团核心竞争力和拓展未来发展空间意义重大。

五、改革整合的成效与经验

2012年5月4日，广电网络集团正式成立，以全国整合最彻底、推进最快的速度，实现了全省广电网络一省一网、全程全网，为集团实现跨越发展奠定了良好基础。主要成效表现在以下几个方面。

——形成了“一省一网”的发展格局。广电网络集团加大基础设施投入，完成了大部分市本级主城区及全省县城主城区的双向网络覆盖，建成全省公共文化信息传输发布和“数字福建”的基础承载网。至2018年，全省广电网络数字化率和双向网络覆盖率分别达到100%、88.61%，形成全省广播电视有线网络一省一网、全程全网、互联互通和数字化发展格局。

——丰富了广电网络服务内容资源。广电网络集团不断开拓优质内容资源，推出新一代融合型“智能网关”，独家上线央视4K超高清直播频道和点播专区，建设搭载200多项互联网应用的福建高清互动云电视平台，内容涵盖影视剧、综艺、生活、教育、本地文化、互联网优质资源等。“一云、多平台、众产品”的生态架构，融通广电网络与互联网传播资源，极大丰富了广电网络信息服务的内容资源。

——提升了广电网络信息安全播出保障。广电网络集团采用先进的直播平台，实现全省数字电视信源统一，安全程度在国内处于领先地位。采用先进可靠的环网保护技术，在线路中断的情况下，瞬间实现环网保护倒换，能够确保直播信号传送安全。集团还长年保持广播电视直播业务安全播出率99.999%和互动平台安全播出率99.99%，广播电视安全播出各项指标远优于国家广播电视总局安全播出标准。

——提高了广电网络发展实力和经济效益。2010年全省广电网络收入仅为19亿元。全省整合后建立了统一的管理机制，彻底改变全省广电网络各自为阵、各自经营的局面，有效发挥了资源整合优势。自2013年5月正式挂牌运营，集团的业务收入连续6年保持两位数以上增长，2018年实现营业收入39.4亿元，各项主要经济指标位居全国同行业前列。

从经验来看，福建广电网络能够取得较大成功，得益于如下三个方面的创新性实践：

第一，坚持问题导向，精准把握问题。文化体制改革能否成功的关键首要在于强化问题意识，坚持问题导向。福建省在广电网络整合的过程中，始终围绕改革、整合过程中的核心难点问题，直面主要矛盾，建立以广电网络集团组建工作办公室为中心的会商机制，不断调整工作方案，深入调研了解存在的主要困难和障碍，明确重点难点，切实提高改革整合工作的针对性和实效性，较好地平衡了广电网络整合的总体工作目标与地方利益诉求，较好地解决了发展与稳定的问题，为集团成立后快速步入正轨建立了良好的根基。

第二，优化改革机制，着力推进落实。落实是改革进程的重要环节，落实才能出成绩，执行才能见成效。没有科学的统筹规划，没有扎实的组织推动，没有高效的分工协作、督办落实机制，改革目标任务就难以顺利推进。福建省在广电网络整合过程中，密切结合广电网络的实际情况，针对各单位、各部门的自身现实特点，制定切实可行、科学有序的路线图、任务书和时间表，研究出台各项解决问题、处理矛盾的具体举措，形成了高效协作的改革指导与督办落实机制，对核心矛盾、主要问题，采取先单点突破继而整体推进的策略，确保各项工作执行到位、落实到位，确保整合过程循序推进、步步见效。稳定高效的执行力为改革工作起到了保驾护航的作用。

第三，总结经验复制做法，着力巩固提升改革成果。广电网络整合涉及全省范围九个设区市、近百家主体单位，各基层单位在主体身份构成、资产构成、人员构成等方面均具有其共性和独特性的方面，各单位在整合过程中要妥善处理的历史遗留问题也具有其共性和独特性的方面。福建省在整合过程中既针对共性问题、核心问题进行精准把脉，研究出具有广泛适用性的政策与举措，也针对地区差异、基层主体单位差异等制定针对性的政策措施，调整优化举措，以追求最大程度的科学性和实效性。在此基础上，认真梳理本地区本领域在先行先试改革中取得的成效，对取得突出成效的个案进行经验总结，做好效果评估，提炼出行之有效的做法，结合具体对象的特点，将其复制、运用到改革问题相对复杂、整合难度相对较高的地区及基层单位对象上，从而使整合工作在单点突破的基础上取得整体前进。这一经验复制机制在妥善解决福州、泉州、厦门等地区的网络整合工作中发挥了重要作用。从局部试点到全省综合性改革推进，通过经验复制推广机制，使网络整合的实践成果发挥了最大效应。